人类群星闪耀时

国民阅读经典

[奥]茨威格◎著

梁锡江 段小梅◎译

中华书局

图书在版编目（CIP）数据

人类群星闪耀时/（奥）茨威格著；梁锡江，段小梅译. —北京：
中华书局，2025.6
（国民阅读经典：典藏版）
ISBN 978-7-101-16380-3

Ⅰ.人…　Ⅱ.①茨…②梁…③段…　Ⅲ.历史人物-列传-世
界　Ⅳ.K811

中国国家版本馆 CIP 数据核字（2023）第 198536 号

书　　名	人类群星闪耀时
著　　者	〔奥地利〕茨威格
译　　者	梁锡江　段小梅
丛 书 名	国民阅读经典（典藏版）
责任编辑	马　燕
责任印制	陈丽娜
出版发行	中华书局
	（北京市丰台区太平桥西里 38 号　100073）
	http://www.zhbc.com.cn
	E-mail:zhbc@zhbc.com.cn
印　　刷	北京中科印刷有限公司
版　　次	2025 年 6 月第 1 版
	2025 年 6 月第 1 次印刷
规　　格	开本/880×1230 毫米　1/32
	印张 11¼　插页 2　字数 260 千字
印　　数	1-3000 册
国际书号	ISBN 978-7-101-16380-3
定　　价	58.00 元

出版说明

在二十一世纪的当代中国，国民的阅读生活中最迫切的事情是什么？我们的回答是：阅读经典！

在倡导素质教育，提高全社会文明程度的今天，我们要阅读经典；当碎片化阅读充斥人们的生活，侵占深度思考的时间时，我们要阅读经典；当要坚定文化自信，建设中华民族现代文明时，我们更要阅读经典。

经典是我们知识体系的根基，是精神世界的家园，是深化文明交流互鉴，创建人类文明新形态的起点。这就是我们编选这套《国民阅读经典》丛书的缘起，也因此决定了这套丛书的几个特点：

首先，入选的经典是指古今中外人文社科领域的名著。世界的眼光、历史的观点和中国的根基，是我们编选这套丛书的三个基本的立足点。

第二，入选的经典，不是指某时某地某一专业领域之内的重要著作，而是指历经岁月的淘洗、汇聚人类最重要的精神创造和知识积累的基础名著，都是人人应读、必读和常读的名著。

第三，入选的经典，我们坚持优中选优的原则，尽量选择最好的版本，选择最好的注本或译本。

我们真诚地希望，这套经典丛书能够进入你的生活，相伴你的左右。

中华书局编辑部
二〇二三年九月

目录

序　言

　　没有一个艺术家能在全天二十四小时之内持续不停地进行艺术创作。所有那些最具特色、最有生命力的成功之作永远只产生在难得而又短暂的灵感迸发之时。历史亦是如此，虽然我们称颂它为一切时代最伟大的诗人和演员，然而它也绝非一个毫不懈怠的创造者。歌德曾怀着敬意把历史称为"上帝的神秘作坊"，但在这作坊里所发生的，却也是数不清的寻常琐事，平淡无奇，微不足道。在历史中，就如同在艺术里和在生活中，那些难忘的崇高时刻并不多见。这个作坊通常只是作为编年史家，漠然而又执着地把一件又一件的事实当作一个又一个的环节连成一条纵贯数千年的链条，因为每一次链条的绷紧都需要时间准备，而每一桩非凡的事件都需要有一个发展过程。一个民族，总是需要几百万人，才能产生一个天才；同样，总是需要有无数的光阴无谓地流逝，才能等到一个真正具有历史意义的时刻——人类的群星闪耀时刻出现。

　　在艺术上，一旦有天才诞生，他必将流芳百世；而历史中，这种星光闪耀的时刻一旦发生，就会决定未来几十年和几百年的进程。就像避雷针的尖端集中了整个大气层的电流一样，那些数不胜数的事件也都往往在短时间内爆发。那些平时悠然缓慢地先后发生和同时发生的事，都被压缩在某个独一无二的短暂时刻，它将决定一切，也将改变一切：在这一时刻，一个简单的肯定或否定，某个来得太早或是太迟的决定，都让其后几百代人的生活因此变得不可逆转，它决定了个人的生死、民族的存亡，甚至整个人类的命运。

　　这种命运攸关的时刻充满戏剧性，在个人的一生及历史的进程中都是难得出现的；它可能集中在某一天、某一时，甚至常常发生在某一分钟，但它们的决定性影响却是超越时间的。我把它们称为人类的群星闪耀时刻，因为在这个人类难以企及不朽的时间黑夜里，它们宛若星辰，刺破了黑暗，放射出永恒的光芒！在这里，我想从不同的时代和地域来回顾这些群星闪耀的时刻。但我丝毫不想通过自己的虚构去渲染或夸大这一系列外在或内在的真实性，因为在那些崇高的时刻，历史本身的设计就非常完美，无须任何后来的帮手。历史是真正的诗人和戏剧家，任何作家都不得妄想超越它。

斯蒂芬·茨威格

　　　　　　　　　　　　　　　　　　　　人类群星闪耀时

不朽的逃亡者

时间：1513 年 9 月 25 日

事件：发现太平洋

核心人物：巴斯科·努涅斯·德·巴尔沃亚

同样是人类地理发现史的星光闪耀时刻，茨威格并没有选择哥伦布发现美洲，因为这段历史实在太过家喻户晓，而是选择了相对不那么知名，也因此更有标举必要的巴尔沃亚发现太平洋。巴斯科·努涅斯·德·巴尔沃亚，生于 1475 年（明成化十一年），卒于 1519 年（明正德十四年），西班牙征服者、冒险家与地理发现者。他是第一个从美洲大陆眺望太平洋的欧洲人。太平洋被发现的意义，或者准确地说，太平洋被欧洲人发现的意义并不逊于美洲被发现。如果说发现美洲是人类完成对地球认知的最为关键的第一步的话，那么发现太平洋则是异常关键的第二步。因为，伴随着它的发现，美洲与亚洲终将被连接起来，人类地理图景最重要的一块空白也将会被填补。而最终证明地球是圆的这一历史使命则落在了麦哲伦的肩上。颇有宿命色彩的是，在巴尔沃亚被处死的 1519 年，正是麦哲伦开始环球航行的年份。巴尔沃亚站在巴拿马地峡的高山之巅向南眺望，看到了南太平洋的广阔水域，因此他把这片海称为"南海"，这是太平洋最古老的称呼。而当麦哲伦 1520 年穿越这片水域之时，竟然神奇地没有遭遇到恶劣的天气和暴风，所以他们称其为"太平洋"[1]。

——译者

一条整装待发的船

1493 年，哥伦布[2]从美洲第一次返航，凯旋的队伍在塞维利亚[3]和巴塞罗那[4]拥挤的街道间穿行，他向西班牙民众展示了无数的奇珍异宝——迄今未知的红色人种[5]，前所未见的珍禽异兽，尖声鸣叫的斑斓鹦鹉，笨拙的貘，还有不久将在欧洲安家落户的奇特

---

1. 太平洋：其名称来源于拉丁文 pacificus，即"缔造和平的或和平的"之意。
2. 哥伦布：意大利航海家，后受西班牙国王的委托，企图寻找通往印度的新航线。1492 年 10 月 12 日，哥伦布的船队到达巴哈马群岛中一座被当地人称作"Guanahani"的小岛（至于该岛是圣萨尔瓦岛，还是其东南 150 公里远的萨马纳岛，目前还存在争议），哥伦布因此成为新大陆的发现者，虽然他至死都认为自己到达的地方就是印度。
3. 塞维利亚：西班牙西南部的内河港口及第四大城市，濒临大西洋，伴随着新大陆航线的开辟，一直到 18 世纪初，它都是西班牙最重要的港口和最富庶的城市，世界上最古老的航海学校即诞生于此（1552 年）。
4. 巴塞罗那：西班牙东北部的港口城市，比邻地中海。发现新大陆的哥伦布正是在此向西班牙的伊莎贝拉女王和斐迪南国王提交航海报告的。作者用塞维利亚和巴塞罗那这两个地点，表示哥伦布的凯旋队伍穿过了整个西班牙。
5. 人种分类学上曾经长期存在一个误解，即美洲印第安人从肤色上看是红色人种，后来发现其实他们是喜欢在皮肤上涂抹红色颜料而被误认为红色皮肤。从肤色上看，印第安人其实与亚洲黄色人种比较接近。不过现代人种学认为，从肤色对人种进行区分其实是不科学的，因为肤色更多是对环境气候以及饮食的一种适应行为，与更深层次的基因之间的关系其实并不紧密。

人类群星闪耀时

植物和果实，玉米、烟草和椰子。所有这一切都令欢呼的人群备
感新奇，然而最使两位国王[1]和他们的谋士们动心的，却是装在几
只小箱子和小篮子里的黄金。哥伦布从新印度带回的黄金并不多，
只不过是从当地土著那里换来或抢来的一些装饰品、小金锭、几
撮零散的金粒，与其说是黄金，不如说是一些黄金粉末——全部
收获顶多可以铸造几百枚杜卡特金币[2]。但是狂热的哥伦布拥有天
才的想象力，他总是能够相信自己愿意相信的事情，正如他自以
为荣耀地宣称开辟了通往印度的新航路一样，他信誓旦旦地吹嘘
说，这只是第一批微不足道的样品。据他得到的可靠消息说，在
这些新发现的岛屿上有着无法估量的金矿；在许多地方，这种贵
金属埋藏点都很浅，就在薄薄的地层底下，只要一把普通的铁锹
就可以轻松挖出。而在更南面的地方据说还有很多王国，那里的
国王用金铸的大杯啜饮美酒，那里的黄金比西班牙的铅还要廉价。
永远缺少黄金的西班牙国王听得入迷，深信这将是完全属于他的
黄金之城，没错，一座新俄斐[3]。当时的人们对于哥伦布天才的想
象力还缺乏足够的了解，所以丝毫未怀疑哥伦布的种种誓言。于
是，一支庞大的船队很快整装待发，准备第二次远航。现在雇用

---

1. 两位国王：指当时伊比利亚半岛中部的卡斯蒂利亚王国的女王伊莎贝拉一世和统治半
   岛东北部以及意大利南部的阿拉贡王国的国王斐迪南二世（在卡斯蒂利亚王国又称斐
   迪南五世）。1469 年，两人结婚，在辖下的领土内实行双元统治，这为此后统一的西
   班牙王国的出现奠定了基础。同时，正是从他们开始，西班牙逐渐在世界范围内建立
   了霸权。哥伦布的航海行动是在他们的支持下才得以完成的。
2. 杜卡特金币：最早由威尼斯铸造，13-19 世纪在整个欧洲都普遍通用的金币。
3. 俄斐：《圣经旧约·列王纪》第 10 章记载的一个盛产黄金、宝石和檀香木的古城，是
   欧洲传说中的黄金之乡，具体地点不明，有人认为是津巴布韦。

船员已不再需要到处宣传和征募了。发现新俄斐的消息已经传遍全国，只要用手就能挖到金子的喜讯让整个西班牙都陷入疯狂：成百上千，乃至成千上万的人纷纷涌来，希望有机会前往"El Dorado"[1]，那传说中的黄金之国。

可是，这从所有的城市、乡镇和小村庄喷涌而出的人潮又是怎样的一股污流浊水呵！如今，是贪欲将他们汇聚在一起。前来应征的不仅有那些正派的名门贵族，他们想把自己的纹章盾牌全部镀上黄金，还有那些胆略过人的冒险家与勇敢的士兵；同时，西班牙所有的垃圾和渣滓也全都涌向了帕洛斯[2]和加的斯[3]。身烙火印的窃贼、拦路抢劫的强盗、瘪三扒手——他们都想到黄金国去大捞一票。还有为了逃避债主的负债人，为了摆脱悍妇的丈夫，所有那些铤而走险的匪徒、生活潦倒的穷光蛋、身有烙印[4]的枉法之徒和被警察追捕的通缉犯，都来报名参加远航队。好一伙乌合之众，他们孤注一掷，期待着一夜暴富。为达目的，不管是怎样的暴力和罪行，他们都无所顾忌。哥伦布的虚妄之说在他们中间交口相传，让他们想入非非，幻想在那些地方只要用铁锹轻轻一挖就能得到一大堆闪闪发亮的黄金。移民中的富裕者还带着自己

---

1. "El Dorado"：西班牙语，即"黄金国"之意。相传在南美洲北部有一处遍布黄金的国土，哥伦布之后的诸多冒险家均曾寻访。欧洲许多小说和游记均对此有过描写，较为著名的如伏尔泰的小说《老实人》。本书第七章"发现黄金国"的原文标题也是该词。
2. 帕洛斯：西班牙西南部的港口。1492 年，哥伦布正是在此开始他的第一次远航的。
3. 加的斯：西班牙西南部的重要港口城市，位于帕洛斯东南方。哥伦布第二次远航即是从加的斯附近出发的。新大陆发现后，这里成为西班牙海外贸易的重镇，同时也是西班牙著名的白银舰队的母港。
4. 这是欧洲历史上的一种刑罚，即在罪犯身上烙上火印，类似于中国古代的刺配。

的佣人和牲口，以便能把这种贵金属立刻大批大批地运走。那些没有被远航队接纳的人不得不另寻出路；这些放肆的冒险家并没有进一步去争取王室的许可，而是随即自己动手装备船只，以便迅速漂洋过海，去攫取那里的金子、金子、金子。西班牙本土终于松了一口气，因为所有的不安定分子以及危险的恶棍一下子都跑光了。

埃斯帕尼奥拉岛[1]的总督惊恐地看着这些不速之客潮水般涌来，淹没了这座国王委托他管辖的岛屿。年复一年，海船运来新的货物，同时还有一帮愈来愈难以管束的家伙。然而，新来的人也同样痛苦且失望，因为岛上根本没有什么遍地的黄金。当地不幸的土著人已被这群金发野兽洗掠一空，从他们身上再也榨不出哪怕一粒的黄金了。于是，这些乌合之众就游手好闲，四处逛荡，寻衅抢劫，使苦命的印第安人整日提心吊胆，也使总督惴惴不安。为了吸引这帮家伙去开垦新地，总督想尽了办法，派给他们土地，分给他们牲畜，甚至还慷慨地送给他们"会说话"的牲口，即分配给他们每人60至70名印第安人当奴隶，但都无济于事。无论是贵族出身的伊达尔戈骑士[2]，还是昔日的拦路强盗，都对经营农

---

1. 埃斯帕尼奥拉岛：又称海地岛，分属今天的多米尼加与海地共和国。1492年，哥伦布抵达该岛时将其命名为"埃斯帕尼奥拉"，即"小西班牙"之意。后成为欧洲殖民者在美洲的第一个永久性居民点。
2. 伊达尔戈骑士：西班牙及葡萄牙下层贵族的称号。他们通常没有爵位，也没有封地，但是拥有免税权和持有武器的权利，有些类似于日本的下层武士。他们在8—15世纪西班牙人抗击摩尔人统治以及16—17世纪殖民新大陆过程中发挥了重要作用。他们一般会在名字前加上表示尊称的"堂"（Don），比较著名的文学形象就是塞万提斯笔下的《堂吉诃德》。

庄一窍不通。他们漂洋过海到这里，可不是为了种植小麦和饲养家畜。他们从不把播种和收割放在心上，而只顾去欺凌苦命的印第安人——在短短的几年之内，他们把当地的整个种族全部灭绝掉了——或者在酒馆赌窟里消磨时日。没有多久，这些人的绝大多数都背上了债务，不得不变卖自己的财物，最后甚至要卖掉大衣、帽子和最后一件衬衫，被商人和高利贷者逼迫得惶惶不可终日。

所以，当1510年，岛上那位受人尊敬的法学家，绰号"学士"的马丁·费尔南德斯·德·恩西索[1]装备好一艘船，准备带着新的人马去援助自己位于美洲大陆的殖民地时，所有在埃斯帕尼奥拉岛上失魂落魄的人无不为之欢欣鼓舞。1509年，两位著名的冒险家，阿隆索·德·奥赫达[2]和迭戈·德·尼古萨[3]，从斐迪南国王那里获得授权，可以在巴拿马海峡和委内瑞拉沿海附近建立殖民地。他们为殖民地取的名字暴露出他们渴望黄金的迫切心情："Castilia del Oro"，即黄金的卡斯蒂利亚[4]。那位深谙法学但却不谙世事的恩西索被这样一个响亮的名字迷住了，被那些诳人的大话

---

1. 马丁·费尔南德斯·德·恩西索，西班牙航海家与地理学者。著有《地理全书》，对新大陆的各种发现进行了总结，这是第一本用西班牙语撰写的关于新大陆地理的著作。他与巴尔沃亚之间的恩怨后文将详述。
2. 阿隆索·德·奥赫达：西班牙殖民者与探险家。曾参加哥伦布的第二次美洲远航。后自组船队，发现了圭亚那海岸以及南美洲第三大河流奥里诺科河，并将他所发现的海湾命名为"委内瑞拉"，即"小威尼斯"之意。
3. 迭戈·德·尼古萨：西班牙殖民者与探险家。1508年，被斐迪南国王任命为正文中"黄金的卡斯蒂利亚"地区的总督。他与巴尔沃亚之间的纠葛后文将详述。
4. 卡斯蒂利亚：即当时伊莎贝拉一世女王治下的王国，位于伊比利亚半岛中部。西班牙殖民者经常借用西班牙的国名或地名来命名美洲的殖民地。

哄得晕晕乎乎，于是把自己的全部财产投资到这块殖民地上。可是，从这块在乌拉瓦海湾[1]边的圣塞瓦斯蒂安地区新建的殖民地非但没有一块黄金，反而传来了尖厉的求救声。先遣队的一半人马在同当地土著人的斗争中丧了命，另一半则在饥饿中倒毙。恩西索为了挽回投入的资金，准备用剩余的财产再冒一次险，武装起一支救援探险队。恩西索需要士兵的消息一传开，埃斯帕尼奥拉岛上所有的歹徒与闲人全都蠢蠢欲动，希望利用这次机会随他一起溜走。他们只想赶紧离开这里，摆脱债主，逃离总督的严密监控！但是债主们的警惕性也很高。他们觉察到，这些负债累累的人都想溜之大吉，从此人间蒸发，于是他们再三恳求总督：没有总督的特别许可，任何人都不得擅自离去。总督满足了他们的愿望，采取了严密的监视措施。恩西索的船必须停泊在港口之外，总督的小船四处巡逻，以防未经允许的人偷渡上船。于是，所有那些畏惧劳动与监狱[2]远甚于畏惧死亡的歹徒，只能怀着无限的绝望与痛苦望洋兴叹，眼睁睁地看着恩西索的船扬帆启航，向着新的历险进发。

一个躲在木箱里的男人

恩西索的船张起满帆，从埃斯帕尼奥拉岛向美洲大陆驶去。

---

1. 乌拉瓦海湾：哥伦比亚西海岸与巴拿马地峡北岸之间的一道狭长海湾，北接达连湾。
2. 这里指的是欧洲历史上专门针对无力偿还债务的人而设立的负债人监狱，允许负债人白天出去工作以便偿还债务。19 世纪后期被逐渐废除。

岛的轮廓已沉没在蓝色的地平线下。这是一次静悄悄的航行，开始时没有发现任何异样，唯一有点奇怪的就是一条特别强壮有力的大型獒犬——它的父亲就是著名的獒犬贝塞里科[1]，而它自己的名字莱昂西科也将为世人所知——在甲板上不安地跑来跑去，到处用鼻子嗅着。谁也不知道它的主人是谁，它又是怎么上船的。还有一点也很异常，就是那条狗最终停在一只最后一天运上船的特大食品木箱前不走了。但是，突然，那只木箱出人意料地自己打开了，从里面出来一个大约 35 岁的男子，他全副武装，身佩长剑，头戴盔甲，手持盾牌，活像卡斯蒂利亚王国的守护神圣地亚哥[2]。他，就是巴斯科·努涅斯·德·巴尔沃亚。这也是他第一次向世人证明自己拥有令人惊叹的胆略与机智。他出生于赫雷斯-德洛斯卡瓦列罗斯[3] 的一个贵族家庭，曾作为普通士兵随罗德里戈·德·巴斯蒂达斯[4] 一起远航来到这个新世界，在经过若干次迷航以后，最终和航船一起搁浅在了埃斯帕尼奥拉岛的海滩上。岛上的总督徒劳地想把巴尔沃亚培养成一个能干的殖民地开发者，

---

1. 贝塞里科：西班牙语中"小牛"的意思，后文中的"莱昂西科"是"小狮子"之意。贝塞里科是著名西班牙征服者胡安·庞塞·德莱昂豢养的獒犬。德莱昂曾在埃斯帕尼奥拉岛任职，后首任波多黎各总督，并于 1513 年发现佛罗里达。他豢养的这条獒犬据说在波多黎各当地凶名显赫，曾经咬死过许多印第安人。在西班牙人征服美洲的过程中，他们曾大量使用具有攻击性的獒犬来对付当地土著。
2. 圣地亚哥：即耶稣十二使徒中"大雅各"的西班牙语名字，传说他曾去西班牙传道，故被认为是西班牙的守护神。西班牙语地区有很多地方也都因此以其名字命名。
3. 赫雷斯-德洛斯卡瓦列罗斯：西班牙西南部巴达霍斯省的一座城市，保存有多种文化交融的痕迹，周边则是天然的畜牧草场。
4. 罗德里戈·德·巴斯蒂达斯，西班牙探险家。1500 年受命前往新大陆查查海岸，是达连湾、巴拿马地峡以及马格达莱纳河的发现者。

但是没过几个月，他就把分配给他的土地弃置不顾了，最后彻底破产，不知该如何摆脱那一群债主。可是，就当其他负债人只能紧握拳头，在海滩上绝望地凝望着那些阻挡他们逃到恩西索船上去的总督小船的时候，巴尔沃亚却躲进一只空着的大食品木箱里，让同伙把他抬上了船，从而大胆地绕过了迭戈·哥伦布总督[1]设下的封锁线。当时，船上的人都忙着启航，一片混乱，没有人察觉这一狡猾的诡计。一直等他确信船已经远离海岸，再也不可能为了他而把船开回去时，这个偷渡的旅客才露面。现在他来到了众人面前。

恩西索"学士"是学法律的人，像大多数法学家一样，缺乏浪漫情怀。他，作为那块新殖民地的司法长官兼警察总监，不愿意看到在该地出现吃白食的人和来历不明的可疑分子，因此他毫不客气地宣布，他不会带着巴尔沃亚同行，而是打算把他扔在下一个经过的海岛，不管那岛上是否有人居住。

不过，天无绝人之路。因为正当这艘船驶向"黄金的卡斯蒂利亚"途中，他们遇到一条坐满了人的小船——这在当时简直就是奇迹，因为在这些尚未为人所知的大海上总共也只有几十条船行驶，相遇的机会极小——那小船由一个名叫弗朗西斯科·皮萨罗[2]的人所率领，这个人不久将举世闻名。船上的人来自恩西索的殖民地圣塞瓦斯蒂安，人们起初还以为他们是一群擅离职守的哗

---

1. 迭戈·哥伦布，美洲发现者哥伦布的大儿子，1509 年出任埃斯帕尼奥拉岛总督。
2. 弗朗西斯科·皮萨罗：西班牙征服者。1532 年以不足 180 人的兵力来到秘鲁，俘获印加王国国王，在印加人缴纳了巨额赎金之后仍然将其处死，并最终征服了这个庞大王国，同时建立了利马城。后被政敌的部下所杀。

变者。但使恩西索大吃一惊的是，他们报告说：再也没有圣塞瓦斯蒂安了，他们是这块曾经的殖民地上的最后一批人。司令官奥赫达驾着一艘船先溜走了，剩下来的人一共只有两艘双桅小帆船，为了能在这两艘小小的帆船上每人都得到一个位置，他们不得不等到死得只剩下 70 个人以后才动身。后来，其中的一艘又出了事故；皮萨罗率领的这 34 人是"黄金的卡斯蒂利亚"的最后一批幸存者了。现在该怎么办呢？恩西索的人听了皮萨罗的叙述以后，再也没有兴趣到那偏远的殖民地去面对可怕的沼泽和土著人的毒箭了。他们觉得现在唯一可行的就是重回埃斯帕尼奥拉岛。就在这危急关头，巴尔沃亚突然站出来说，他第一次航海是与罗德里戈·德·巴斯蒂达斯一起探查海岸，所以非常了解整个中美洲沿海地区的情况。他记得他们当时曾到过一个名叫达连[1]的地方，它依傍着一条富含金沙的河流，那里的土著人态度友好，所以他们应该到那里去建立新的居住区，而不是回到那倒霉的老地方。

全体人员立刻表示赞同。他们按照他的建议向巴拿马地峡旁边的达连驶去。到了那里之后，按照征服者惯常的侵略手法，他们首先就在土著人中间进行残酷的屠杀。由于在抢劫来的财物中发现了黄金，这一群亡命之徒就决定在这里建立新的定居点，然

---

1. 达连：指 16 世纪濒临达连湾的西班牙殖民地，主要在今巴拿马境内，今天该国仍有一个叫达连的行省。而达连湾则是今加勒比海最南部的海湾，在巴拿马东北岸和哥伦比亚西北岸之间，其南部为乌拉瓦海湾。

　　　　　　　　　　　　　　人类群星闪耀时

后他们又怀着虔诚的感恩之心把这座新的城市称作"达连安提瓜的圣母玛丽亚"[1]。

危险的发迹

不久，殖民地不幸的投资者恩西索学士就对自己当初没有及时把那只木箱连同藏在里面的巴尔沃亚一起扔到海里去感到后悔莫及，因为没过几个星期，那个胆大妄为的男人就把一切权力都篡夺到自己手中。作为一个在纪律和秩序的观念中成长起来的法学家，恩西索认为，既然总督大人目前已经不知所终，他作为司法长官，有必要从西班牙王室的利益出发把这块殖民地治理好。他在简陋的印第安茅舍里签发自己的法令，写得既工整又严密，就好像他坐在塞维利亚自己的律师办公室里一样。他禁止士兵们在这块迄今人迹未至的荒地上向土著人勒索黄金，因为黄金乃是王室的权益。他力图强制这群无法无天的歹徒进入秩序和法律的轨道。然而这些冒险家的天性就是佩服手拿刀剑的强人，于是他们联合起来反对耍弄笔杆的文弱书生。不久，巴尔沃亚就成了这块殖民地真正的主人。恩西索为了保住性命被迫逃亡。国王委任的另一个新大陆总督尼古萨终于来了，他打算在这里重建秩序，而巴尔沃亚干脆就没让他上岸。不幸的尼古萨被他们从这块国

---

1. 达连安提瓜的圣母玛丽亚：建立于 1510 年，是西班牙征服者在美洲大陆建立的第一个城市，1524 年被毁。其名字来源是西班牙塞维利亚市的重要古迹安提瓜圣母天主教堂。

王封给他的土地上赶了回去，并且在回圣多明各的航途中不幸溺亡。

现在，巴尔沃亚——这个从木箱里出来的男人——成了殖民地的主人。但是，尽管他获得了成功，却并不感到十分愉快。因为他公然造了国王的反，而且国王派来的总督也由于他的缘故而丧命，这使他很难得到国王的宽恕。他知道，逃走的恩西索正带着诉状前往西班牙，他的叛乱行为迟早总会受到法庭的审判。不过，西班牙离这里毕竟如此遥远，在一艘船来回横渡大洋以前，他还有充裕的时间。为了长久保住自己篡夺的权力，他必须利用智慧与胆略找到那唯一的方法。他深知，在那个年代，成功能够让任何犯罪都变得合理，而向王室进献大量的黄金则可以平息或者延迟这场官司。也就是说，首先要搞到黄金，因为黄金就是权力！于是他和皮萨罗一起，大肆征服和抢掠周围的土著人，而就在这些惯常的杀戮中，他终于交了一次决定性的好运。有一次，一个名叫卡雷塔的印第安酋长热情地接待他，而他却居心叵测地发动突然袭击。酋长眼看自己难免一死，就向巴尔沃亚建议：与其同印第安人为敌，不如与他的部落结盟。他还把自己的女儿献给巴尔沃亚作为诚意的保证。巴尔沃亚立刻认识到这样做的重要性，这样他在土著人中间就可以拥有一个可靠而又有势力的朋友。于是他接受了卡雷塔的建议，而更令人感到惊奇的是，他至死都对那个印第安姑娘温情脉脉。就这样，他和卡雷塔酋长一起，征服了邻近所有的印第安人，树立起巨大的权威，最后连当地最强大的部落酋长柯马格莱都恭恭敬敬地请他到家中做客。

对那位有权势的酋长的访问，使巴尔沃亚的一生发生了具有世界历史意义的转折。因为在此之前，他不过是一个亡命徒和妄图反叛王室的逆贼，等待他的原本将是卡斯蒂利亚法庭的绞索或砍刀。柯马格莱酋长在一幢宽敞的石头宫殿里接待他，里面的富丽堂皇让巴尔沃亚瞠目结舌。没有等巴尔沃亚自己开口，主人就送给这位客人四千盎司黄金。可接下来发生的一幕则轮到酋长目瞪口呆了，因为他如此恭敬招待的这些强大的天神之子——这群外貌酷似天神的外来客人一见到黄金，身上所有的尊严都不见了，他们就如同一群挣脱了锁链的狗一般互相争斗着。他们拔出刀剑、攥紧拳头、高声叫喊、彼此怒骂，每个人都想占有一份格外丰厚的黄金。酋长既讶异又鄙夷地看着这场骚动：对于每一个生活在地球偏远地区的大自然之子来说，这都是他们对于所谓文明人的永恒困惑。一小撮黄色的金属，在这些文明人看来，竟然远胜于他们的文明所取得的一切精神与技术成就。

最后，酋长走上前去表示他有话说。译员翻译过来的话语马上激起了西班牙人的贪欲，他们兴奋得浑身发抖。柯马格莱说："你们居然为了这些无用的东西互相争吵，你们忍受这么多艰辛，冒这么大的风险，居然是为了这样一种普普通通的金属，实在是让人觉得非常奇怪。就在这些高山的后面，有一片大海，所有流入那片大海的河流都含有黄金。那边住着一个民族，他们也使用帆和桨出海。那里的国王就餐时用的都是金制的杯盘。在那里，这种黄色的金属你们想要多少就有多少。当然，通往那里的道路非常危险，因为沿途的酋长们肯定会拒绝你们通过。不过，路程本身倒是不长，只要几天就行。"

巴尔沃亚的心怦怦直跳。这是他们多少年来的梦想啊！传说中的黄金之国的踪迹终于找到了。他的先行者们曾走遍天南地北，到处寻觅。如果酋长所言属实，那么现在那黄金之国离他就只有几天的路程。同时，这也终于证实了另一个大洋的存在。哥伦布、卡博托[1]、科特雷亚尔[2]，以及其他所有著名的伟大航海家都曾寻找过通往这个大洋的道路，但均未成功。因为找到了这个大洋，也就意味着发现了一条环绕地球的航道。谁能第一个亲眼见到这片新的海洋，并为自己的祖国去占领它，那么他的名字势必会流芳百世。巴尔沃亚认识到，为了洗脱自己的全部罪过并赢得名垂千古的荣誉，他必须去干这件事：他要第一个穿越巴拿马地峡，到达"南海"，穿过它，人们可以到达印度，同时为西班牙王室占领那座新俄斐。这一刻，就在柯马格莱酋长的宫殿里，他的命运已经注定。从这一刻起，这个不经意间成为冒险家的人，他的生活将获得超越时间的崇高意义。

---

1. 乔瓦尼·卡博托：意大利航海家，后移居英国，获英王亨利七世的特许，于1497年向西航行寻找通往亚洲的新航线，并最终到达纽芬兰岛以及北美大陆的拉布拉多地区，具体地点目前不详，他误以为自己到达了中国。他也被认为是发现北美洲的先驱者之一。
2. 加斯帕尔·科特雷亚尔：葡萄牙航海家。1500年受葡萄牙国王的委托前往新世界探险，并寻找通向亚洲的西北航线。据推测曾到达今天的格陵兰岛或加拿大拉布拉多地区。1501年，他率三艘舰船再次前往该地，有所斩获后派遣其中两艘先行返回，自己则继续向南挺进，后不知所终。其兄米格尔也是著名航海家，在1502年试图寻找其下落，结果同样不知所终。

不朽的逃亡

一个人生命中最大的幸运，莫过于在他最富创造力的壮年之时，发现自己的人生使命。巴尔沃亚知道，自己正面临着这样的赌博：不是在断头台上悲惨地死去，就是名垂千古，永载史册。首先，他需要用贿赂的手段，取得王室的谅解，事后承认他的恶劣行动——篡权是合法且有效的！为此，这个昨日的叛乱者，现在却成了最最殷勤的臣仆，不仅给埃斯帕尼奥拉岛上的王室财务总管帕萨蒙特送去了柯马格莱酋长馈赠的黄金的五分之一，因为按照法律这五分之一应该归于王室，而且，他在谙熟世故、玩弄手腕方面可要比刻板的法学家恩西索有经验得多，所以除了正式向朝廷进贡之外，他还私下给财务总管送去一大笔黄金，请求财务总管大人能够确认他在这块殖民地上的总司令一职。财务总管帕萨蒙特虽然对此没有任何权限，不过为了感谢那一大笔钱财，他给巴尔沃亚寄来了一张实际上毫无价值的临时文书。与此同时，巴尔沃亚为了寻求各方面的保证，又向西班牙派去两名自己最可靠的亲信，以便直接向朝廷禀奏他为王室建立的功绩，同时报告他从酋长那里探听到的重要情报。巴尔沃亚向塞维利亚方面报告说，他只需要一千兵力，就能为卡斯蒂利亚王国立下汗马功劳，保证超过之前所有的西班牙人。他承诺找到那个新的海洋，并且占领那个终于找到踪迹的黄金国；哥伦布答应找到却始终没有找到的那个黄金国，他，巴尔沃亚将要去征服它。

对于这个叛乱者和亡命之徒，这个注定毁灭的堕落者而言，似乎一切又都变得有利了。然而，从西班牙驶来的下一艘船却带来一个非常糟糕的消息。他在叛乱时的一名同党，之前被他派到西班牙去向朝廷提出抗诉，反驳失去权力的恩西索提出的指控，现在回来报告说，事态的发展对巴尔沃亚非常不利，甚至有生命之虞。受骗上当的"学士"对那个抢去他权力的强盗的指控已经成功地获得了西班牙法庭的支持，巴尔沃亚已被判处要向他进行赔偿。而另一方面，那个可能使他得救的关于南海就在附近的消息却还没有送到西班牙。不管怎样，下一艘船肯定会把一名法庭的人员送到这里，来清算巴尔沃亚的叛乱行为，不是当场执行判决，就是将他套上枷锁送回西班牙。

巴尔沃亚心里明白，自己已经输了。在人们得到他关于南海和黄金海岸的情报以前，对他的判决就会执行。毫无疑问，当他的头颅滚落沙地的时候，人们就会充分利用这一情报——将会有另一个人去完成他梦寐以求的事业；而他自己已经没有什么可指望西班牙的了。谁都知道，都是因为他，国王任命的合法总督才会命丧大海，殖民地的司法长官也被他擅自驱逐——如果仅仅把他投入监狱，而不是在断头台上惩戒他的胆大妄为，他一定会把这样的判决归功于上帝的恩德。他不可能再指望有权有势的朋友，因为他已经不再拥有权力；而他的最好的辩护人——黄金，声音还太微弱，不足以保证他得到宽宥。现在，只有一件事能挽救他免遭因大胆的冒险行为而受惩罚——这就是更为大胆的冒险。如果他能在法庭人员到达以前，在他们的差役给他套上镣铐以前，找到那片新的海洋和那座新俄斐，那么他就有可能拯救自己。在

　　　　　　　　　人类群星闪耀时

这人类世界的尽头，对他来说，也只剩下一种逃亡的方式，那就是逃亡到伟大的行动中去，到不朽的事业中寻求庇护。

于是，巴尔沃亚决定不再等待为了征服那未知的海洋而从西班牙请来的一千名士兵，同样，也不再坐等法庭人员的到来。他宁愿带着为数不多但和他同样坚决的伙伴去完成这一伟大的壮举！他宁愿为了这一在任何时代都称得上是最勇敢的冒险行为而光荣死去，也不愿束手待毙，带着绝望被拖上断头台。巴尔沃亚把殖民地的全体人员召集在一起，向他们讲明自己要横越地峡的意图，同时也不讳言其中的艰难险阻，并且问他们谁愿意跟随他。他的勇气鼓舞了别人。190 名士兵——该殖民地的所有武装人员几乎都报了名。准备工作并未花费许多时间，因为那些人始终处在征战的状态。1513 年 9 月 1 日，巴尔沃亚——这个英雄兼匪徒、探险家兼叛乱者，为了逃避绞刑或牢狱，开始了他的不朽之旅。

永载史册的瞬间

横穿巴拿马地峡是从科伊瓦（Coyba）地区开始的，那里是卡雷塔酋长的领地，而酋长的女儿已成了巴尔沃亚的生活伴侣。正如后来所证实的那样，巴尔沃亚选择的这一地区并不是巴拿马地峡最狭窄的地段，由于不了解这一情况，他又多走了好几天危险的路程。不过，对他说来，在如此大胆深入到一个未知地区时，最重要的就是一定得有一个友好的印第安人部落保证他的补给或掩护他的撤退。全体人马——190 名带着剑、矛、弓弩、火绳枪的士兵以及一大群令人生畏的战斗獒犬——乘坐十条大独木舟从达连渡海到了科伊瓦。那位结盟的酋长把自己部落的印第安人派来当向导和脚力。9月6日，横穿地峡的光荣进军开始了。尽管这群冒险家顽强勇猛并且历经磨炼，但这地峡对他们的意志力来说，仍然是一场严峻的考验。这些西班牙人必须在令人窒息、虚脱和疲劳的赤道灼热之中首先穿过低洼地，那里的沼泽泥潭和蔓延的疫病即便是在数百年以后修建巴拿马运河[1]时也曾使数千人丧生。这一条通往足迹未至地区的道路，从一开始就得在有毒的藤萝丛林中用刀斧和利剑披荆斩棘。恰似穿过一座巨大的绿色矿井，队伍的先锋部队在灌木丛中为后来者开凿出一条狭窄的坑道，然后，这支西班牙征服者的军队排成一条长长的望不到尽头的行列，一个挨着一个顺着这坑道前进。他们手中始终拿着武器，日日夜夜保持着高度警惕，防备土著人的突然袭击。潮湿的参天大树宛若穹顶，底下是一片幽暗、闷热，雾气腾腾，憋得人透不过气来，树冠上是无情的炎炎烈日。酷热使人汗流浃背，嘴唇焦裂。这支装备沉重的队伍就这样拖着疲惫的步伐，一里一里地向前走着；突然之间，这里又会浇下倾盆大雨，小溪顿时变成湍湍急流。他们不得不蹚水而过，或者从印第安人临时架起的、摇摇晃晃的树索桥上通过。这些西班牙人带的干粮只不过是少量的玉米。他们又困又累、又饥又渴，身边萦绕着无数蜇人的吸血昆虫，衣服被刺芒扯破了，脚都受了伤，眼睛充满血丝，面颊被嗡嗡叫的蚊子

1.巴拿马运河：1883 年 2 月正式开凿，历经几十年，近三万人丧生，最终于 1914 年 8 月 15 日试航成功。

　　　　　　　　　　　　　人类群星闪耀时

咬得肿了起来。他们白天不休息，晚上不睡觉，很快就精疲力竭了。行军一星期后，大部分人都已受不住这样的苦累。巴尔沃亚知道，真正的危险还没有到来。于是他下令把所有害热病的人和过度劳累的人留下，只带那些经过挑选的人去完成决定性的冒险行动。

地势终于开始逐渐升高。只有在沼泽的洼地上才能长得非常茂密的热带丛林渐渐变得稀疏。不过，树荫也就从此不能再替他们遮挡太阳了。赤道上的烈日亮晃晃地直晒着他们，沉重的装备被晒得滚烫。这群疲惫不堪的人缓慢地攀登着这片通向前面山脉的山丘，每隔一小会儿他们都会休整一下。那些绵延不断的山岭犹如一条石头的背脊，隔断了两个海洋之间的这一块狭窄地带。视野渐渐宽广起来，空气也愈来愈新鲜。看来，经过十八天艰苦卓绝的努力之后，最最严峻的困难已经克服了。一条山脊高高地矗立在他们面前。据那几个印第安向导说，从峰顶上就能眺望到两个海洋——大西洋和当时尚不为人所知也尚未命名的太平洋。可是，就在这大自然顽强而诡谲的抵抗眼看就要被最终战胜之时，他们却又遇到了新的敌人。当地的一个印第安人酋长率领着数百名武士，挡住了他们的去路。巴尔沃亚有着同印第安人作战的丰富经验。他只要让火绳枪齐射就行了。那人造的闪电和雷鸣，再次证明了它震慑土著人的魔力。受惊的土著人尖叫着逃窜，后面赶来的西班牙人及其战斗獒犬紧追不舍。但是这一次，巴尔沃亚并没有满足于这种轻而易举的胜利，而是和其他所有西班牙征服者一样，用惨无人道的残酷玷污了自己的声名：他将一批手无寸铁的俘虏五花大绑，让一群饥饿的獒犬撕裂、嚼碎、吞吃，希望从中获得类似斗牛和角斗士竞技一样的乐趣。巴尔沃亚在名留青史的前夜，却被一场令人唾弃的屠杀败坏了名声。

在这些西班牙征服者的性格和行为中的确存在一种独特的、难以解释的矛盾现象。一方面，他们像那个时代的所有基督徒一样，虔诚，笃信，从灵魂深处狂热地向上帝祷告；另一方面，他们却会以上帝的名义干下史上最卑鄙无耻、最不人道的勾当。他们的勇气、坚忍和献身精神能够做出最壮丽的英雄业绩；但同时他们却又以最无耻的方式尔虞我诈、相互争斗，然而在这卑劣中他们却又对光荣与赞誉有着强烈的追求，对自身使命的历史高度有着令人钦佩的理解。同样一个巴尔沃亚，他在前一天晚上还把无辜的、失去反抗能力的俘虏丢给獒犬，或许还曾经心满意足地抚摸过正滴着新鲜人血的獒犬的嘴唇；但他同时又非常确定自己的行动将在人类历史上具有非凡的意义，并在那决定命运的时刻想出了一个能使自己流芳百世的方式。他知道，这个 9 月 25 日将会成为具有世界历史意义的一天，因此，这位顽强、坚定的冒险家就要以无与伦比的西班牙人的激情来向世人展示，他对自身使命的历史意义理解得有多么深刻。

巴尔沃亚的非凡方式是：那天晚上，就在那场血腥的行动之后，一名土著人指着近处一座山峰告诉他说，从那座高山之巅就能望见那座大海，那尚不为人所知的 "Mar del Sur"。巴尔沃亚立刻做出了安排。他把伤员和累得已经走不动的人留在了那个洗劫过的村落里，同时命令所有还能行军的人——总共是 67 人，而他从达连出发时带领的则是190人——去攀登那座高山。将近上午十点钟的时候，他们已接近顶峰。只要登上一个光秃秃的小山顶，就能放眼远眺无尽的天际了。

而就在这时，巴尔沃亚命令全体人员停止前进。谁都不得跟随他，因为他不愿意和任何人分享这第一眼眺望未知大洋的荣誉。他要单独前往，在跨越了我们世界上最大的一个海洋——大西洋之后，他要成为亲眼见到另一个尚不为人所知的大洋——太平洋的第一个西班牙人、第一个欧洲人和第一个基督徒，他希望做到举世无双，永载史册。他被这一时刻的伟大意义所深深感动，心怦怦地跳着，左手擎着旗，右手举着剑，缓慢地向上攀登，苍茫天地间一个孤独的身影。他攀登得很从容，一点都不着急，因为大功已经告成。只需要再向上走几步罢了，而且目标已经越来越近，越来越近。没错，当他终于伫立在山顶，眼前真的是一片非凡的景象。在地势逐渐倾斜的山峰下方，在郁郁葱葱的山丘后面，是一大片望不到尽头的大海，波光粼粼，明媚耀眼。这就是那片大海，那片大海，那片陌生的大海，那片尚未为人所知的大海，那片传说中的大海，迄今为止它只萦回于人们的梦里，而从未有人亲眼见过它。多少年来，哥伦布和他的所有后来者们都曾徒劳地寻找过这片波浪冲击着美洲、印度和中国的大海。而现在，巴尔沃亚却亲眼眺望着这海洋，他眺望着，眺望着，眺望着，满心自豪与幸福。他的心完全被这样一种意识所陶醉：被这片一望无际的蓝色海洋所映照过的第一双欧洲人的眼睛就是他的眼睛。

巴尔沃亚心醉神迷，久久地望着远方，然后才把伙伴们唤上来，和朋友们分享他的骄傲。他们一边兴奋地叫喊着，一边攀呀，爬呀，跑呀，激动地气喘吁吁登上了山顶，用热情的目光凝视着远方，指点着，惊叹着。突然，随同而来的神父安德烈斯·德·巴拉（Andres de Vara）唱起了赞主诗[1]，于是，喧哗和喊叫立刻消失了。霎时间，所有这些士兵、冒险家和匪徒，一同用沙哑、生硬的嗓音唱起了这首虔诚的圣歌。印第安人带着惊异的神情看着这一切，看着神父一声令下，他们砍下一棵树，做成了一个十字架，然后用花体字在十字架的木头上刻下大写的西班牙国王姓名的首字母。现在，十字架竖起来了，它的横木如同两只张开的木头臂膀，似乎要将这两个无比宽广的大洋——大西洋和太平洋——全部都拥在怀里一样。

就在众人因为敬畏神灵而集体静默之时，巴尔沃亚站出来，向自己的士兵发表了一通讲话。他说，他们确实应该感谢上帝，因为是上帝赐予他们这样的荣耀和恩惠，同时还应该祈求上帝继续保佑他们去占领这海洋和这里所有的土地。如果他们继续像以前那样忠实地跟随他，那么他们从这个新印度返回的时候将成为最富有的西班牙人。然后，他郑重其事地举起旗帜，向四面迎风挥动，以显示凡是风吹过的远处一切地方，他都将为了西班牙的利益而去征服。接着，他叫来文书安德烈斯·德·巴尔德拉瓦诺

---

1. 赞主诗：天主教最著名也最古老的圣歌之一。在隆重的圣体降福礼或特殊庆典的结束时，应念或唱赞主诗，感谢天主所赐的种种恩惠。原诗为拉丁文，最初没有名字，取其首句"天主，我们赞美你"作为名字。

（Andres de Valderrabano），要他草拟一份证明文件，把这庄严的一幕永远记录下来。巴尔德拉瓦诺摊开一张羊皮纸（他把羊皮纸、墨水盒和鹅毛笔装在了一个密封的木匣里，然后带着它们穿过了原始森林），要求所有的贵族、骑士以及士兵——"这些品德高尚的人"，"所有在高贵且极受尊敬的巴斯科·努涅斯·德·巴尔沃亚司令官兼总督阁下发现南海，即 Mar del Sur 的过程中在场的人士"，均在文件上签字证明："巴斯科·努涅斯先生是第一个看到这片大海的人，是他把这片大海指给后来者看的。"

随后，67 个人才从山顶上下来。1513 年 9 月 25 日，就在这一天，人类知道了地球上迄今未知的最后一个海洋。

黄金和珍珠

现在终于得到了证实，他们亲眼见到了大海。但是，他们还要走到岸边，去亲身感受那浩渺的海水，触摸洁白的浪花，细细感觉那份潮湿，尝尝海水的滋味，拾取海滩上的战利品！他们从山上下来用了两天时间。为了顺利找到一条通向海边的捷径，巴尔沃亚把队伍分成了若干小组。阿隆素·马丁（Alonzo Martin）率领的第三组首先到达海滩。在这个冒险家组成的团队里，甚至连普通士兵都充满了追求功名的虚荣心，渴望着不朽的声名，所以连这个平庸的阿隆素·马丁也赶紧让文书用白纸黑字写下一份文件，证明他是第一个在这片尚未命名的水域中弄湿自己手脚的人。在他为自己渺小的自我获取了如此微小的不朽声名之后，他才向巴尔沃亚报告，他已经到达海边，并已亲手触摸过海水。巴尔沃亚又立刻为自己想出新的慷慨激昂的方式。第二天，刚好是9月29日的米迦勒节¹，他只带着22名同伴出现在海边，像圣米迦勒一样全身武装，通过庄严的仪式来宣布占领这片新的海域。他没有急急忙忙走到海水中去，而是俨若这海水的主人和主宰²，坐在一棵树下休息，骄傲地等待上涨的海水把波浪轻轻拍到他的脚上，好像一条顺从的小狗用舌头舔舐他的脚。然后他才站起身来，把盾牌背在背上——盾牌在阳光下像一面镜子似的闪闪发亮——一手握着剑，一手举着那面绘有圣母图像的卡斯蒂利亚旗帜，走入海水，一直走到海浪拍击他的两髋，他已经完全置身于这片陌生的汪洋之中。接着，巴尔沃亚——这个从前的叛乱者和亡命之徒，现在是国王最忠实的仆人与取得巨大成功的凯旋者——向四面挥动着旗帜，一边高声喊道："统治卡斯蒂利亚、莱昂³、阿拉贡三个王国的尊贵而又伟大的君主斐迪南国王⁴和胡安娜女王⁵万岁！

---

1. 米迦勒节：基督教节日，纪念大天使米迦勒。米迦勒系《旧约》中以色列的守护天使，在《新约》中是率领天国军队与魔鬼及末日火龙作战的统帅。在欧洲传统节日中，米迦勒节通常也被看作是庆祝夏季与收割结束的节日。
2. 此处原文为"Herr und Gebieter"，原意为"主人或主宰"，但德文中经常用此短语戏谑地称呼某人的丈夫，而"海"一词在德文中恰好是阴性的，所以此处是茨威格玩的一个文字游戏。
3. 莱昂王国：位于西班牙西北部，910年建国，于1037年与卡斯蒂利亚王国开始建立联合关系，并最终于1230年并入卡斯蒂利亚王国。
4. 即前文中的斐迪南二世。
5. 胡安娜女王：又称疯狂的胡安娜，系伊莎贝拉一世与斐迪南二世的女儿，后于1504年继承母亲王位，成为卡斯蒂利亚与莱昂的女王。由于夫妻关系长期紧张，加上丈夫过早离世，胡安娜的行为逐渐失控，被宣布患上精神疾病，其父斐迪南成为摄政，负责王国统治，而她则一直过着幽禁生活，直至死亡。其子为著名的神圣罗马帝国皇帝查理五世与斐迪南一世（奥地利哈布斯堡王朝）。

我要以他们的名义，为卡斯蒂利亚王室的利益，去真正地、永远地、实实在在地占领这里的所有海域、陆地、海岸、港口和岛屿。我发誓，无论哪个亲王或者统帅，不管他是基督教徒还是异教徒，也不管他是什么信仰或者地位，只要他胆敢对这里的陆地和海洋提出任何权利要求，我都会以卡斯蒂利亚王室的名义进行保卫，因为这里的陆地和海洋现在已是王室的财产，只要世界存在，直到末日审判的那一天，它们永远都是王室的财产。"

　　所有这些西班牙人都重复了这样的誓言。在那一刻，他们宣誓的声音压过了大海的咆哮。现在，每人又都用嘴唇舔了舔海水；文书安德烈斯·德·巴尔德拉瓦诺再次记录下这一幕占领仪式，并用下面的话结束了他的文件："这22人以及文件撰写人安德烈斯·德·巴尔德拉瓦诺是用自己的脚踏进这南海的第一批基督教徒，他们每人都亲手触摸过这里的水，并且用嘴尝过，以便弄清它是否与其他海里的水一样都是咸的。当他们知道确实是咸的海水时，他们齐声感念上帝的恩德。"

　　伟大的行动已经完成。现在该是从这英勇的冒险行动中得到实惠好处的时候了。西班牙人从一些土著人那里缴获或者换来一些黄金。不过，在他们胜利的喜悦中，还有一件新的惊喜等待着他们。这就是在附近的岛屿上可以找到许许多多的珍珠，在印第安人给他们送来的一捧捧价值不菲的珍珠中，有一颗名叫"佩雷格林娜"[1]的珍珠曾被塞万提斯[2]和洛佩·德·维加[3]赞美歌颂过，因为它是世界上最漂亮的珍珠，是西班牙和英国王室最重要的一件珠宝首饰。这群西班牙人把这种宝贝塞满了所有大大小小的口袋，而在这里，珍珠并不比贝壳和砂砾更值钱。当他们贪婪地进一步打听他们所认为的世界上最最重要的东西——黄金的时候，一名印第安人酋长指着南边地平线上那片若隐若现的山脉说，山那边是一片有着无穷宝藏的土地，那里的统治者举行欢宴时用的全是黄金制的杯盘；还有四条腿的硕大牲口（酋长指的是羊驼）把最贵重的东西驮进国王的宝库里。他把这个大海南边与山后面的国家的名字说了出来，听上去好像是"比

1. 佩雷格林娜：西班牙语中"漫游者，流浪者"之意。这是世界上最大的一颗珍珠，重约 11.2 克。传说发现于 1513 年，但很多研究者相信应该是 16 世纪中叶的一个黑奴在巴拿马地区发现的。该珍珠被西班牙国王腓力二世送给自己的妻子都铎王朝的玛丽一世作为项链的吊坠，玛丽死后被归还给西班牙王室。后被拿破仑的兄长约瑟夫带回法国，因此得名"流浪者"。后多经转手，曾被著名影星伊丽莎白·泰勒佩戴过，2011年以创纪录的 1100 万美元被收藏家收藏。此处原文中误为"Pellegrina"，这里应该是茨威格把它与另外一枚著名的珍珠（La Pelegrina）弄混淆了，后者同样来源于 16 世纪中叶的巴拿马地区，也同样曾是西班牙王室的财产。据一些历史学者推测，它的名字也是被故意取成与前者只有一个字母的差别的样子，以显示两者之间的联系。
2. 塞万提斯，西班牙最伟大的小说家，著有《堂吉诃德》以及其他大量诗歌、戏剧和小说。西班牙最重要的文学奖项即以他的名字命名。
3. 洛佩·德·维加：与塞万提斯同为西班牙文学黄金时代的杰出代表，优秀的剧作家和诗人。

鲁"[1]，声音悦耳，却又非常陌生。

巴尔沃亚顺着酋长那只伸开的手凝望着远方，在那里，只有山峦消失在茫茫的天际。这个声音柔和的词汇"比鲁"仿佛一个有魔力的咒语，立刻铭刻到了他的灵魂深处。他的心怦怦直跳。这是他生平第二次意外获得的伟大预示。柯马格莱酋长关于南海就在附近的第一个预示已经顺利完成。他找到了南海和这珍珠的海滩。说不定这第二个预示也一样会很顺利，他要去发现并征服地球上的黄金之国——印加帝国[2]。

众神很少保佑……

巴尔沃亚一直还在用渴望的目光凝望着远方。"皮鲁"，即"秘鲁"这个名字，犹如一口金钟在他的灵魂深处荡来晃去。不

---

1. 比鲁（Birù）："秘鲁"（Perú）一词的异体字写法。此处茨威格的描写非常浪漫化，但并不真实。古印加王国被西班牙征服者称为"秘鲁"乃是他们对印第安人语言的错误理解造成的。按照《印卡王室述评》（德拉维加著，白凤森等译，商务印书馆）一书的说法，当巴尔沃亚派船在巴拿马以南进行探查时，他们在一处河口抓到一名印第安人，就问他这是哪里，而印第安人因为语言不通，就按自己的理解回答了自己的名字"贝鲁"（Berú），同时又说了"秘卢"（Pelú）一词，即"河流"之意，以表示这是在河边。而西班牙把这片帝国称为"秘鲁"，要么是用了印第安人的名字，把"b"错成了"p"，要么就是用了"河流"一词，把"l"错成了"r"，还有人弄错了两个字母，就变成了"比鲁"（Pirú）。"秘鲁"一词的诞生经历颇有些类似于澳门被称为"Macau"的情况，因为印第安语中根本没有这个名词，当时的土著人也不知道这个名字的存在。他们称自己的王国为"塔万廷苏尤"，意思是世界的四方。

2. 印加帝国：大约建立于13世纪初，国祚350余年，历经12代国王，在16世纪初达到鼎盛，领土包括今天的厄瓜多尔、智利、秘鲁和玻利维亚等地区，面积约100万平方公里，人口据称有1200万。但由于西班牙人的到来，1532年，皮萨罗俘虏并处决了最后一任印加国王，印加帝国刚刚达到鼎盛即告覆灭。

过，这一回他不得不忍痛放弃！他不敢再进一步探查了。带着二三十个疲惫不堪的人，他不可能征服一个王国。所以，他必须先返回达连养精蓄锐，然后再沿着现在找到的这条路去征服那新的黄金之国。而回来的路上同样困难重重。西班牙人必须再次艰难地穿过热带丛林，必须再次经受土著人的袭击。尤其是现在他们已不再是一支战斗的队伍，而是一些患着热病，用最后一点力气蹒跚行走的人。巴尔沃亚本人也已濒临死亡的边缘，由几个印第安人用一张吊床抬着。这支队伍经过艰苦卓绝的四个月行军，终于在1514年1月19日重新回到达连。历史上最伟大的行动之一胜利完成了。巴尔沃亚实现了自己的诺言，每一个同他一起冒险到达那未知地区的人都变得富裕了。他的士兵从南海沿岸带回来的财宝之多，是哥伦布和其他西班牙征服者不能比拟的。殖民地里未参加行动的人也分到了一杯羹。巴尔沃亚把战利品的五分之一留作王室贡品。作为凯旋的统帅，在分配战利品的时候他还给自己的獒犬莱昂西科留了一份，以报答它如此凶狠地撕咬掉那些不幸的土著人的皮肉。它所得到的酬劳和任何一个参战者一样：500金比索[1]，他让人把这些黄金撒在了狗的身上，对此无人非议。在巴尔沃亚取得这些成就之后，殖民地再也没人对他总督的权威有所争议。这个冒险家和叛乱者像神一样被人崇敬。他可以自豪地向西班牙送去如下消息：他为卡斯蒂利亚王室完成了自哥伦布以来最伟大的业绩。在向成功顶峰攀升的艰辛路途中，好运

1.金比索：16世纪西班牙黄金称量单位，1个金比索大致相当于1%磅的纯金。

的阳光射破了一切迄今压在他生命之上的阴云。而现在，正是如日中天。

然而，好景不长。几个月后的一天，那正是阳光灿烂的六月天气，达连的居民吃惊地涌向海滩。一张白帆在海面的地平线上出现，在这个偏僻的世界角落里，这本身就是一桩奇迹。可是你看，紧接着又出现了第二张、第三张、第四张、第五张，不一会儿已经看到十艘帆船，不，十五艘，不，二十艘帆船——是整整一支舰队在向海港驶来。他们很快就知道了：这一切都是由巴尔沃亚的信引起的结果，但不是报告他凯旋的那封信——那封信还未到达西班牙——而是他早先那封信，他在那封信里第一次转述了印第安人酋长关于南海和黄金国存在的报告，并请求派来1000名士兵，以便去占领那些土地。西班牙朝廷毫不迟疑地为这样一次远征行动派来了一支强大的舰队。不过，塞维利亚和巴塞罗那方面根本就没有想过把这样的重任托付给一个像巴尔沃亚这样声名狼藉的冒险家和叛乱者。年已60的佩德罗·阿里亚斯·达维拉（通常称作佩德拉里亚斯）[1] 出身显贵，深孚众望，他被任命为特别总督，一道随船前来，他将作为国王的总督在这块殖民地上最终建立起秩序，对以前发生的一切越轨行为绳之以法，找到南海，

---

1. 佩德罗·阿里亚斯·达维拉，西班牙征服者。1514年被西班牙国王任命为达连和巴拿马总督，1519年建立巴拿马城，为西班牙殖民者在拉美地区的进一步扩张并最终占领印加帝国奠定了基础。他与巴尔沃亚的恩怨后文将详述。此人的出生年份有争议，有人认为是1440年，也有人认为是1468年，但无论哪一年，1514年的时候，他都不应该是60岁，考虑到他被委托如此重要的任务，应当年富力强才对，所以1468年似乎更为合理。1526年调任尼加拉瓜总督，并于1531年死于该处，最后应该是享年63岁。

并征服那传说中的黄金之国。

因此，对佩德拉里亚斯来说，此时的处境是令人不快的。他一方面肩负这样的使命：要追究叛乱者巴尔沃亚驱逐前总督的责任，如果证明他有罪，那么就将他逮捕，要么，就证明他无罪；另一方面他又肩负着找到南海的使命。但是，换乘的小船刚一靠岸，他就立刻得知，他打算审判的巴尔沃亚依靠自己的力量已经完成了这一了不起的壮举，这个叛乱者也已庆祝过原本该由佩德拉里亚斯来完成的凯旋，而且巴尔沃亚为西班牙王室做出了自发现美洲以来最伟大的贡献。不言而喻，他现在不可能把这样一个人像卑贱的罪犯一样送上断头台，而必须礼貌地向他问候，热忱地向他祝贺。不过，从这一刻起，巴尔沃亚实际上已经失败了。佩德拉里亚斯永远不会原谅这个竞争对手独自完成了这一行动，因为这是一项王室委派佩德拉里亚斯来实现的行动，而且它原本肯定会带给总督流芳百世的荣耀。所以，他虽然不想过早地去激怒当地的殖民者，而不得不把对他们的英雄的仇恨隐藏起来，把追究责任的调查工作无限期延长，甚至把自己留在西班牙的亲生女儿许配给巴尔沃亚，以制造一种和平的假象。但是，他对巴尔沃亚的仇恨和嫉妒并未有一丝一毫的减少，相反却是与日俱增，特别是当西班牙方面终于获悉了巴尔沃亚所完成的业绩之后。一份诏令已从西班牙送到这里，把这个叛乱者曾经僭越的头衔补授给他，即任命他为边疆总督¹，并且告知佩德拉里亚斯，每遇重大事情都必须同其协商。然而，这一片土地对两个总督来说毕竟是太小了，其中必然要有一个屈服，以致最后垮台。巴尔沃亚感觉到自己头上仿佛悬着一把利剑，因为佩德拉里亚斯手中掌握着军权和司法权。于是他准备第二次到不朽的事业中寻求庇护，因为他第一次这样的尝试出色地获得了成功。他请求佩德拉里亚斯允许他装备一支远征队，到南海沿岸去探察并占领它周围的土地。不过，这个老牌叛乱者的秘密意图是：他要到大海的彼岸去，摆脱一切控制，他要自己建立起一支舰队，要使自己成为那一片土地上的主人，并且一旦有可能，就去征服传说中的"比鲁"——新世界的黄金国。佩德拉里亚斯诡谲地同意了，因为如果巴尔沃亚自己在这次行动中丧了命，岂不更好；即使他成功了，那么以后仍然有很多时间除掉这个过于贪图功名的人。

就这样，巴尔沃亚又开始到不朽的事业中去寻求新的庇护。也许，从某种意义上来说，第二次行动比第一次更加辉煌，虽然这一次行动并没有享受到和第一次同样的荣耀，因为历史只偏爱成功者。巴尔沃亚这一次横越地峡的时候，不仅带着自己的人马，而且还让上千名土著人拉着足够建造四艘双桅帆船用的木材、木

---

1. 边疆总督：卡斯蒂利亚王国为奖励在征服新大陆过程中有所发现或有所建设的冒险者而授予的官职，相当于地方司法军事长官，通常该地区应该是新发现的，是在现有行政区划管辖之外的。但也有研究者认为，该头衔只是荣誉性的，并无实权，因为征服者通常都是利用私人资金进行探索，他们只有通过新发现或掠夺才能弥补经济上的损失，而王国颁给这个头衔只是对其行为进行政治上和社会意义上的扶持，而没有财政支持，所以具体有多大权力还是看其手中掌握多少资源。

板、船帆、铁锚和绞盘翻山越岭。因为，只要他在山的那边建立起一支舰队，他就可以占领所有的沿岸地区，征服那些盛产珍珠的岛屿，还有秘鲁，那传说中的秘鲁。可是这一次，命运却同这个勇敢的冒险者开始作对，他接二连三地遇到新的挫折。在穿过潮湿的热带丛林时，蠹虫蛀毁了木材；到达以后发现木板已全部霉烂，不能再使用。但巴尔沃亚没有气馁，他在巴拿马海湾让人砍下新的木料，锯成新的木板。他的毅力与干劲创造了真正的奇迹。眼看一切又都要成功：双桅帆船造好了，那可将是人类历史上第一次航行在太平洋上的双桅帆船。可是谁也没有想到，停泊着竣工船只的河流突然因为飓风而暴发洪水，造好的船被冲走了，并在大海上被撞得粉碎。巴尔沃亚不得不第三次重新开始。两艘双桅小帆船终于又建好了。只需要再有两三艘这样的船，他就可以出发了，去占领那片他朝思暮想的土地。在那个印第安人酋长伸出手掌指向南方以后，自他第一次听到那诱人的名字"比鲁"以来，这就成了他日日夜夜的梦想。现在，只要再得到几名勇敢的军官和良好的补给，他就可以去建立自己的王国了！只要再有几个月的时间，只要他内心的勇敢再配上一点好运气，那么世界历史上战胜印加人、征服秘鲁的就不会是皮萨罗，而是巴尔沃亚了。

然而，命运即使对它最喜爱的宠儿也不是永远慷慨大度的。众神通常只会保佑无法永生的凡人完成唯一一项不朽的事业，除此之外，凡人不可奢求。

毁　灭

　　巴尔沃亚以钢铁般的毅力准备着自己的宏伟计划。但是，恰恰是这种大胆计划所取得的成功，给自己招惹来了危险，因为佩德拉里亚斯猜忌的眼光一直在不安地注视着自己这个下属的意图。也许是由于叛徒的出卖，他得到了情报，知道巴尔沃亚野心勃勃地要建立自己的统治；也许是纯粹出于嫉妒，怕这个从前的叛乱者第二次获得成功。总而言之，他突然给巴尔沃亚寄去一封非常恳切的信，信中说，希望他在最终开始远征以前，最好再回到阿克拉[1]一趟，因为有事相商。巴尔沃亚希望能进一步得到佩德拉里亚斯的兵力支援，于是按照信上的邀请立即返回了。一小队士兵在城门外朝着他行进，似乎要来迎接他。他高兴地急忙向他们走去，为的是要去拥抱他们的队长——他多年的战友、发现南海时的同伴、自己信赖的朋友弗朗西斯科·皮萨罗。

　　但是，皮萨罗却把手重重地按在他的肩上，宣布他已被捕。皮萨罗也渴望做出一番不朽的事业，也渴望着能去占领黄金国。所以，当他知道要除掉这样一个胆大妄为的前行者时，心里并不是很介意。佩德拉里亚斯总督开始了这场所谓针对叛乱者的审判，并且很快做出了不公正的判决。数天以后，巴尔沃亚和几个最忠实的伙伴一起走上了断头台。只见刽子手的刀斧一闪，滚落在地

---

1. 阿克拉：是佩德拉里亚斯于 1515 年在达连附近建立的一个城市，在今天巴拿马东北部雅拉库纳族自治区的中部海岸地区。因巴尔沃亚在此被处决而知名。1532 年被遗弃。处决巴尔沃亚的城市被遗弃的这一年，恰好也是皮萨罗代替巴尔沃亚征服秘鲁的年份，历史在这里似乎完成了一个宿命的安排。

上的头颅在一秒钟之内就这样永远地闭上了双眼。这是人类历史曾同时看到过环抱我们地球的两个大洋的第一双眼睛。

千年帝国的陷落

时间：1453 年 5 月 29 日

事件：攻占拜占庭

核心人物：穆罕默德二世

  与中国人思考历史的方式不同，西方人其实习惯将历史划分为三大部分——古代、中世纪和现代。古代当然指欧洲的古典时代，即古希腊罗马时期。而如何划分中世纪和现代则一直充满争议。传统来看，基督教、罗马帝国以及两者的关系乃是划分的主要标准。所以，古代与中世纪的分界点被划定在以下几个事件：罗马皇帝君士坦丁大帝颁布《米兰敕令》正式承认基督教合法地位的 313 年，或是狄奥多西一世宣布基督教为国教并取缔一切异教活动的 380 年，以及西罗马帝国的末代皇帝罗慕路斯被废黜的476 年。

  这其中，学界认为还有一个很重要的日期可以作为分界点，即君士坦丁大帝将首都迁至前希腊的殖民地拜占庭，并将其改名"新罗马"（民间则习惯称之为君士坦丁堡）的 330 年。君士坦丁皇帝在事实上已经把他辽阔的帝国分为东西两处管理区域，这也为后来古罗马帝国的正式分裂（395 年）打下了基础。在西罗马帝国灭亡之后，东罗马帝国依然保留了罗马帝国的文化与制度，直到公元 7 世纪，在经历了一系列的动荡之后，东罗马帝国发展出了自己独特的文化：它将希腊的和斯拉夫的文化因素结合起来，在继续保持与西欧同样的宗教的同时，全面采用了希腊的语言和文化。不过，当时的东罗马人一直以罗马帝国的正统继承人自居，他们从未使用过"拜占庭"一词来指代自己，从未将自己称为"拜占庭人"或"拜占庭帝国"，而是一直沿用"罗马人"与"罗马帝国"的名称。所谓"拜占庭"或"拜占庭帝国"其实是后世欧洲历史学家为了避免混淆而使用的研究性术语。

至于进入现代的标志，首先也与拜占庭帝国有关，那就是奥斯曼帝国攻陷君士坦丁堡从而终结东罗马帝国的 1453 年。伴随着欧洲最古老帝国的烟消云散，欧洲历史结束了漫长的中世纪，进入了新的时代。所以茨威格才会将其列为人类的一个标志性时刻。需要指出的是，汉语中"近代"与"现代"两个名词的使用常常给我们造成困扰，而德语中则把从 15 世纪中后叶开始一直延续到我们目前所生活的时代统称为"Neuzeit"（意即"新时代"），而英文中相对应的词则是"modern age"。可以看出，不论是德语还是英语，都表达出一种不同于以往的崭新的历史与时代感觉，而这种感觉的诞生正是缘于 15 世纪后半叶至 16 世纪初欧洲所发生的一系列改变，这其中有政治上的东罗马帝国灭亡，还有地理上的哥伦布 1492 年发现美洲，掀起宗教改革浪潮的马丁·路德于

1517 年在维腾堡教堂张贴《九十五条论纲》以及哥白尼提出日心说（具体时间未确定，很有可能是 1514 年）彻底改变了人们的世界观。历史的长河从此获得了一个新的流向，一直流到了今天。

——译者

危险来临

1451 年 2 月 5 日，一位密使到小亚细亚 [1] 向苏丹穆拉德二世 [2] 的长子——21 岁的穆罕默德 [3] 报告他的父亲已经去世的消息。这位狡猾而又果决的皇储没有同自己的大臣和谋士商量一句话，就一跃跨上自己乘骑中最好的马，挥策鞭子，驱使着这匹纯种良马

---

1. 小亚细亚半岛：又名安纳托利亚半岛，地处黑海与东地中海之间，位于土耳其境内。
2. 穆拉德二世，奥斯曼土耳其帝国第六代苏丹，1421—1451 年间在位，在小亚细亚和巴尔干地区扩大了奥斯曼帝国的版图。
3. 穆罕默德二世，绰号"征服者"，奥斯曼帝国第 7 代苏丹，1451—1481 年间在位，1453 年占领君士坦丁堡，结束了拜占庭帝国的千年统治，其后又陆续攻占了欧洲很多地区，在军事、政治、外交、经济、文化等诸多方面都很有建树，被认为是土耳其帝国的真正缔造者。主张宗教宽容，与意大利很多港口都保持贸易联系。他之前曾有两个兄长，但都不幸早亡，特别是 1443 年第二位兄长的死亡让其父穆拉德二世悲恸不已，于 1444 年宣布退隐，传位给穆罕默德，后于 1446 年由于军队叛乱而重掌大权直到逝世。所以 1451 年事实上是穆罕默德二世第二次登基。（顺便提一下，在文中使用的德语名称是 Mahomet，而德文中也经常会使用 Mohammed 和 Muhammad，这些其实都是德语中用来翻译穆罕默德的译名，这就同中文中也经常出现外国人名有多种译名一样。而土耳其语中也写作 Mehmet 或者 Muhammet）

一鼓作气跑完一百二十里[1]，到达博斯普鲁斯海峡[2]，并且马上渡海，来到欧洲一侧的加利波利半岛[3]。他这才向亲信们透露了父亲去世的消息。为了事先就能挫败其他所有人染指王位的企图，他迅速集结了一支精锐部队，率军来到了亚得里亚堡[4]，在那里，他也确实没有遭到任何反对就被确认为奥斯曼帝国的最高统治者。而他随即采取的第一个政治行动，同时也充分显示了穆罕默德那毫无顾忌的魄力，十分令人恐惧。为了预先铲除掉所有嫡亲血脉的对手，他让人把自己那个尚未成年的弟弟淹死在浴池里，然后紧接着，又立刻把那个被他逼着去干这件事的凶手处死——由此可见他的诡计多端和生性残忍。

年轻、狂热、醉心于功名的穆罕默德从此取代了较为审慎的穆拉德而成为土耳其人的苏丹，这一消息使拜占庭人惊恐万分。因为他们通过成百名的密探获悉，这个野心勃勃的苏丹曾发誓要占领这座曾经的世界中心，尽管他年纪轻轻，但却日日夜夜都在

---

1. 里：欧洲历史上使用的长度单位，具体长度不等，最早在古罗马时期指2000步长，即1479米，至今还在英国得到使用（1英里=1609米），而德国里又名地理里，指的是1个赤道度（约111千米）的十五分之一，约7420米。考虑到年代因素，这里指的应该还是古罗马的里。
2. 博斯普鲁斯海峡：亚洲与欧洲之间的海峡，联结黑海与马尔马拉海，约30公里长，最宽处近3公里。
3. 加利波利半岛：又称盖利博卢半岛，位于达达尼尔海峡与萨罗斯湾之间，在公元前8世纪的时候成为希腊人的殖民地，后于公元前133年落入罗马人之手，而公元1354年，奥斯曼帝国占领此处，并将此作为进攻巴尔干半岛的桥头堡。（茨威格此处似乎有误，该半岛的对面不是博斯普鲁斯海峡，而是达达尼尔海峡）
4. 亚得里亚堡：即今天土耳其埃迪尔内省首府埃迪尔内市，位于欧洲一侧，原是拜占庭帝国的重要城市，后于1361年被奥斯曼帝国占领，1365—1453年间是奥斯曼苏丹的驻跸之地。

谋划如何实现自己的这一毕生计划；同时所有的报告又都一致声称：这位新的帕迪沙阿[1]具有非凡的军事和外交才能。穆罕默德身兼双重禀性，他既虔诚又残忍，既热情又阴险，他学识渊博，爱好艺术，能用拉丁文阅读恺撒大帝和其他罗马伟人的传记，但他同时也是一个杀人不眨眼的野蛮人。他有一双神情忧郁的漂亮眼睛，尖尖的鹰钩鼻略显刻薄，他融合了三种不同的品格于一身：不知疲倦的工人，强悍不畏死的士兵，还有寡廉鲜耻的外交家。而现在，所有这些危险的力量都集中到同一个理想上：那就是要远远超过他的祖父巴耶济德一世[2]和父亲穆拉德二世所建立的功业——后两者曾利用新兴的土耳其民族的强大军事优势第一次教训了欧洲。不过，所有的人都清楚地知道并且感受到了，穆罕默德的第一个目标就是要攻占拜占庭，那是留在君士坦丁大帝[3]和查士丁尼大帝[4]皇冠上的最后一颗璀璨的宝石了。

---

1. 帕迪沙阿：原是波斯古代君王的头衔，后主要指奥斯曼土耳其帝国与印度莫卧儿王朝的君主，意思大约相当于皇帝。
2. 巴耶济德一世，奥斯曼土耳其帝国第四任苏丹，1389—1402 年在位，曾围攻君士坦丁堡，后被蒙古帖木儿俘虏，几个月后去世，因此造成了奥斯曼帝国长达十年的混乱局面。此处茨威格的记述有误，巴耶济德乃是穆罕默德二世的曾祖父，其祖父应当是穆罕默德一世，奥斯曼土耳其帝国第五任苏丹，1413—1421 年间在位，结束了奥斯曼帝国的内战局面。
3. 君士坦丁大帝：306—337 年间在位，是第一位尊崇基督教的罗马皇帝，公元 330 年将帝国首都从罗马迁至拜占庭，并改名为君士坦丁堡。
4. 查士丁尼大帝：拜占庭帝国皇帝，527—565 年间在位，确立了拜占庭帝国内部的政治宗教体系，重建了圣索菲亚大教堂，并且颁布了《查士丁尼法典》，对后世律法影响很大。

事实上，对一个决心如此大的强力人物来说，这颗宝石已经没有任何保护，几乎唾手可得。当年，拜占庭帝国，即东罗马帝国幅员辽阔，曾一度包括了世界几个大洲，从波斯一直到阿尔卑斯山脉，后来虽然经历萎缩，但也曾再次延伸到亚洲的沙漠地带。那时的人们就是走上几个月的时间，也无法穿越全境，真可谓是一个世界帝国；可是现在，只需步行三个小时就能轻松地走遍整个国家：当年的拜占庭帝国如今只可怜巴巴地留下一个没有躯体的脑袋、一个没有国土的首都——君士坦丁堡，那是君士坦丁大帝建造的城池、古希腊人的拜占庭城。即使是这样，属于今日巴塞勒斯 [1]（即东罗马皇帝）的，也已经不是昔日的拜占庭城了，而仅仅是它的一部分（即今天的斯坦布尔城区 [2]）。海湾对面的加拉塔 [3] 已落入热那亚人的手中，而城墙以外的所有土地则全部都被土耳其人占领；末代皇帝的帝国仅剩下这样一块弹丸之地，只不过是一座巨大的环形城墙，它环绕着教堂、宫殿以及一片被称为拜占庭的杂乱无章的屋宇。这座城市曾因十字军的大肆劫掠和破坏 [4]

---

1. 巴塞勒斯：古希腊语中"君主"之意，7 世纪之后成为拜占庭帝国皇帝的官方尊号，皇帝没有采用原先罗马的"奥古斯都"尊号，这被认为是拜占庭帝国希腊化的标志之一。
2. 斯坦布尔城区：土耳其伊斯坦布尔市的旧城区。
3. 加拉塔：伊斯坦布尔的城区，其历史最早可以追溯到 14 世纪由热那亚商人在君士坦丁堡城郊建立的据点。
4. 第四次十字军东征（1202—1204）原本是要攻占被穆斯林控制的埃及，但却因缺乏资金而在威尼斯贵族的怂恿下攻占了君士坦丁堡（1204 年 4 月 13 日）并大肆劫掠。后来还建立了一个短暂的拉丁帝国。而拜占庭帝国的力量却被彻底削弱了。

而大伤元气；瘟疫[1]使城内人口骤减；游牧民族连年不断的进犯也使得整个帝国精疲力竭；加之民族和宗教的纷争不断[2]，内部四分五裂。如今敌人早已如同章鱼一般从四面八方伸出了无数触手，紧紧攫住了这座城市，而它却根本无力抵抗。它既缺乏人员又缺乏勇气。拜占庭最后一位皇帝君士坦丁十一世[3]的紫色皇袍已经在风雨中飘摇，几如风中残烛，而他的皇冠正在听凭命运的摆布。然而，正是因为拜占庭已被土耳其人团团包围，同时也因为它代表了整个西方世界延续千年之久的共同文化而被奉为圣地，所以，对于欧洲而言，拜占庭城乃是其荣誉的象征；在东方，它是基督教世界最后的一个堡垒，如今也正面临土崩瓦解的危险；只有当统一的基督教世界共同来护卫它，圣索菲亚大教堂[4]——东罗马帝国最后的、也是最富丽堂皇的基督教教堂——才能作为信仰基督的宗座圣殿（Basilika）而继续存留。

君士坦丁十一世马上就认识到了危险。尽管穆罕默德二世满口和平的言论，但君士坦丁十一世还是怀着完全可以理解的惴惴不安的心情，向意大利派去一个又一个的使节，向教皇、威尼斯、热那亚求援，请他们派来桨帆战船[5]和士兵。然而罗马犹豫不决，

---

1. 主要指 14 世纪中期爆发的大瘟疫，即席卷欧洲的所谓"黑死病"，造成 2500 万欧洲人死亡。
2. 主要指拜占庭帝国笃信的希腊正教与罗马天主教之间的宗教纷争。
3. 君士坦丁十一世：拜占庭帝国最后一位皇帝，1449—1453 年在位，其结局后文将详述。
4. 圣索菲亚大教堂：东罗马帝国皇帝的加冕教堂，拜占庭建筑艺术的经典之作，532—537 年由查士丁尼大帝在原先两座被毁教堂的原址上建造而成。1453 年后被改为伊斯兰教清真寺，1934 年后成为博物馆（世界文化遗产）。
5. 桨帆战船：欧洲中世纪地中海地区使用的人力推动的战船，能荷载 200—500 人，主要依靠奴隶和战俘划桨推动。

威尼斯也是如此。因为东派教会和西派教会之间依然横亘着那条古老的宗教信仰上的鸿沟。希腊正教憎恨罗马公教。希腊正教的牧首拒绝承认罗马教皇的首席权。虽然由于面临土耳其人的威胁，在费拉拉[1]和佛罗伦萨[2]举行的两次普世公会议[3]（Konzil）上早已决定两教会重新统一，并以此为条件来保证拜占庭在同土耳其人的战争中能够得到支援。但是等到拜占庭所面临的危险刚刚变得不再那么迫在眉睫时，希腊正教方面举行的普世公会议（Synode）就又都拒绝使条约生效。而到了现在，由于穆罕默德二世成了苏丹，危急的形势才战胜了东正教会的固执：拜占庭在向罗马方面送去顺从的消息的同时，还请求对方紧急支援。于是，一艘艘战船配备起了弹药和士兵。而罗马教皇的使节也乘坐其中一艘帆船来到拜占庭，他要来隆重地完成东西方两个教会和解的重大事宜，并且向全世界宣布：谁胆敢进犯拜占庭，谁就是在挑战整个基督教世界。

和解的弥撒

那是十二月的一天，富丽堂皇的索菲亚大教堂里，一派隆重庄严的景象——它从前那种由大理石和马赛克图案以及那些灿烂

---

1. 费拉拉：意大利东北部城市，历史上曾是文艺复兴时期的中心城市之一。
2. 佛罗伦萨：意大利中部城市。应希腊方面的请求，当时的教皇尤金四世于1438年在意大利费拉拉主持召开天主教会普世公会议，讨论罗马教会与希腊教会合一问题，有七百多名希腊教会代表参加，一年后会议移至佛罗伦萨举行，1439年7月6日通过两教会统一的决议，希腊东正教会确认罗马教皇为基督在世代表，具有首席地位。
3. 普世公会议：是传统基督教中具有普遍代表意义的世界性主教会议，负责审议或表决重要教务和教理争端。

人类群星闪耀时

夺目的装饰品所形成的金碧辉煌，是我们今天从它改成的清真寺中所无法想象的——宗座圣殿里正在为两派的和解举行盛大的庆祝活动。君士坦丁十一世在其帝国所有显贵们的簇拥下，出席了这次庆祝活动。他想以皇帝的身份成为这次永久性和睦的最高见证人和担保人。被无数的蜡烛照得通明的宽敞大厅里挤满了人。罗马教廷的使节伊西多鲁斯和君士坦丁堡牧首格列高利[1]在圣坛前亲如兄弟似的一起做着弥撒。在这座教堂里第一次重新提到了教皇[2]的名字；第一次同时用拉丁语和希腊语唱起虔诚的赞美诗，余音在这座永不磨灭的主教堂的穹顶间缭绕。与此同时，已经达成和解的两派教士列队把圣斯皮里宗[3]的圣体庄严地抬进来。在这一刻，东方与西方，两派的宗教信仰似乎从此永远联合在一起了。在经历了漫长而且罪恶的争执之后，欧洲的理念，整个西方精神，终于重新得以实现。

　　然而，理智与和解的时刻在历史上从来都是短暂与易逝的。正当共同祷告的虔诚声音在教堂里水乳交融之际，那位博学的修

---

1. 此处茨威格的记述似乎有误，当时的牧首应当是阿塔纳修斯二世，而格列高利三世乃是其前任，但由于其与罗马教廷合并的主张遭到了极大的反对而不得不于 1450 年放弃牧首一职，然后逃到了罗马，并于 1459 年死于该处。
2. 指当时的教皇尼古拉五世：1447—1455 年间在位，被视为第一位文艺复兴的教皇。
3. 圣斯皮里宗：虽然隶属东部教派，却是同时受到东西两大教派承认的宗教圣徒，其遗体原本安葬于塞浦路斯，后在拜占庭与阿拉伯帝国战争期间被转移至君士坦丁堡，据传说在挖掘时发现其遗体不腐，并且散发出罗勒草的香气。1453 年，君士坦丁堡被占领后，其遗体被转移至希腊克基拉岛，因此被认为是该岛的守护神。其纪念日是 12 月 12 日。

士金纳迪乌斯[1]已经在外边修道院的一个小房间里激烈地指责那些说拉丁语的罗马教会人士以及人们对于真正信仰的背叛。刚刚由理智撮合而成的和解态势又被盲目信仰的狂热所破坏，而且正如这位希腊教士不想真正屈服一样，地中海另一端的朋友们也并不想提供他们已经承诺的援助。虽然向拜占庭派去了几艘桨帆战船和数百名士兵，但随后就直接让这座城市听天由命了[2]。

战争开始

一切正在准备战争的强权统治者都一样，只要他们还没有完全准备就绪，就总是竭力散布和平论调。穆罕默德也是如此。他在自己加冕典礼时接见了君士坦丁皇帝的使团，向他们说尽了最友好和最使人宽心的话；他郑重其事地向真主以及先知穆罕默德、向天使们和《古兰经》公开发誓：他将最忠实地信守同拜占庭皇帝签

---

1. 即后来土耳其治下的第一任君士坦丁堡首金纳迪乌斯二世·斯科拉里奥斯，系当时反对派的主要领袖，后由于其反罗马教会的立场而被穆罕默德二世任命为君士坦丁堡牧首，1453—1456年间在位，后于1458、1462—1463、1464年三次短暂出任牧首一职。
2. 颇具讽刺意义的是，在此之前，正是希腊方面挽救了教皇的权威。1431年，在瑞士巴塞尔召开了第十七届天主教会普世公会议，会议讨论了限制教皇权力的问题，普世公会议主义者要求赋予普世公会议最高的权力，当时的教皇尤金四世面临很大的困境。而恰好这时，希腊方面派来使节，希望与拉丁教会沟通，结束长达几百年的大分裂状态。这使得教皇得以重振声望。于是就有了接下来在费拉拉与佛罗伦萨继续举行的普世公会议。而部分顽固的普世公会议主义者则继续在巴塞尔开会，直到1449年才向当时的教皇尼古拉五世表示屈服。不过，后来的尼古拉五世手中也没有足够的力量，只能求助在拜占庭当地有着很多利益的威尼斯和热那亚，但是这两座城市也都表现得相当犹豫。

订的那些条约。但与此同时，这个诡计多端的家伙却又和匈牙利人以及塞尔维亚人分别达成了一项为期三年的双边中立协定——他要在这三年内不受干扰地攻下拜占庭。然后，在他信誓旦旦地做出足够的和平承诺以后，才通过一次违犯条约的行动挑起了战争。

直到目前为止，博斯普鲁斯海峡只有亚洲一岸是属于土耳其人的。所以拜占庭帝国的船只仍然可以畅通无阻地穿过海峡驶进黑海，前往自己的粮仓。现在，穆罕默德根本不给任何解释，就要悍然切断这条通道，他下令在海峡的欧洲一岸，就在今天土耳其人称为鲁米利·希萨尔[1]的地方，修建一座要塞。那里是海峡最狭窄的地段，在古代波斯人称雄之时，勇敢的薛西斯[2]就是在此渡过海峡的。于是一夜之间，成千上万的挖土工人来到欧洲一侧，而按照条约规定，欧洲一岸是不允许构筑工事的（但是，对强权者而言，条约又算什么呢？）这些工人为了生活需要，把周围的庄稼劫掠一空；为了取得建筑堡垒用的石块，他们不仅拆毁一般

---

1. 鲁米利·希萨尔：此处茨威格的理解有误，鲁米利·希萨尔其实就是鲁米利堡垒之意，也就是穆罕默德所修建的这座堡垒的名字，位于今天土耳其伊斯坦布尔的萨勒耶尔区，博斯普鲁斯海峡的欧洲一侧。而对面亚洲一侧则是巴耶济德一世修建的安纳托利堡垒，两者扼住了海峡的咽喉。此外需要指出的是，"鲁米利亚"与"安纳托利亚"乃是历史上奥斯曼帝国使用的地理词汇，其中后者可能源自土耳其语，意思为"故土"，也可能源自希腊语，即"东方之国"，主要是指奥斯曼帝国的亚洲部分；而前者则指该帝国后来所占领的欧洲部分，即巴尔干半岛地区，与我们通常所说的色雷斯地区大致相当，其本意是指"罗马人的土地"。所以前面提到的两座堡垒也经常被称为"欧洲堡垒"与"亚洲堡垒"。

2. 薛西斯：古波斯国王，公元前486—465年间在位，公元前480年进攻希腊，在萨拉米海战中遭遇惨败。后死于宫廷政变。

的房舍，而且还拆毁了那座古老而且著名的圣米迦勒教堂[1]。苏丹亲自领导这项昼夜不歇的要塞建筑工程，而拜占庭却只能无奈地眼望着敌人违背公理和条约，掐断了它通向黑海的那条自由通道。在这片迄今为止还允许自由航行的大海上，第一批试图通过的船只在毫无防备的状态下遭到了炮击。而在双方初步较量之后不久，穆罕默德也就不再需要任何伪装了。1452年8月，穆罕默德把他手下所有阿迦[2]与帕夏[3]都召集在一起，向他们公开宣布了自己要进攻和占领拜占庭的意图。其后不久，野蛮行动就开始了：传令官被派往土耳其帝国境内的四面八方，去征召适龄的壮丁。1453年4月5日，一支望不到尽头的奥斯曼帝国军队如同突如其来的潮水，出现在拜占庭城外的平原上，几乎就要涌到城墙之下了。

苏丹骑着马，一身豪华雄壮的戎装，走在自己部队的最前面，他要在吕卡斯隘口前扎起自己的营帐。但是，在他让人在自己的大营前升起帅旗之前，他先让人在地上铺好祈祷用的地毯。他跣足而上，跪拜在地，面向麦加磕了三个头；在他身后是成千上万的部下，他们和他一起朝着同一方向磕头，用同样的节奏向真主念着同样的祷告，祈求真主安拉赐予他们力量和胜利——那真是一派非常壮观的场面。然后苏丹站起身来，卑恭者又变成了挑战

---

1. 圣米迦勒教堂：位于君士坦丁堡北面的索斯瑟尼昂村（在今天伊斯坦布尔的伊斯蒂涅区），由君士坦丁大帝于公元4世纪下令修建，9世纪被毁，后重建。据传说，圣米迦勒天使曾在君士坦丁堡多次显圣，帮助人们抵御入侵者。该教堂建筑风格富丽堂皇，是后来很多东正教教堂效仿的典范。
2. 阿迦：土耳其语"主人、兄长"之意，是对奥斯曼帝国中下层文武长官的敬称。
3. 帕夏：土耳其语中"首长、领袖"之意，是对奥斯曼帝国高级官员的敬称。

者，真主的仆人又变成了主人和战士。此刻他的那些传令兵，即传谕的差役，急急忙忙走遍整个营地，一边敲着鼓吹着军号，一边继续宣告："围攻拜占庭的战斗已经开始了。"

城墙和大炮

现在的拜占庭，只剩下唯一的依靠和力量了，那就是它的城墙；昔日的拜占庭，它的版图曾横跨几大洲，然而，这样一个伟大而又美好的时代留给如今拜占庭的遗产，仅仅是它的城墙而已。这座呈三角形的城市，被三道防线重重包裹。在城市的两条斜边，即沿着马尔马拉海[1]和金角湾[2]的岸边，是较为低矮然而始终十分坚固的石头围墙；而对着大片开阔地的那一面，则是巨大雄伟的防卫墙，即所谓狄奥多西[3]城墙。在他之前，君士坦丁大帝就已预见到拜占庭未来的危险，所以用方石把整个城市围了一圈，而随后的查士丁尼大帝又把城墙进行了扩建和加固，但是真正建立起主体防御工事的则是狄奥多西二世。是他建造了七公里长的城墙，而今天爬满常春藤的遗迹依然可以证明当年石块的坚固力量。整座环形工事乃是用平行的两重和三重城墙建筑而成，上有凹形眼

---

1. 马尔马拉海：位于达达尼尔海峡与博斯普鲁斯海峡之间的内海，长约 200 公里，最宽处近 80 公里。
2. 金角湾：是土耳其博斯普鲁斯海峡南端的海湾，约 6 公里长，历史上曾是伊斯坦布尔港口的主要组成部分，拜占庭帝国与奥斯曼帝国的海军与海洋运输均集中于此。
3. 即狄奥多西二世：东罗马帝国皇帝，408—450 年间在位，曾将帝国法律汇编成《狄奥多西法典》。

孔和雉堞，之前则有护城河卫护，还有巨大坚固的正方形塔楼守望着。一千多年来，历代皇帝都会把它加固和翻修，因此在那个时代，拜占庭城也就成了坚不可摧的象征。这些用方石筑成的壁垒在以前曾嘲弄过蛮族部落蜂拥而至的拼命冲击和土耳其人的人海战术，现在它又同样轻蔑地对待迄今人类发明的一切战争工具。无论是罗马式的攻城槌，还是中世纪的攻城槌[1]，甚至是新式的野战炮和臼炮都对这座屹立的城墙无可奈何。没有哪一座欧洲城市能拥有比君士坦丁堡更完善和更坚固的防卫措施，而这正是因为狄奥多西城墙的存在。

而如今，穆罕默德比谁都更了解这座城墙，知道它的厉害。几个月来，或者说数年以来，在夜不能寐之时，甚至在睡梦之中，他都思考着这个问题，那就是怎样攻克这不可攻克的城墙、如何摧毁这不可摧毁的城墙。他的桌子上摆放着成堆的图样、量尺、敌方工事的草图。他知道城墙内外的每一处小丘、每一块洼地、每一条水流，他的工程师们同他一起把每一个细节都考虑得十分周详。但令人失望的是，所有人计算的结果都一样：如果使用现有的火炮，是无法摧毁狄奥多西城墙的。

也就是说，必须制造更强大的加农炮[2]！必须有一种比迄今在战争中所使用的火炮炮筒更长、射程更远、威力更大的加农炮！

---

1. 攻城槌：在西文中，该词与公山羊一直是同一个词，因为西方传统攻城槌的前端都会安装一个（通常为铁质）的公羊头，用作攻城的槌头，其起源当是模仿山羊用角撞击的动作。
2. 加农炮：起源于 14 世纪，"加农"一词来源于拉丁文 canna，即"管子"之意，主要指炮管较长、弹道低平的火炮。最初使用石头炮弹，后采用铁弹。

还必须用更坚硬的石头制造一种比迄今的石头炮弹更重、更有攻坚力和摧毁力的炮弹！要对付这座难以接近的城墙，必须发明一种新型重炮，此外没有任何别的办法。穆罕默德坚定地表示，要不惜一切代价制造出这种新的进攻武器。

不惜一切代价——这样一种表示总会在其内部唤起无穷的创造力和推动力。所以，公开宣战之后不久，就有一名男子来到苏丹面前，他是当时世界上最富于创造性和经验最丰富的铸炮能手。他的名字叫乌尔巴斯，或者奥尔巴斯，是一个匈牙利人[1]。虽然他是基督教徒，并且前不久还刚刚为君士坦丁皇帝效过劳，但是他真心地希望能在穆罕默德手下，为自己的技艺获得更高的报酬和更为大胆独创的使命。于是他宣称，如果能向他提供无限的经费，他就能铸造出一种至今世界上还从未有过的最大火炮。就像任何一个被专一的念头迷住了心窍的人一样，苏丹根本不在乎金钱的代价，他立刻答应给匈牙利人提供人手，要多少给多少，同时派出上千辆的车子，把矿砂运到亚得里亚堡；经过三个多月的精心准备，在铸炮工人们不停不歇的努力下，一个采用秘密的淬火方法制成的粘土模坯终于迎来了激动人心的时刻，火红的铁水可以浇铸了。研制工作非常成功。大炮已经造好了。从模具里脱坯而出并且进行了冷却的巨大炮管是迄今世界上最大的。不过，在进

1.乌尔巴斯、奥尔巴斯这两个译名并不常见，国内通常的译名是乌尔班，此人国籍也一直有疑问，有匈牙利、德国、丹麦、塞尔维亚、波希米亚等多种说法，而其职业也有铸炮手、铁匠和技师等不同说法。他共为苏丹浇铸了 69 尊大炮，其中 5 尊巨炮（又称"乌尔班巨炮"），最大的一尊被称为"君士坦丁堡大炮"，炮管长超过 8 米，直径约75 厘米，装填的石弹重约 600 公斤。

行第一次试射以前，穆罕默德先派出他的传令兵走遍全城，去提醒那些怀孕的妇女当心。然后，随着一声巨雷般的声响，一道电光划过炮口，喷出了一颗硕大的石弹，瞬间就让一堵城墙土崩瓦解。于是穆罕默德立刻下令用这种巨型大炮装备全体炮兵。

后世的希腊作家们将会心有余悸地把这些大炮称为巨大的"掷石器"。虽然这第一尊大炮似乎已经制造成功，但接下来还有一个更困难的问题：怎样才能把这个青铜巨怪拖过整个色雷斯[1]，运到拜占庭的城下呢？于是，一次前所未有的艰险历程开始了。因为整个土耳其民族，全部的奥斯曼军队都动员起来，用了两个月的时间，才把这硬邦邦的、长着长脖子的庞然大物拖来。先是派出一队队的骑兵在前面巡逻开道，以防这宝贝遭到袭击，随后是数百也许数千名的土方工人进行夜以继日的挖土和运土工作，为的是要把崎岖不平的道路铲平，方便运送这无比沉重的大炮。而在大炮通过之后，这些道路又被毁坏得不成样子，人们用了几个月的时间才将它们重新修葺好。就像从前罗马人将方尖碑[2]从埃及运到罗马时所做的那样，五十对公牛拖着巨型的防御车阵，而金属炮筒的重量则均匀地分布在车阵的所有轮轴上，还有两百名壮工始终从左右两侧支撑着这个由于自身重量而摇摇晃晃的炮

---

1. 色雷斯：古地名，位于巴尔干半岛的东南部，包括今天保加利亚东南部以及土耳其的欧洲部分，是当时君士坦丁堡的背后腹地。也就是说，大炮从亚得里亚堡运到君士坦丁堡，需要跨越整个色雷斯腹地。
2. 方尖碑：原是古埃及人崇拜太阳的纪念碑，通常由整块花岗岩制成，外形呈尖顶方柱状，由下而上逐渐缩小，顶端形似金字塔尖，经常成对地矗立在神庙或金字塔前。作为战利品，古罗马皇帝曾下令从埃及运送 13 座方尖碑到罗马。

筒；与此同时，五十名造车工匠和木匠不停地忙着更换滚木、给滚木涂润滑油、加固支架、架设桥梁。谁都明白，这样一支庞大的运输队只能像老牛拉车一般，一步一步地，用最慢的速度越过山岭和草原。村落里的农民惊奇地聚集在路边，在这青铜怪物面前划着十字，因为这一切看上去就好像一尊战神被他的仆人和祭司从一个国家搬运到另一个国家。不过，没有多久，又有好几个这种出自同一个粘土模坯的青铜怪物被人用同样的方式从这里拖过去。人的意志又一次使不可能的事情成为可能。现在，已经有二十或三十个这样的庞然大物将它们那黑色大口对准了拜占庭，露出了锋利的獠牙。重炮队从此载入了战争史册。东罗马帝国皇帝的千年城墙和新任苏丹的新式大炮之间的决斗开始了。

希望再次闪现

巨型大炮的炮弹如闪电般划过天空，其攻击频率虽然迟缓，但却始终不停、不可抗拒地蚕食并粉碎着拜占庭的壁垒。开始时，巨型大炮每天只能发射六七枚炮弹，但苏丹却不断地架设起新的大炮。每击中一炮，便会尘土弥漫、碎石乱飞，这座石头堡垒上的很多地方随之轰然倒塌，出现了新的缺口。虽然到了夜里，被围困在城里的人会用那些愈来愈少的木栅栏和亚麻布捆凑合着把这些洞口堵住，但这毕竟已经不再是原来可以让人放心地躲在它后面进行战斗的那座坚不可摧的钢铁城墙了！现在，城墙后面的八千人都禁不住开始惊恐地设想着那决战时刻的来临，到那时，穆罕默德的十五万军队将会对这座业已千疮百孔的堡垒发起决定性的冲击。现在已经到了最为危急的时刻，该是欧洲以及整个基督教世界记起自己诺言的时候了。在城内，成群的妇女带着孩子们整日跪在各个教堂的圣骨盒前祈祷；在所有的瞭望塔上，士兵们日日夜夜都在观察着，在土耳其船只四处游弋的马尔马拉海上是否终于有期待许久的教皇与威尼斯的增援舰队出现。

4月20日凌晨3点钟，瞭望塔上终于发出了灯光信号，因为人们看到远方有船帆出现。那并不是令人们魂牵梦萦的基督教世界派来的强大舰队，但无论如何还是有了那么一点儿迹象：三艘巨大的热那亚船只乘风破浪，徐徐驶来，跟在后面的第四艘船是较小的拜占庭的运粮船，为了保护它，三艘大船将它夹在了中间。君士坦丁堡全城的人立刻聚集在临海的城墙上，准备欢迎这些支援者。不过，与此同时，穆罕默德二世也跨上了他的战马，离开自己的紫色帐营，用最快的速度向停泊着土耳其舰队的港口飞驰而去，他下令要不惜一切代价阻止这些船只驶进金角湾，阻止它们驶进拜占庭的港口。

于是海面上顿时响起了几千副船桨的欸乃之声。土耳其舰队有150艘战船，不过船身偏小。这150艘装备着铁爪钩、掷火器、投石带的三桅帆船一齐向那四艘西班牙大帆船[1]驶去。可是，那四艘大船借助于强大的顺风，强行突破了土耳其小船的拦截，土耳其人只能一边射击，一边不停地叫骂。四艘大船上鼓起了圆圆的

1.西班牙大帆船：16到18世纪欧洲经常使用的商船与战舰类型，其特点是高耸的船首与船尾甲板，有三桅或四桅，装备有多种火炮。

宽大风帆，非常威武从容地航行着，毫不担心那些攻击者。它们向着金角湾的安全港口驶去，因为在斯坦布尔城区和加拉塔区之间那条著名的铁链[1]一直封锁着海口，会保护它们免遭进攻和袭击。四艘大帆船已经非常接近最后的目的地了：城墙上的几千人已能辨认出船上的每张面孔；而男人和妇女们也都已经跪下身去，为了能得到这光荣的拯救而感谢上帝和圣徒；港口的铁链已缓缓放下，准备迎接这几艘增援船的到来。

可是就在此时，却发生了一件可怕的事。风忽然停住。好像被一块磁石吸住了似的，四艘大船死死地停在了大海中间，距离能够进行援救的港口只有几箭之遥。于是，土耳其舰队的所有敌人都狂声欢呼，他们划着桨朝这四艘瘫痪的大船猛扑过来；而四艘大船却宛若四座塔楼，一动不动地僵立在大海里。这些小船用铁爪钩钩住大船的两侧，就好像一群猎犬死死咬住雄鹿不放；为了把大船弄沉，土耳其人用斧子拼命地砍着木质的船身；为了把它们点燃，愈来愈多的人爬上拴锚的铁链，向船帆投掷火炬和燃烧物。土耳其舰队的司令毅然命令自己的旗舰向那艘运粮船冲去，想把它撞毁。最后，两艘船像两个铁环一样紧紧地咬合在一起。虽然开始时热那亚的水兵还能借助头盔的保护从居高临下的甲板上抵抗攀登上来的敌人，还能用刀斧、石块和希腊火[2]击退进攻

---

1. 即著名的金角湾铁链，它是君士坦丁堡防御体系的一部分，是拜占庭方面为了防止土耳其舰队驶进金角湾并对拜占庭城形成两面夹击态势而建立的拦海铁链。
2. 希腊火：拜占庭帝国发明的一种可以在水上燃烧的液态燃烧剂，为早期热兵器，主要应用于海战，曾为拜占庭帝国的军事胜利作出过巨大贡献，其配方因帝国的湮灭而失传，传说是以石油为原料。具体形象可参考美剧《冰与火之歌》。

者。但是这场对决注定会很快结束，因为这是一次力量非常悬殊的战斗。热那亚的船只必败。

对城墙上的几千人而言，那是非常可怕的场面！如果说他们平时在君士坦丁堡竞技场 [1] 里是怀着无比的乐趣来观看血腥搏斗的话，那么现在他们却是怀着无比的痛苦目睹着这场海上的大拼杀，而自己这一方的失败似乎已经不可避免，因为至多还有两小时，这四艘船就会在这大海的竞技场上被敌人的猎犬围攻而死。这些救援者虽然来了，但却纯属徒劳！君士坦丁堡城墙上绝望的希腊人距离自己的弟兄们仅仅一箭之遥，但也只能站在那里紧握着拳头，气急败坏地狂喊，却无法前去帮助那些跋山涉水来帮助他们的人。一些人做出鼓劲的姿态，企图来激励那些正在战斗的朋友们。另一些人则再次将双手伸向天空，呼唤着基督和大天使米迦勒的名字，呼唤起他们的教堂与修道院里所尊奉的所有圣人的名字，这些圣人一千多年来一直都在庇佑着拜占庭，人们祈求他们能创造奇迹。但是土耳其人在对面加拉塔的岸边也同样在期待和喊叫，他们也在用同样的热情祈祷着自己这一方的胜利：大海变成了竞技场，海战变成了角斗士表演。苏丹本人已骑着快马赶来，周围是一群自己的高级将领，他急迫地催马冲进了海水中，以至溅湿了上衣。他用双手在嘴边合成传声筒，用怒气冲冲的声音向

1.君士坦丁堡竞技场：原文为希腊文，即赛马场之意，赛马与战车竞赛是古希腊罗马时期很受欢迎的娱乐活动，所以，在古希腊、古罗马以及东罗马帝国的很多城市中都建有相关的赛马赛车竞技场。其中，拜占庭首都君士坦丁堡的竞技场最为知名，是整个帝国的运动与社交中心。帝国灭亡后被废弃，目前只有少量建筑遗留，在其原址兴建起来的是后来的苏丹艾哈迈德广场。

自己的士兵高喊，命令他们不惜一切代价也要拦住这些基督教徒的船只。每当他看见自己的三桅战船中有一艘被击退回来时，他就会叱责不停，同时挥舞着弯刀，威胁自己的海军司令说："若不能取胜，就提头来见。"

虽然四艘基督教徒的船只还停在那里，但是战斗已接近尾声，从四艘大船上向土耳其人的三桅战船还击的石弹已开始稀稀落落。在同五十倍于自己的优势敌人进行了几小时的战斗之后，水手们的胳臂早已疲乏不堪。白昼已快结束，太阳已经西沉。纵然到目前为止这四艘大船还没有被土耳其人攻占，但最多还剩下一个小时，他们就会被潮水冲到加拉塔后面土耳其人占领的岸边了。完了，完了，一切都完了！

可是就在这时，又发生了意外的事。这在拜占庭城上那群绝望、怒号、叫苦不迭的人看来，简直是出现了奇迹。突然之间，风声呼啸，起风了！四艘大船上干瘪的篷帆顿时鼓得又大又圆。风，人们渴望和祈求的风，终于又出现了。四艘西班牙大帆船的船头胜利地昂了起来，随着风帆的猛然鼓起，船突然起动，又冲出了围困在四周的敌船。它们自由了，它们得救了。在城墙上几千人的暴风雨般的欢呼声中，第一艘船已驶进了安全的港口，接着是第二艘、第三艘、第四艘。之前放下的封锁海面的铁链现在又重新拉起。而它们身后，土耳其人那群猎犬似的小船只能无可奈何地东分西散在海面之上。在这愁云密布、绝望的城市上空又回响起希望的欢呼声，犹如一朵紫色[1]的祥云。

翻山越岭的舰队

整整一夜，被围困的人们都沉浸在无比狂热的欢乐之中。整整一夜，他们都浮想联翩，忘乎所以，错把梦幻那甜蜜的毒药当成是真正的希望。整整一夜，被困的人们相信他们已经得到了安全与拯救。因为他们幻想着，从现在起，每周都会有新的船只到来，而且他们都会像那四艘船上的士兵和给养一样，顺利上岸。欧洲没有把他们忘记，在急切的期盼中，他们仿佛看到包围已经解除，敌人已经失去了勇气，大败溃逃。

但是，穆罕默德也是个幻想家，不过，他属于另一种类型，一种相当稀有的类型。他十分擅长通过自己的意志把幻想变成现实。正当那几艘西班牙大帆船误以为自己在金角湾的港口里十分安全之际，穆罕默德制订了一项极具想象力与冒险精神的作战计划，这项计划在战争史上堪与汉尼拔[2]和拿破仑[3]那些最大胆的行动相媲美。拜占庭好像一个触手可及的金苹果，他却怎么也无法摘取：金角湾，仿佛一条深深探入内陆的大海的舌头，让他的进

---

1. 在古罗马，人们以紫色为尊贵。
2. 汉尼拔：古迦太基名将，在第二次布匿战争期间，采取了一系列勇敢的军事计划，其中包括在公元前 218 年翻越白雪皑皑的阿尔卑斯山，出其不意地出现在意大利本土，彻底扰乱了罗马人的作战计划。
3. 拿破仑：法兰西皇帝，著名军事统帅，与汉尼拔一样，1800 年，拿破仑也率领大军越过阿尔卑斯山，突入意大利，并随后取得了马伦哥战役的关键性胜利。

攻徒劳无功，这个盲肠形状的海湾护卫着君士坦丁堡的侧面。要想进入这个海湾事实上是不可能的，因为海湾入口处的另外一侧是热那亚人的城市加拉塔，穆罕默德曾承诺给予这座城市以中立地位，而且从加拉塔到敌人的城池拜占庭之间还横拦着一条铁链。所以他的舰队不可能从正面冲入海湾，而只能从热那亚人领地边缘的内部水域出发，去袭击那些基督教徒的战舰。可是一支舰队如何才能到达海湾的内部呢？毫无疑问，穆罕默德可以在海湾里面建造一支舰队。不过，这又不知要耗费多少个月的光阴，而早已急不可耐的苏丹根本无法等待那么长的时间。

于是，穆罕默德想出了一项天才的计划，把他的舰队从无法施展力量的外海，越过岬角运到金角湾里面的内港，即从陆地上运送几百艘的战船，带它们穿越多山的岬角地带。这是一个令人瞠目结舌的大胆想法，乍看之下显得那么的荒诞不经和不可实现，以致拜占庭人和加拉塔的热那亚人从来没有想过会有这样一种战略部署，就如同他们之前的罗马人和他们之后的奥地利人没有想到汉尼拔和拿破仑的军队会神速地翻越阿尔卑斯山一样。按照世间所有人的经验，船只能在水里航行，从来没有听说过一支舰队可以越过一座山。然而这永远都是一个有着魔鬼般意志的人物的真正标志，那就是把不可能的事情变成现实，而且人们从中看到的永远也只能是一位军事天才，他在战争中嘲弄战争规则，能够在恰当的时刻灵光一闪，打破所有的常规。于是，一场史无前例的大规模行动开始了。穆罕默德让人秘密地运来无数圆木头，让工匠们将其制成滑橇，然后再把战船从海里拖上来，安放在这些滑橇上，就像放在活动的干船坞¹上一样。与此同时，几千名土方工人也开始工作，为了运输的需要，把佩拉地区²那个山丘上的羊肠小道从上坡到下坡一律弄得尽可能平整。不过，为了在敌人面前掩饰突然结集这么多的工匠，苏丹命令部队昼夜不停地从加拉塔城背后向着君士坦丁堡方向连续发射臼炮，炮击本身毫无意义，唯一的意义就是要转移敌人的注意力，以掩盖自己的船只越过山地和峡谷，从一处水域进入到另一处水域。当拜占庭城里的敌人正在四处奔忙，并且以为进攻只会来自陆路的时候，无数涂满了油脂的圆木头开始滚动，如同一个无比巨大的滚轴，而被安置在滑橇上的船只，由无数成对的水牛拖着，在水兵们的协助下，一艘接一艘地越过了那座山。夜幕刚刚降临，这一壮观的迁移就开始了。世间一切伟大壮举均完成于默默之间，世间一切明智之举必定经过深思熟虑，于是，这奇迹中的奇迹就这样成功了：整支舰队全部越过了山岭。

在一切伟大的军事行动中，决定性的关键始终是出其不意，攻其无备。在这方面，穆罕默德那独特的天才得到了充分的展现。没有人能够猜出他的预谋——这位天才的阴谋家有一次在谈到自己时曾这样说过："哪怕是我的一根胡须知道了我的想法，我也会把它连根拔掉。"——正当大炮大事声张地向着拜占庭的城墙轰击之时，他的命令在最周密的安排下付诸实施了。在 4 月 22 日那

---

1. 干船坞：将水抽干，船只在这里进行检查和修理。
2. 佩拉地区：位于金角湾北面，在今天伊斯坦布尔的贝伊奥卢城区。这个词来源于希腊语，即"对面"之意，意指金角湾的另一侧。

天夜里，七十艘战船越过山岗和峡谷，穿过种植葡萄的山丘、田野和树林，从一处海域运到了另一处海域。第二天早晨，拜占庭的市民被眼前的一切惊呆了：一支挂着三角旗、载着水兵的敌人舰队似乎借助了神鬼的力量，竟然在他们误以为无法接近的海湾中心航行。他们还以为自己是在做梦。当他们揉着眼睛，搞不清楚这样的奇迹从何而来时，在他们迄今以海港为屏障的这一面城墙底下，已经是军号四起、铜钹乱响、战鼓齐鸣了。除了加拉塔那一片狭窄的中立地带以外，基督徒舰队得以藏身的整个金角湾已经因为这一天才的谋划而落入了苏丹和他的军队手中。现在，他可以站在浮桥上，指挥部队毫无阻碍地向着拜占庭城墙较为薄弱的这一面发起攻击了：拜占庭的软肋受到了直接的威胁，本来就人手稀少的防线被再次摊薄。扼在牺牲者咽喉上的铁拳已经愈来愈紧。

欧洲，救救我！

被包围者终于不再自欺欺人。他们知道：即便把人全部集结在已经有了缺口的这一翼，在这千孔百疮的城墙后面，八千人马要抵挡住十五万大军，是坚持不了多久的，除非救援力量能够最快赶到。不过，威尼斯的执政团[1]不是极其郑重地承诺过派来战船

---

1. 执政团：中世纪意大利城邦的最高权力机构，负责外交、行政和立法等，此处指的是威尼斯共和国（公元 8 世纪至 1797 年）大议会的主席团，该共和国曾在东地中海地区取得主导地位，后在与奥斯曼帝国的战争中逐渐衰落。

吗？如果西方世界最华丽的教堂——圣索菲亚大教堂有变成异教徒的清真寺的危险，教皇会无动于衷吗？难道困于内部纷争、被层出不穷的无谓猜忌弄得四分五裂的欧洲还始终不明白西方文化所面临的危险吗？被困的人们只能这样自我安慰说：也许一支增援舰队早已准备就绪，只是由于没有认识到形势的危急而迟迟不愿出航，如果能够让他们认识到，这种致命性的拖延将负多么巨大的责任的话，事情应该就可以解决。

然而，怎样去通知威尼斯舰队呢？马尔马拉海上布满了土耳其的船只；倘若整个舰队一齐突围，那就意味着要冒彻底毁灭的危险，况且这也会使城防方面减少数百名兵力，而对于守城而言，每一个人都是很有价值的。于是人们决定孤注一掷，只派出一艘载有少量人员的小船。完成这一英雄壮举的是十二名男子——如果历史是公正的话，那么他们的名字应该像"阿耳戈"船上的英雄们[1]一样为人所传诵，可惜我们不知道他们中的任何一个名字。在这艘双桅小帆船上挂起了一面敌人的旗帜。为了不引起注意，十二名男子一身土耳其式的打扮，戴着穆斯林的缠头或者土耳其毡帽。5月3日的午夜，封锁海面的铁链悄无声息地松开了，这艘勇敢的小船在黑夜的掩护下划了出去，尽量不发出划桨的声音。然后，奇迹发生了：这艘轻巧的小船穿过达达尼尔海峡，驶进了爱琴海，竟没有被人认出来。非凡的勇敢总是能够成功地麻痹对方。穆罕默德什么都考虑到了，只是没有想到这样一件不可思议

---

1. 指希腊神话中的一些著名英雄，他们在伊阿宋的带领下乘坐"阿耳戈号"，经历很多冒险，最终前往科尔基斯（格鲁吉亚境内），将金羊毛取回希腊。

的事情：一艘孤零零的小船，竟然载着十二名勇士，敢于穿过他的庞大舰队，进行一次阿耳戈英雄们式的航行。

但是，令人悲伤绝望的是：在爱琴海上看不到一艘威尼斯帆船的影子。根本没有任何舰队整装待发。无论威尼斯，还是教皇，他们都早已将拜占庭遗忘，他们全部热衷于鸡毛蒜皮的教会政治，而忽视了荣誉与誓言。历史上，这种悲剧性的时刻总是一再出现，正当急需团结一切可以团结的力量共同保卫欧洲文明的时候，各路诸侯与国家却放不下他们之间的小小纷争，哪怕是片刻搁置都不行。热那亚认为遏制威尼斯，比与威尼斯联合几个小国抵御共同的敌人更重要；反之，威尼斯对热那亚也是这种态度。海面上空空荡荡。这些勇敢的人坐在核桃壳似的小船里，绝望地从一个岛屿划向另一个岛屿。但到处都是敌人占领的港口，没有一艘友军的船只还敢在这片战区内航行。

现在该怎么办？十二人当中有几个已经情有可原地失去了勇气。他们觉得重返君士坦丁堡，再重复一次那危险的路程，又有什么意义呢？因为他们无法给人们带去任何希望。说不定那座城市已经陷落；不管怎样，如果他们再回去，等待他们的不是被俘，就是死亡。但是——这些无名英雄们中的大多数人始终豪情满怀！——他们还是决定回去。既然有一项使命托付给了他们，他们就必须把它完成。把他们派出来是为了探听消息，他们现在就必须把消息带回家，哪怕是最令人绝望的消息。于是，这一叶扁舟重新单枪匹马，奋不顾身地再次穿过达达尼尔海峡和马尔马拉海，穿过敌人的庞大舰队。5月23日，也就是他们出发之后的第

20 天，君士坦丁堡的人们早就以为这艘小船已经失踪，再也没有人想到它会送来消息或者返回，可是就在这一天，几个哨兵突然从城墙上挥动起小旗，因为一艘小船正飞快地划着桨，向着金角湾驶来。由于被困一方发出了雷鸣般的欢呼，土耳其人才终于警觉起来，他们惊奇地发现，这艘挂着土耳其旗帜、肆无忌惮地驶过他们海域的双桅帆船原来是一艘敌人的船。于是，他们驾着无数小艇从四面八方向双桅小船冲去，想要在它即将进入安全港口之前将其擒获。小船的归来，霎时让整个拜占庭充满了得救的希望，以为欧洲一直还记着这座城市，而上次驶来的那几艘船仅仅是先遣。数千人因此放声欢呼。然而到了晚上，真正的坏消息已四处传开。基督教世界已将拜占庭抛在脑后。被困在里面的人们是孤立无援的，如果他们不自己拯救自己，等待他们的就是毁灭。

总攻前夜

战斗几乎每天都在进行，已经持续了将近六个星期，苏丹变得不耐烦了。他的大炮已经毁坏了城墙上的很多地方，但是，他所指挥的一切攻击，到目前为止都被顽强地击退了。对一个统帅来说，现在只剩下两种可能：不是放弃包围，就是在经过无数次小规模袭击之后，发起一次大规模的决定性的总攻。穆罕默德把他手下的帕夏们召集起来举行作战会议，然后他用热切的意志战胜了一切顾虑。这次决定性的大总攻被定在了 5 月 29 日。苏丹以他一贯的果断作风进行着战前的准备工作。他下令举行一次节日庆典，十五万人的部队，从最高统帅到普通士兵，全都必须完成伊斯兰教规定的一切节庆礼仪——七种洗身[1]、白天举行三次隆重的大规模礼拜[2]。所有现存的火药和石弹都已运来用于炮火强攻，以便为攻城铺平道路。各个部队都被分配了攻击任务。穆罕默德从清晨忙到深夜，片刻不歇。他骑着马，沿着从黄金角到马尔马拉海的广大阵地，从一个营帐走到另一个营帐，到处亲自给指挥员鼓气并激励士兵。不过，作为一个通晓别人心理的人，他知道怎样才能最有效地煽动起十五万人的高昂斗志。他许下了一项可怕的诺言，后来他也完全履行了这项诺言，这既给他带来了荣誉，也给他带来了耻辱。他的传令官敲着鼓、吹着号，四处去宣读这一诺言："穆罕默德以真主的名义，以安拉的使者穆罕默德的名义和四千先知[3]的名义发誓，他还用他的父亲穆拉德苏丹的灵魂，用他自己孩子的头颅和他的弯刀保证，在攻陷拜占庭以后，他允许他的部队尽情劫掠三天，不受任何限制。城墙之内所有的一切：家什器具和财物、饰物和珠宝、钱币和金银、男人、女人、孩子都属于取胜的士兵们，而他本人则放弃所有这些东西，他只求得到征服东罗马帝国这座最后堡垒的荣誉。"

---

1. 似乎是指伊斯兰教的"大净"。穆斯林在节庆之前必须大净，主要分七个步骤：举意、洗全身、漱口、净鼻、其他身体窍眼（除口鼻外）的清洗、洗身时摩擦皮肤及毛发、不间断地依次进行上述动作。根据法学主张的不同，上述七步有主命和圣行的不同区分。但在战争期间是否有洗大净的可能，仍然存疑，所以也有译者认为是"小净"。
2. 穆斯林每日五次礼拜，按照时辰的不同分别是晨礼、晌礼、晡礼、昏礼、宵礼，穆罕默德的部队可能由于战争的缘故只进行前三项。
3. 此处茨威格的说法似乎有误，按照伊斯兰教教义来看，安拉派遣给人类的使者应该有十二万四千多人。

士兵们用疯狂的欢呼声接受了这样一个狂暴任性的谕令。那雷鸣般的欢呼声，还有数千人高呼"真主！真主！"的祈祷声，如同一阵风暴向惊恐不安的城市卷去。"杀呀！""抢呀！"，这样的词已经成了战场上的口号，它随着战鼓回荡，随着铜钹和军号齐鸣。到了夜里，军营里一片节日的灯海。被困者胆战心惊地从城墙上看着平原和山丘上点燃起无数的灯光和火把，敌人吹着喇笛子，敲着战鼓和手鼓，在尚未取得胜利以前就大肆庆祝胜利；那场面恰似异教徒祭司在献上牺牲之前举行的那种极其嘈杂的仪式。但是到了午夜时分，所有的灯火又都按照穆罕默德的命令突然一下子全部熄灭。几千人的热烈声响戛然而止。然而，这种突如其来的沉默与令人不安的黑暗，带着决然的威胁，对于那些心神不定、侧耳谛听的人们来说，这一切要远比那喧嚣灯火中的疯狂欢呼来得更为可怖。

圣索菲亚教堂里的最后一次弥撒

无须探子和倒戈投诚者，困在城里的人们已经很清楚等待他们的是什么。他们知道，穆罕默德已经下达了总攻的命令，那种肩负巨大义务并且面临巨大危险的不祥预感，就像暴风雨前的乌云压在整座城市的上空。这些平时四分五裂、陷于宗教纷争的居民们，在这最后几个小时里聚在了一起——总是等到大难临头之际，世间才会出现空前的团结场面。东罗马的巴塞勒斯也下令举行了一场激动人心的仪式，为的是让每个人都清楚地记住他们要去奋力捍卫的东西：基督的信仰、伟大的历史、共同的文化。根据他的命令，全城的人——无论东正教徒，还是天主教徒；无论是僧侣，还是普通教徒；无论是垂髫孩童，还是白发老者，他们全都集合在一起，举行一次空前绝后的宗教大游行。谁也不许待在家里，当然，谁也不愿留在家里，从豪奢的富翁到赤贫的穷人，都虔诚地排着队，唱着"天主保佑"的祈祷歌，进入庄严的行列之中；队伍先穿过内城，然后经过外面的城墙。从教堂里取出来的圣像和圣人的遗物被举在了队伍的最前面。凡是遇到城墙有缺口的地方，就贴上一张圣像，人们相信它比世间的所有武器都更能抵抗异教徒的攻击。与此同时，君士坦丁皇帝把元老院、贵族以及指挥官们召集到自己身边，作了最后一次讲话，以激励他们的士气。虽然他不能像穆罕默德那样向他们许诺无数的战利品，但他却描述了，如果他们击退这最后一次决定性的进攻的话，他们将为全体基督徒和整个西方世界赢得何等的荣耀；而如果他们屈从于那些杀人放火的强盗，他们又将面临怎样的危险。穆罕默德和君士坦丁都知道：这一天将决定今后几百年的历史。

接着，最后一幕开始了，那是欧洲历史上最感人的场景之一，那是灭亡之前必然出现的令人难忘的迷狂。濒临死亡的人们都聚集在当时世界上最为富丽堂皇的总教堂——圣索菲亚教堂里，自从基督教东西两个教派重修旧好以来，两个教派的信徒其实都很少来到这里。全体宫廷臣僚、贵族、希腊以及罗马教会的教士们、热那亚和威尼斯的士兵与水手，所有人都一律顶盔披甲、佩带武器，齐集在皇帝的四周：跪在他们身后的是成千上万个毕恭毕敬的黑影——那是饱受恐惧和忧虑煎熬的老百姓，他们低着头，口中念念有词。蜡烛艰难地与那低垂的拱顶所形成的黑暗抗争着，照着这群齐跪在地上祷告的人们，几千人犹如一体。那是拜占庭的灵魂在这里向上帝祈祷。这时，牧首庄严地提高了自己的嗓音，呼唤着上帝，唱诗班则同他唱和。西方世界里神圣且永恒的声音——音乐，在大厅里再次响起。接着，人们以皇帝为首，鱼贯走到祭台前，去领受信仰带来的安慰，持续不断的祈祷声犹如澎湃的波涛在巨大的厅堂里回荡，在高高的穹顶上盘旋。东罗马帝国的最后一次弥撒，它的安魂弥撒开始了。因为在查士丁尼大帝建造的这座总教堂里，这是最后一次有基督信仰的存在了。

在这样激动人心的仪式之后，皇帝再一次匆匆地返回皇宫，请自己的所有臣仆原谅他以往对待他们的不周之处。然后他跃身上马，正如他那位伟大的对手——穆罕默德此时正在做的那样，沿着城墙从这一端走到另一端，去激励士兵。已经是深夜了，没有人说话，也听不到武器的撞击声。但是围墙之内的几千人心情激荡，他们正在等待着白昼，等待着死亡。

被遗忘的边门——凯尔卡门

凌晨一点钟，苏丹发出了进攻的信号。巨大的帅旗迎风飘展，十几万人齐声高喊"安拉，安拉是真主"，他们拿着武器、云梯、绳索、挠钩向城墙冲去，战鼓阵阵，军号劲吹，大鼓、铜钹、笛子发出尖锐刺耳的声响，杀声震耳，炮声如雷，汇成一场绝无仅有的大风暴。那些未经训练的巴什波祖克[1]们率先被无情地送到城墙之上——从某种意义上讲，他们半裸的躯体，在苏丹的进攻计划中只是起到一个缓冲器的作用，目的是要在主力部队发起决定性的冲锋以前削弱敌人，使其疲惫不堪。这些被驱赶的替死鬼们带着数百架云梯在黑暗中向前奔跑，向城垛和雉堞上攀登，被击落，然后再冲上去，又被打退，接二连三，周而复始，因为他们没有退路：他们不过是些毫无价值的人形炮灰，精锐的主力部队就站在他们的背后，不断地把这些替死鬼驱向几乎是必死的境地。守军暂时还占据优势，即便矢箭和石块如雨点般落下，也根本无法给身披锁子甲的他们造成伤害。但他们面临的真正危险其实是疲劳——而穆罕默德也正确地估算到了这一点。城墙上的守军全身穿着沉重的甲胄，不停地迎战一批又一批势如潮涌的轻装部队，他们一会儿在这里战斗，一会儿又不得不跳到另一处去战斗，就在这种被动的防御中，他们的大部分精力被消耗殆尽了。而现在，双方激战了两个小时之后，天色开始破晓，由安纳托利亚人[2]组成的第二梯队发起了攻击，故斗也愈加危险。因为这些安纳托利亚人都是纪律严明的战士，他们训练有素，并且同样穿着锁子甲。此外，他们在人数上占着绝对优势，事先也得到了充分的休息，相比之下，守城的军队却不得不在多个地点之间来回抵御敌人的

---

1. 巴什波祖克：本意是"无首领的"或"不规则的"，这里是指奥斯曼帝国在战争中使用的雇佣军或非正规部队，因其残忍的掠夺行为、缺乏组织纪律和野蛮的杀戮而闻名。
2. 安纳托利亚地区，即小亚细亚地区的人种成分比较复杂，是印欧人种与闪含人种不断交汇融合的结果。这里指在奥斯曼帝国军队中服役的当地部落。

进攻。不过，进攻者所到之处还是不断地被击退下来。于是苏丹不得不动用自己最后的储备——耶尼切里军团[1]，他们是奥斯曼帝国的主力部队和精英近卫军。他亲自率领这一万两千名精选的年轻士兵，他们是当时欧洲公认的最优秀的战士，齐声呐喊向着精疲力竭的敌人冲去。现在真正到了千钧一发的时刻，城里所有的钟都已敲响，号召最后那些尚能一战的人们都到城墙上来，水手们也被从船上召集而来，因为真正决定性的战斗已经开始。就在这时，不幸的事情出现了，东罗马军中英勇的热那亚人领袖孔多蒂热·朱斯蒂尼亚尼（Condottiere Giustiniani）被流石击中而身负重伤，被抬到船上去了，他的倒下，使守卫者的力量一时发生了动摇。但是，皇帝已亲自赶来阻挡这十分危险的突破，并且再次成功地把敌人的云梯推了下去：狭路相逢，果敢的对决，有那么一瞬间，拜占庭似乎得救了。最危急的苦难战胜了最野蛮的进攻。但是，就在此时，一次悲剧性的意外事故发生了，那是时间长河中神秘莫测的一秒钟，它偶尔会让历史做出令人难解的裁决，正是这个事件一下子决定了拜占庭的命运。

发生了一件令人难以置信的事情。在距离真正进攻的地点不远，有几个土耳其人通过外层城墙中的某个缺口冲了进来。他们不敢直接向内墙冲锋。但当他们十分好奇而且漫无目的地在第一道与第二道城墙之间四处乱闯时，他们发现，内城墙的边门里面

---

1. 耶尼切里军团：本意是"新军队"，指奥斯曼帝国的精英部队，又称"土耳其近卫军"或"苏丹亲兵"等，始建于14世纪，1826年被解散。

有一座被称作"凯尔卡门"的城门，由于某种无法理解的疏忽，竟然敞开着。就其自身而言，这仅仅只是一扇小门而已，在和平时期，当大城门关闭的时候，行人就由此出入。正因为它不具有任何军事意义，所以在最后一夜的普遍激动中，人们显然忘记了它的存在。这些耶尼切里军团的士兵们惊奇地发现，在如此坚固的堡垒中间，竟然有这样一扇门正向他们敞开着，可以从容地进入。起初，他们以为这是军事上的一种诡计，因为他们觉得这样荒唐的事情太过不可思议：通常，堡垒前的每一个缺口、每一扇小窗、每一座大门前，都是尸体堆积如山，燃烧的油和投枪会呼啸着飞下城墙，而这里的凯尔卡小门，却像星期天似的一片和平景象，大方地敞开着，直通城中心。他们立刻设法叫来了增援部队，于是，整整一小队人马没有遭到任何抵抗就冲进了内城。那些守卫在外层城墙上的人丝毫没有察觉，根本没有料想到背部会受到袭击。几个士兵突然发现在自己的防线后面竟然有土耳其人，于是战场上就响起了那不幸的喊叫，在任何战斗中，这种喊叫比所有的大炮加起来都更为致命，那就是谣言的呼喊："城破了！"然后，土耳其人也跟在后面大声欢呼："城破了！"喊声越来越大，它瓦解了一切抵抗。东罗马的雇佣兵们以为自己被出卖了，纷纷离开自己的阵地，以便及时逃回港口，逃到自己的船上去。君士坦丁带着几名亲随冲向入侵的敌军，但已无济于事，他阵亡了，死于乱军之中，没有人认出他来。只是到了第二天，人们才在乱尸堆中从一双饰有金鹰的紫色靴子上确认，东罗马帝国的末代皇帝已经战死沙场。以罗马人的观念来看，这是光荣的死法，而他的帝国也随之烟消云散。不过烟尘大小的一次意外，凯尔卡门，一扇被人遗忘的边门，就这样决定了世界的历史。

跌落尘埃的十字架

有时候，历史很喜欢数字游戏。因为就在罗马的汪达尔之劫[1]被历史铭记之后过了整整一千年[2]，一场抢掠拜占庭的浩劫开始了。一贯信守誓言的胜利者穆罕默德，履行了自己可怕的诺言。在第一次屠杀之后，他听任麾下的将士肆意掳掠房屋和宫殿、教堂和修道院、男人、妇女和孩子。成千上万的人如同地狱里的魔鬼在街头巷尾争先恐后地狂奔。首先遭到冲击的是教堂，金制的器皿在那里发亮、珠宝在那里闪耀；而当他们闯入住房之后，就会立刻把自己的旗帜挂在屋前，为的是让随后来到的人知道，这里的战利品已全部有主了。所谓战利品，不仅仅是宝石、衣料、金银、浮财，而且还包括妇女、男人和儿童；女人是卖给王侯后宫的商品，男人和孩童则被卖给奴隶贩子。那些躲在教堂里的苦命人，被成群结队地用皮鞭赶了出来。老人被视为浪费粮食的废物和卖不出去的累赘，因此直接被杀掉了事。那些年轻人像牲口一样被捆绑起来拖走。劫掠的同时，还有毫无意义的肆意破坏。

---

1. 指 455 年日耳曼人的一支——汪达尔人攻陷罗马之后大肆劫掠与破坏的事情。西方很多语言因此都有一个专门形容对文化与艺术进行极度摧残与蹂躏的词，即"汪达尔主义"。
2. 茨威格的计算有误，汪达尔人攻陷罗马是在 455 年，而拜占庭被攻占是在 1453 年，其实只有 998 年。

之前十字军在进行差不多同样可怕的洗劫¹之后所残留下来的一些宝贵的圣人遗物和艺术品，被这一群疯狂的胜利者又砸又撕又捣，那些珍贵的绘画被毁掉了，最出色的雕塑被敲碎了，而书籍，那些凝聚着人类近千年智慧的书籍，那些本应将古希腊人思想和创作上的不朽财富永久保留的书籍，统统被焚毁或是被漫不经心地扔掉了。人类将永远无法完全确知，在那命运攸关的时刻，那扇敞开的凯尔卡门带来了怎样的灾难；而在罗马城、亚历山大城²和拜占庭被洗劫一空之后，人类的精神世界又遭受了多少的损失。

直到取得这一伟大胜利的那天下午，当大屠杀已经结束之时，穆罕默德才进入这座被征服的城市。他骑在自己那匹金辔雕鞍的骏马上，神色骄矜而又严肃，沿途那些抢劫掳掠的野蛮场面他视若无睹，他始终信守自己的诺言，这些士兵既然已为他赢得了胜利，那么他也就不会去干预他们那些令人发指的勾当。不过，对他来说，首要的不是去查看战利品，因为他已经赢得了一切，他傲然策马径直前往金碧辉煌的圣索菲亚大教堂，那里乃是整个拜占庭的冠冕。五十多天以来，他一直怀着渴慕的心情从自己的帐篷里翘首仰望大教堂那光芒四射却又无法企及的钟形圆顶；而现

---

1. 即第四次十字军东征。
2. 亚历山大城由亚历山大大帝于公元前331年兴建，后成为埃及王国的首都。城内的亚历山大图书馆举世闻名，后传说它毁于两次战火，一是恺撒攻打埃及时放火焚烧了港口，火势蔓延至图书馆，导致图书馆半数图书被毁；二是公元7世纪，阿拉伯人占领埃及，有人询问欧麦尔哈里发如何处置这些书籍，他回答说："如果书的内容与《古兰经》一致，那么我们只需要看《古兰经》就可以了，没必要保留；如果内容和《古兰经》不一致，那就是异端，更不可能保留。"于是全部焚毁。（但学界对于此事颇有争论，认为此事并不一定真实，而图书馆很有可能毁于公元4世纪基督教倡导的清除异教的运动）

在，他可以用胜利者的姿态跨过教堂的青铜大门了。不过，穆罕默德再次克制住自己的焦躁心情：他要首先感谢安拉，然后他将会把这座教堂永远地献给真主。这位苏丹谦卑地从马背上下来，伏地叩首，向真主祈祷礼拜。然后他拿起一撮泥土撒在自己的头上，为的是让自己记住，他本人不过是个不能永生的凡人，切不可妄自炫耀自己的胜利。在向安拉表达了敬畏之后，苏丹这才站起身来，作为安拉的首席仆人昂首阔步走进查士丁尼大帝建造的大教堂——"神圣智慧"的教堂，圣索菲亚大教堂。

苏丹怀着好奇且激动的心情细细察看着这座华美的建筑，高高的穹顶在大理石和马赛克图案的映衬下微光闪烁，精致的弧形门拱，由幽暗处向着光亮中次第延伸。他深深地感到，这座用来祈祷的崇高殿宇不属于他，而是应该属于他的真主。于是他立刻吩咐人叫来一位伊玛目[1]，让他登上布道坛，在那里宣讲先知穆罕默德的信条。而此时，土耳其的帕迪沙阿[2]则面向麦加，在这基督教的教堂里向着所有世界的主宰者——真主作了第一次祷告。第二天，工匠们就得到了任务，要把所有过去基督教的标志统统去除。基督教的圣坛被拆除了，无辜的马赛克被刷上了石灰，而高高矗立在圣索菲亚大教堂顶部的十字架，千年以来一直伸展着它的双臂，环抱着尘世的一切苦难，现在却跌落尘埃，发出轰然巨响。

石头坠落的巨大声音在教堂里回响，同时传向很远很远的地

---

1. 伊玛目：即清真寺里的领拜人，后引申为学者或宗教领袖。
2. 参见本书第 39 页脚注 1。

方。因为整个西方世界都在为它的倒坍而震颤。噩耗在罗马、在热那亚、在威尼斯回响，犹如预警的巨雷传向法国和德国。欧洲万分恐惧地认识到，由于他们的麻木不仁，一股天谴般的破坏力量竟从那座被遗忘的小门——不祥的凯尔卡门闯了进来，这股暴力将要遏制和束缚欧洲达数百年之久。然而历史犹如人生，业已失去的瞬间不会因为抱憾的心情而重返，仅仅一个小时所贻误的东西，用千年的时光也难以赎回。

亨德尔的复活

时间：1741 年 8 月 21 日至 9 月 14 日

事件：经典清唱剧《弥赛亚》的诞生

核心人物：乔治·弗里德里希·亨德尔

萧伯纳在他的名文《贝多芬百年祭》里曾提到，贝多芬最崇拜的英雄就是亨德尔，"一个和贝多芬同样倔强的老单身汉"，此言甚妙。18 世纪的欧洲已经出现了真正意义上的职业音乐家，但当时他们的社会地位并不高，还无法仅靠自身的音乐创作和表演而独立生活，很多时候需要依赖于贵族与宗教对他们的赞助维生。而判断一个艺术家的独立人格到底有多强烈，从他是否结婚这件事情上就可以看出端倪，因为结婚在一定程度上就意味着服从社会化的既定规则，接受整个社会对你的驯化。所以，结了婚的海顿与莫扎特都举止文雅、衣着华丽，甘心做一个官廷的侍从；而独身的亨德尔与贝多芬则狂放不羁、不修边幅、富于反抗精神。这里我们并不是比较哪位音乐家的音乐更伟大，而只是就独立意志而言，海顿与莫扎特这样的艺术家可能更容易屈服，而亨德尔与贝多芬这样的艺术家则勇于抗争。茨威格在这篇文章中借亨德尔的学徒史密斯之口也表达了同样的意思："为了挽救剧院，他在这一年里创作了四部歌剧，而那些人呢，他们却忙着取悦女人和宫廷。"茨威格对于艺术家不屈意志的注重当是他撰写这篇速写的主要原因。

乔治·弗里德里希·亨德尔（1685—1759）出生在德国萨安州的哈勒城，与另一位德国音乐大师巴赫同年，其名字的德语本是 Georg Friedrich Händel，按照德语发音，他的名字不是乔治，而是格奥尔格，但他在 1727 年取得了英国国籍，于是改成了英语名字 George Frideric Handel。他一生遭遇困难无数，遭遇的诱惑也无数，但他意志坚定，始终保持一颗独立不屈的心。童年时期，父亲认为学习法律才是人生正途，所以极力反对他的音乐爱好，但他并没有放弃。而当他的才华引起了一些艺术赞助人的注意并打算资助他去意大利学习音乐时，抱负远大的亨德尔一一谢绝，最后完全依靠自己的资金完成了留学。在意大利学成之后，正所谓"良禽择木而栖"，他也曾想过找一个能够让他一展才华的宫廷作为安身之所，起初在汉诺威选帝侯那里担任宫廷乐手，但他显然志不在此，半年之后就到了英国。他融合了意大利巴洛克风格与德国多声部合唱传统的歌剧大受欢迎，最终他选择了这块热爱他的音乐的土地。而这一停留，就是五十年。

尽管一开始获得了巨大的成功，但他的职业音乐家之路却并非一帆风顺：维持剧场的整体开销非常巨大，同时英国观众对于意大利语歌剧的兴趣也逐渐减退，他的地位因此受到极大的冲击，他开办的几家剧场都接连倒闭，债台高筑，1737 年，内外交困之下，年已 52 岁的亨德尔中风偏瘫，音乐生涯几乎因此终结。在这种绝境中，亨德尔没有选择屈服，经过几个月的温泉疗养，他奇迹般地重新站了起来。而正是这段经历被茨威格认为是亨德尔于 1742 年用一种不可思议的激情与速度完成经典清唱剧《弥赛亚》的主要动力。而在此之后，他也就再也没有写过任何意大利歌剧，转而创作出一系列具有划时代意义的清唱剧，哪怕晚年双目失明，他也依然坚持艺术创作与演出，毫不懈怠，艺术生涯焕发出更为夺目的第二春。茨威格选择了基督教用语"复活"来做本章的标题，可谓极为切题。

——译者

1737 年 4 月 13 日下午，乔治·弗里德里希·亨德尔的仆人坐在伦敦布鲁克大街[1]他们家底楼的窗户前，正干着一件极其古怪的事情。他方才发现自己备存的烟叶已经抽完，有点恼火。本来，他只要走过两条大街，到朋友多莉的小杂货铺去一趟，就能弄到新鲜的廉价烟叶，可是现在他却不敢离开房子，因为他的主人和老板正在盛怒之中。乔治·弗里德里希·亨德尔排练完毕回到家时就已怒气冲冲，涌上头的血液把脸颊涨得通红，两侧的太阳穴青筋暴跳。他砰的一声狠狠地关上了屋门。此刻，主人正在二楼

---

1. 布鲁克大街：位于伦敦市中心最为繁华的梅费尔区，是伦敦重要的商业街。亨德尔故居就在这条街的 25 号，与它比邻的 23 号则是另一位音乐家，即传奇的摇滚吉他手吉米·亨德里克斯的故居。

急躁地走来走去，震得地板嘎嘎直响，仆人在楼下听得清清楚楚。在主人这样怒不可遏的时候，仆人对自己的职守是绝对不能马虎的。

因此，仆人只好干点别的事来排遣无聊。于是，他拿着短小的陶瓷烟斗，喷出的却不是一圈圈漂亮的蓝色烟雾，而是肥皂泡。他弄了一小罐肥皂水，自得其乐地从窗口向街上吹去一个又一个五颜六色的肥皂泡。路过的行人停下脚步，高兴地用手杖把这些彩色的小圆泡一个又一个地戳破，他们笑着挥手，一点也不感到奇怪。因为在布鲁克大街的这幢房子里，什么事都可能发生。有时候，突然会在深更半夜从这里传出吵闹的大键琴[1]声，有时候，还能听到女歌手在里面号啕大哭，或者抽泣呜咽，而那个暴躁易怒的德国人正向她们大发雷霆，因为她们把某个八分之一音符唱得太高或太低。所以长久以来，住在格罗夫纳广场[2]的邻居们早就把布鲁克大街25号的这幢房子当成了疯人院。

仆人默默地不停地吹着彩色的肥皂泡。过了一阵子，他的技巧有了明显的长进。这些大理石般光洁的泡泡变得愈来愈大，表面愈来愈薄，飘得愈来愈高，愈来愈轻盈，有一个肥皂泡甚至飘过了街对面房子的屋顶。突然之间，他吓了一跳，因为整幢房子因为沉闷的一击而震动起来。玻璃窗格格作响，窗帘不停晃动。

---

1. 大键琴：又称拨弦建琴或羽管键琴，16—18世纪盛行于欧洲的拨弦乐器，相关的重要音乐家有巴赫和亨德尔等，后在1750年前后逐渐被钢琴所取代。
2. 格罗夫纳广场：位于伦敦市中心的梅费尔区，是英国威斯敏斯特公爵的私产，该广场也因此以该家族的姓氏命名。格罗夫纳家族从18世纪初即拥有这处地产，今天这个家族已是最大的地产商。

一定是楼上有件又大又重的东西摔在地上了。仆人马上从座位上跳起来，急急忙忙沿着楼梯一口气跑到楼上主人的工作室。

主人工作时坐的那张软椅是空的，房间也是空的。正当仆人准备快步走进卧室时，突然发现亨德尔一动不动地躺在地板上，两眼睁着，目光呆滞。仆人站在那里愣住了，然后他听到沉浊而又困难的喘气声。身强力壮的主人正躺地上呻吟着，急促地喘息着，呼吸愈来愈弱。

受惊的仆人想，他要死了，于是赶紧跪下身去急救半昏迷的主人。他想把他扶起来，弄到沙发上去，可是这位身体魁梧的主人实在太重了，于是仆人只好先将那条勒着脖子的围巾扯下来，嘶哑的喘息声也随即消失。

主人的学徒兼助手克里斯多夫·史密斯[1]从楼下走了上来，他是来抄录几首咏叹调的，他刚刚到，结果也被那跌倒在地的沉闷声音吓了一跳。现在，他们两人把这个沉重的大汉扶起来，亨德尔的双臂软弱无力地垂下来，就像死人一样，两人小心翼翼地帮他躺好，垫高头部。"把他的衣服脱下来，"史密斯大声命令仆人，"我去找医生，你给他身上泼些凉水，让他醒过来。"

克里斯多夫·史密斯没穿外套就跑了出去。时间非常紧迫。

---

1. 克里斯多夫·史密斯：指小约翰·克里斯多夫·史密斯，他和他的父亲老约翰·克里斯多夫·史密斯都当过亨德尔的秘书及乐谱抄写员，但他本人同时也跟随亨德尔学习音乐，后成为一名出色的作曲家。父子二人原来都是德国人，德语原名是 Johann Christoph Schmidt，即约翰·克里斯多夫·施密特，后跟随亨德尔来到英国之后，入乡随俗，将名字改成 John Christopher Smith。

他急匆匆地顺着布鲁克大街直奔庞德大街[1]，一边走，一边不停地向周围所有的马车招手。可是这些神气十足的马车依然小步跑着，慢悠悠地行驶，根本没人理睬这个只穿着衬衫、气喘吁吁的肥胖男子。最后总算有一辆马车停了下来，那是钱多斯公爵[2]的马车夫，他认出了史密斯。史密斯忘记了一切客套礼节，一把拉开车门，对着公爵大声说道："亨德尔快要死了！我得赶快去找医生。"他知道公爵酷爱音乐，是他那位敬爱的音乐导师的挚友与最热心的赞助人。公爵立刻邀他上车，快马加鞭，赶到舰队街[3]詹金斯大夫的寓所那里。当时大夫正忙着化验小便，但他立刻和史密斯一起乘着自己那辆轻便的双轮双座马车来到布鲁克大街。马车行驶途中，亨德尔的助手绝望地抱怨说："都是因为太多的愤怒郁结于胸才把他摧垮的。是他们把他折磨死的，那些该死的歌手和阉伶[4]，那些下流无耻的小报记者和吹毛求疵的批评者，全是一帮讨厌的蠢货。为了挽救剧院，他在这一年里创作了四部歌剧[5]，而那些人呢，他们却忙着取悦女人和宫廷。尤其是那个意大利人把大家都弄得像发疯似的，那个该死的阉伶，简直就是只只知

---

1. 庞德大街：位于伦敦西区，如今伦敦最为昂贵的商业街与购物街之一。
2. 钱多斯公爵：即第一任钱多斯公爵詹姆斯·布里奇斯：1717—1719 年间，亨德尔曾受他委托创作了大量音乐作品。
3. 舰队街：也译为"弗利特街"，伦敦一条著名的滨河大街，众多报社、杂志与出版社的总部皆设在此处。
4. 阉伶：欧洲 16—18 世纪时，由于女性不被允许登上舞台，所以当时的歌剧院大部分都用阉伶作为歌手，即在进入青春期前对男童进行阉割，以保持其声音的清亮与高亢。当时与亨德尔对阵的著名意大利阉伶歌手有法里内利与塞内西诺等。
5. 这里指从 1736 年 5 月至 1737 年 5 月这一年期间，亨德尔为了使剧院不致停顿，以超人的精力完成了四部歌剧：《阿塔兰塔》《阿米尼奥》《朱斯蒂诺》《贝雷尼切》。

亨德尔的复活

道用颤音吼叫的猴子[1]。唉，你看看他们对善良的亨德尔都做了什么！他把自己的全部积蓄都投了进去，整整一万英镑，可是他们却四处向他逼债，要把他置于死地。从来没有一个人像他这样成就辉煌，也从来没有一个人像他这样忘我奉献，可是，像他这么干，就是巨人也要累垮的。唉，一个多么了不起的人啊！杰出的天才！"詹金斯大夫冷静地听着，默不作声。在他们走进寓所之前，医生又吸了一口烟，然后从烟斗里磕出烟灰，问道："他多大年纪了？"

"五十二岁。"史密斯回答道。

"糟糕的年纪。他之前像头牛似的拼命苦干。不过，他壮的也像头牛。好吧，让我看看能干点什么吧。"

仆人端着一只碗，克里斯多夫·史密斯举起亨德尔的一条手臂，医生划破血管，血喷溅出来，那是鲜红的热血。不一会儿，亨德尔紧闭的嘴唇松开了，发出一声叹息。他深深地呼吸着，睁开了双眼，但眼睛还是显得那么疲倦、异样、没有知觉，没有一点儿神采。

医生包扎好他的手臂。没有太多事情要做了。他已经准备站起身来，这时他发现亨德尔的嘴唇在动。他靠近身去。亨德尔断

---

1. 当是指当时最著名的阉伶歌手法里内利，他在伦敦共演出了三年（1734—1737），其嗓音极具感染力，很多贵妇因此成为他的拥趸，他获得了大量金钱与馈赠。但由于阉伶的华丽唱腔影响了观众的审美，歌剧创作中，剧情不再必要，器乐也只是伴奏和烘托人声。于是，当时的歌剧不可避免地走向了浅薄和形式主义，最后使得无论是法里内利所在的歌剧院，还是亨德尔的歌剧院，都无法长期保持观众的兴趣，因而面临很大的发展困境，最后很快衰落。意大利音乐家们纷纷离开伦敦，而亨德尔则改弦更张，转而开始创作清唱剧。

断续续地叹说着，声音非常轻，好像只是喘气似的：“完了，……我完了……没有力气了……没有力气，我不想活了……”詹金斯大夫弯下身去，发现亨德尔的一只眼睛——右眼发直，另一只眼睛却在转动。他试着提起他的右臂。一撒手，就垂落下去，似乎没有知觉，然后他又举起左臂，左臂却能保持住新的姿势。现在詹金斯一切都明白了。

当他离开房间以后，史密斯一直跟着他走到楼梯口，心神不安地问道："什么病？"

"中风。右半身瘫痪。"

"那么他，"——史密斯把话噎住了——"还能治好吗？"

詹金斯大夫慢条斯理地吸了一撮鼻烟。他不喜欢这样的问话。

"也许能治好。什么事都是有可能的。"

"这么说，他要一直瘫痪下去咯？"

"看来是这样，如果没有什么奇迹出现的话。"

对亨德尔忠心耿耿的史密斯没有就此罢休。

"那么他，他至少能恢复工作吧？不能创作，他是没法活下去的。"

詹金斯大夫已经站在楼梯口。

"创作是再也不可能了，"他说得很轻，"也许我们能保住他的命。但我们保不住他这个音乐家，这次中风一直影响到他的大脑。"

史密斯呆呆地望着他，眼神中流露出的痛苦的绝望，终于使医生产生了恻隐之心。"我刚才不是说过，"——他重复道，"如果没有奇迹出现的话。当然，我只是说我现在还没有见到奇迹。"

乔治·弗里德里希·亨德尔有气无力地生活了四个月，而力量就是他的生命。他的右半身就像死掉了一样。他不能走路，不能写字，不能用右手弹琴。他也不能说话，右半身从头到脚都瘫痪了，嘴唇可怕地歪向一边，只能含含糊糊地吐出几个字。当朋友们为他演奏音乐时，他的一只眼睛会流露出几丝光芒，接着他那难以控制的沉重的身体就乱动起来，如同梦游症患者。他想让手随着节拍动起来，但四肢仿佛冻僵了一样，筋肉都不听使唤——那是一种可怕的麻木状态：这位身材魁梧的男子感到自己已被缚住手脚，困在一个无形的坟墓里。而当音乐刚一结束，他的眼睑又马上沉重地合上，尸体似的躺在那里。最后，詹金斯医生出于无奈——这位音乐大师显然是不能治愈了——建议把病人送到亚琛的温泉[1]去，也许那里滚烫的温泉水能使病情稍有好转。

然而，正如地层底下蕴藏着那种神秘的滚烫泉水一样，在亨德尔的僵硬的躯壳之中也有着一种不可捉摸的力量：这就是他的意志，那是他生命的原动力。这种力量并没有被那毁灭性的打击所动摇，它不愿让不朽的精神从此消失在那并非永生的肉体之中。这位体魄魁伟的男子没有承认自己已经失败，他还要活下去，还要创作，而正是这种意志创造了违背自然规律的奇迹。在亚琛，医生们曾再三郑重地告诫他，待在滚烫的温泉中不得超过三小时，

---

1. 亚琛：德国西部城市，位于北莱茵威斯特法伦州，靠近荷兰与比利时边境，拥有 2000 年历史的温泉疗养胜地（最高水温可达 74 摄氏度），查理曼大帝及其之后的很多德意志皇帝都曾在这里疗养休假。从 936 至 1531 年间，历代神圣罗马帝国皇帝均在此加冕。

否则心脏会受不住，他会因此而丧命。但是，为了活下去，为了自己那最最不能抑制的欲望——恢复健康，意志就敢去冒死亡的危险。亨德尔每天在滚烫的温泉里待上九个小时。这使医生们大为惊讶，而他的耐力却随着意志一起增加。一星期后，他已经能重新拖着自己吃力地行走。两星期后，他的右臂开始活动。意志和信心终于取得了巨大的胜利。他又一次从死神的桎梏中挣脱出来。他比以往任何时候都更加热切、更加激动地拥抱着生命，那种无法形容的喜悦心情只有他这个久病初愈的人自己知道。

当亨德尔启程离开亚琛时的最后一天，他已完全行动自如了。他在教堂前停下了脚步。以前，他从未表现出特别的虔诚，而现在，当他迈着天意重新赐予他的自由步伐，走向放着管风琴的主厅时，他的心情无比激动。他用左手试着按了按键盘，风琴发出清亮、纯正的音乐声，在厅堂里回响。现在他又迟疑地想用右手去试一试——右手藏在衣袖里已经好久了，已经变得僵硬了。可是你瞧：在右手的按动下，管风琴也同样发出了泉水般悦耳的声音。他开始慢慢地弹奏起来，随着自己的遐想演奏着，感情也随之起伏激荡。管风琴声，犹如无形的方石，垒起层层高塔，奇妙地直耸到无形的顶峰，这是天才的建筑，它壮丽地愈升愈高，无形的明亮，有声的光线。一些不知名的修女和虔诚的教徒在下面悉心倾听。他们还从未听到过一个凡人演奏出如此美妙动人的音乐。而亨德尔只顾谦恭地低着头，弹呀弹呀。他重又找到了自己的语言。他要用这种语言对上帝、对永恒、对人类诉说。他又能弹奏乐器了，又可以创作乐曲了。此刻，他才感到自己真正痊愈了。

"我从冥界回来了，"乔治·弗里德里希·亨德尔挺着宽阔的前胸，伸出有力的双臂，自豪地对伦敦的詹金斯医生说。医生不得不对这种奇迹般的治疗效果表示惊羡。这位恢复了健康的人又毫不迟疑地全力投身到工作中去了，他怀着如痴若狂的工作热情和双倍的创作欲望。原来那种乐于奋斗的精神重又回到这个五十三岁的人身上。痊愈的右手已完全听他使唤，他写了一部歌剧，又写了第二部歌剧、第三部歌剧[1]，他创作了清唱剧[2]《扫罗》《以色列人在埃及》《快乐、忧愁与中庸》[3]，创作的欲望就好像长期积蓄的泉水汩汩喷涌，永不枯竭。怎奈时运不佳，先是王后[4]的逝世中断了许多演出，随后英国与西班牙之间又爆发了战争[5]，虽然在公共场所每天都有人聚集在那里高声呼号和唱歌，但是剧院里却始终空空如也，剧院负债累累。接着又是严寒的冬季。伦敦被覆盖在冰天雪地之中，泰晤士河彻底上冻，雪橇在亮晶晶的冰面上行驶，发出咔嚓咔嚓的声响。在这样恶劣的天气下，所有的音

---

1. 当是指创作于1738—1739年间的三部歌剧《法拉蒙多》《薛西斯》《朱庇特在阿耳戈斯》。

2. 清唱剧：结构与歌剧类似，但演员不化妆、不表演，只歌唱，不分幕。可以有独唱、合唱与管弦乐等形式，内容主要依托《圣经》，个别有一些世俗的内容。亨德尔是整个巴洛克时期最杰出的西方清唱剧大师，他从1739年开始逐渐淡出歌剧创作，而转向清唱剧，一生共创作25部清唱剧。

3.《快乐、忧愁与中庸》：是亨德尔于1740年创作的清唱剧，取材于英国大诗人约翰·弥尔顿1632年的两首诗歌《快乐的人》与《幽思的人》，由查尔斯·詹宁斯进行歌词改编，后在亨德尔的建议下，詹宁斯又加入了第三部分《中庸的人》。

4. 指当时英国汉诺威王朝乔治二世的妻子卡罗琳王后。

5. 指詹金斯的耳朵战争，是英国与西班牙为争夺大西洋与美洲殖民地霸权而进行的一场战争，因战争的导火索是英国商船船长詹金斯在接受西班牙当局临检时被割下了耳朵而得名。结果是西班牙方面取得了胜利。但是，后来该战争也被视为随后爆发的奥地利王位继承战争在欧洲大陆之外的体现。

乐厅都大门紧闭，因为在空荡荡的大厅里没有哪一种天使般的音乐能与如此残酷的寒冷相抗衡。不久，歌唱演员一个接一个病倒了，演出被迫一场接一场地取消。亨德尔的处境愈来愈糟。债主们催逼，评论家们讥诮，公众则始终抱着漠不关心与沉默的态度，这位斗士似乎已经走投无路，勇气渐渐崩溃。虽然别人为他组织的募捐演出使他摆脱了债台高筑的窘境，但是过着这种乞丐似的生活，又是何等屈辱！于是亨德尔日益离群索居，心情也愈发抑郁。早知如此，当年半身不遂岂不比如今整个灵魂的麻木来得更好？到了1740年，亨德尔重又感到自己是个饱受打击的失败者。自己昔日的荣誉已成了炉渣和灰尘。虽然在艰难之中，他还在整理自己的早期作品，偶尔创作一些较小的作品，然而那种巨流般的灵感却早已枯竭。在他恢复了健康的身体内，那种原动力已不复存在。他，一个身躯魁梧的人第一次感到自己已心力交瘁。这个勇于奋斗的人第一次感到自己已被击败。三十五年来，他始终保持着异常充沛的创作激情，而如今，那神圣的、激流般的创作欲望第一次在他身上中断、干涸。他又一次完蛋了。他，一位完全陷于绝望的人知道，或者说他自以为知道：这一回是彻底完蛋了。他仰天叹息：既然人们要再次埋葬我，上帝又何必让我从病患中再生？与其现在像阴魂一样在冷冰冰的寂寞世界上游荡，倒不如当初死了更好。有时候，他在悲愤之中还会喃喃低语着钉在十字架上的耶稣的话："我的神，我的神，为什么离弃我？"[1]

---

1. 可参考《马太福音》第27章第46节。

一个被遗弃的人，一个绝望的人，对自己的一切都已心灰意懒，不相信自己的力量，或许也不相信上帝。在那几个月里，亨德尔每到晚上都在伦敦的街头徘徊。但都是在暮色降临之后，他才敢走出自己的家门，因为在白天，债主们拿着债据堵在门口，要抓住他。而在街道上，向他投来的也都是人们那种冷漠和鄙夷的目光。他曾一度考虑过，是否逃到爱尔兰去为好，那里的人们还相信他的名望——唉，他们根本不知道，他内心的力量已完全衰颓——，或者逃到德国去，逃到意大利去；说不定到了那里，内心的冰雪还会再次消融；说不定在那令人心旷神怡的南风的吹拂下，荒漠的心灵还会再次迸发出旋律。不，他无法忍受这种不能创作和无所作为的生活，他无法忍受乔治·弗里德里希·亨德尔已经失败这种现状。有时候他伫立在教堂前，但是他知道，那些劝道的话语不会带给他任何安慰。有时候他坐在小酒馆里，但是他早已习惯于创作带给他的那种高度的沉醉（Rausch）[1]，纯粹且极度快乐，而那些劣质的烧酒只会让他呕吐不止。有时候他从泰晤士河的桥上呆呆地向下凝视，那静静流淌的夜色一般漆黑的河水，他甚至想到，一狠心纵身投入河中是不是更好，至少那样一了百了！他实在不能再忍受这种令人压抑的空虚、这种被上帝和人群所离弃的可怕寂寞。

每到夜间，他就这样一次又一次地在街头踯躅。1741 年 8 月 21 日，那是非常炎热的一天。伦敦上空好像盖着一块正在熔化的

---

1. 可参考尼采《悲剧的诞生》中有关"沉醉"的叙述。

金属板，天气阴霾、闷热。而亨德尔只有等到天黑才能离开家，走到绿园¹去呼吸一点空气。他疲倦地坐在幽暗的树荫之中，在那里没有人会看见他，也没有人会折磨他。现在，他对一切都感到厌倦，就像重病缠身，他懒得说话，懒得写作，懒得弹奏和思考，甚至厌倦了感觉，厌倦了生活。因为这样活着又为了什么？为谁而活？他像喝醉了酒似的沿着蓓尔美尔街²和圣詹姆斯街³走回家，只有一个渴望的念头在驱使着他：睡觉、睡觉，什么也不想知道；只想休息、安宁，最好是永远安息。在布鲁克大街的那幢房子里已经没有醒着的人了。他缓慢地爬上楼梯——唉，他已经变得如此疲倦，那些人已把他追逼得如此精疲力竭——他迈出的每一步都十分沉重，木头咯吱咯吱直响。他终于走进自己的房间，擦亮点火器，点燃写字台旁的蜡烛。他的动作完全是下意识的、机械的，这是他多年来的习惯：他要坐下来工作。他情不自禁地深深叹了一口气，因为以前他每次散步回来，总要带回一段主旋律，他一到家就得赶紧把它记下来，以免睡梦中遗忘。而现在桌子上却是空的，没有一张记谱纸。鹅毛笔孤零零地矗立在凝固的墨水里。没有什么事要开始，也没有什么事要结束。桌子上是空的。

但是不，桌子上不是空的！一个四方形的白色纸包不是在那里闪亮？亨德尔把它拿起来。这是一件邮包，他觉得里面是稿件。

1. 绿园：伦敦市中心的一座皇家公园，位于海德公园与圣詹姆斯公园之间，亨德尔后期的重要作品《皇家焰火》就是在此首演（1749年）。
2. 蓓尔美尔街：伦敦西敏市的一条商业街，是伦敦主要商业区圣詹姆斯区的一条主要街道。
3. 圣詹姆斯街：伦敦市中心圣詹姆斯区的另一条重要街道，与蓓尔美尔街相交。

他敏捷地拆开封漆。最上面是一封信。这是詹宁斯[1]——那位为他的《扫罗》和《以色列人在埃及》填词的诗人写来的信。詹宁斯在信中说，他给亨德尔寄上最新的创作，并希望他这位伟大的音乐天才能对他的拙劣剧词多加包涵，希望能仰仗他的音乐翅膀使这些剧词飞向永恒。

亨德尔霍地站起身来，好像被什么讨厌的东西触动了一样。他如今已是将死之人，早已心灰意冷，怎么连詹宁斯也不肯放过他？他随手把信撕碎，揉成一团，扔到地上，踩了几脚，怒声骂道："无赖！流氓！"不够机灵的詹宁斯刚巧碰到了他那最深的痛处，扒开了他心灵中的伤口，使他痛苦不堪、怒不可遏。接着，他气呼呼地吹灭蜡烛，迷迷糊糊地摸索着走进自己的卧室，和衣躺在床上。泪水突然夺眶而出。由于激怒和虚弱，全身都在颤抖。唉，多么不公平的世界啊！被夺走一切的人依然要受人讥诮，饱尝苦楚的人还要继续被折磨。他的心已经麻木，他的精力已经殆尽，为什么这个时候还要来招惹他？他的灵魂已经僵死，他的神志已经失去知觉，为什么这个时候还要求他去创作一部作品？不，他现在只想睡觉，像牲口一般浑浑噩噩，忘却一切，什么也不想做！他重重地躺在床上，心烦意乱，彻底迷失。

但是他无法入睡。他的内心非常不平静，那是一种由于心情恶劣而导致的莫名的不平静，满腔郁火就像暴风雨的海洋。他

1.查尔斯·詹宁斯，英国地主与艺术赞助人，喜欢创作歌剧剧本，与亨德尔交往甚密，亨德尔的清唱剧《扫罗》《快乐、忧愁与中庸》《弥赛亚》以及《伯沙撒》等均由其填词，但《以色列人在埃及》是否也由其作词则没有定论。

一会儿从左侧转身到右侧，一会儿又从右侧转身到左侧，而睡意却愈来愈淡。他想，他是否应该起床去过目一遍剧词？不，对他这样一个已死之人，词句又能起什么作用！不，上帝已让他落入深渊，已把他同这神圣的生活洪流隔开，再也没有什么能使他振作起来！不过，在他心中总是还有一股力量在搏动，一种神秘的好奇心在驱使他；而且，虚弱无力的他已无法抗拒。亨德尔突然站起来，走回房间去，用激动得发抖的双手重新点亮蜡烛。在他身体瘫痪的时候，不是已经出现过一次奇迹，使他重新站起来了吗？说不定上帝也有使人振奋、治愈灵魂的力量。亨德尔把烛台移到写着字的纸页旁。第一页上写着《弥赛亚》[1]！啊，又是一部清唱剧！他前不久写的几部清唱剧都失败了。不过，他还是无法平静下来，于是他翻开封面，看了起来。

然而，第一句话就让他怔住了。"你们要安慰"[2]，这就是剧词的开头。"你们要安慰！"——这歌词简直就像符咒，不，这不是歌词：这是神赐予的答案，这是天使从九霄云外向他这颗沮丧的心发出的召唤。"你们要安慰"——这歌词仿佛顿时就有了声音，唤醒了那怯懦的灵魂，这是一句能够改变人、创造人的歌词。刚刚读完和体会到第一句，亨德尔的耳边仿佛已经听到了它的音乐，

---

1. 弥赛亚：希伯来语，意思是"受膏者"，也是"救世主"之意。"受膏"是一种宗教仪式：旧约时代神所立的君王、先知、祭司等都必须受膏，即抹油在头上。"受膏者"是君王的尊称。新约承认耶稣是基督，就是旧约先知所预言的弥赛亚。亨德尔创作的《弥赛亚》共分为三部分，分别叙述耶稣诞生、受难与复活的故事。其中第二部分的《哈利路亚大合唱》与第三部分的《阿门颂》最为著名。
2. 语出《圣经·以赛亚书》第 40 章第 1 节。

各种器乐和声乐在飘荡、在呼唤、在咆哮、在歌唱。啊，多么幸运，堵塞灵魂的大门已然开启！他感觉自己又听到了音乐！

当他一页一页往下翻的时候，他的手不停地哆嗦。是呀，他被唤醒了，每一句歌词都在向他呼唤，每一句歌词都以不可抗拒的力量深深地打动他。"Thus saith the Lord！"（神这样说！）——难道这句歌词不也是针对他的吗？难道不正是神的手曾经把他击倒在地，尔后又慈悲地把他从地上扶起来的吗？"And he shall purify"[1]（他必将洁净你）——是呀，这句歌词在他身上应验了；他心中的阴郁顿时一扫而光，心里亮堂了。这声音，犹如一片光明，使心灵变得水晶般的纯净。如果不是上帝，还能有谁如此了解亨德尔的困境，除了他，还能有谁能让那个可怜的詹宁斯，一个住在戈普萨尔[2]的蹩脚诗人，突然之间就拥有了如此鼓舞人心的语言力量？"Then they may offer unto the :Lord"[3]（他们就献供物给耶和华）——是呀，献祭的火焰已在热烈的心中点燃，它直冲云霄，要去回答这样美好庄严的召唤。"你要极力扬声"[4]，这句歌词就是对他说的，就是对他一个人说的——是呀，他要极力扬声，用最嘹亮的长号、怒涛般的合唱、雷鸣般的管风琴来演奏，就好像创世纪第一天那神圣的"太初之道"[5]一样，再次去唤醒所有那些还在黑暗中绝望地徘徊的人们，因为"Behold, darkness shall cover

---

1. 语出《圣经·玛拉基书》第 3 章第 3 节，"他必洁净利未人"。
2. 戈普萨尔：位于英国中部偏东的莱斯特郡的欣克利 – 博斯沃思区。
3. 语出《圣经·玛拉基书》第 3 章第 3 节，"他们就凭公义献供物给耶和华"。
4. 此处歌词为德语，英语原文当是"lift up the voice with strength"。
5. 参见《圣经·约翰福音》第 1 章第 1 节。

the earth"（看啊，黑暗将遮盖大地），一点不错，黑暗依然遮盖着大地，因为他们还不知道获得拯救后那种极乐，而他却在此刻已然领略。他几乎刚刚把歌词读完，那感恩的合唱"Wonderful, counsellor, the mighty God"（他是奇迹、大师、全能的上帝）已变成音乐在他心中汹涌澎湃——是呀，对创造奇迹的主，就应该这样赞美他，赞美引领世人的上帝，赞美给他这颗破碎的心以安宁的上帝！"因为有神的使者站在他们旁边"[1]——是呀，天使已用银色的翅膀飞降到他的房间，接触到他并拯救了他。只不过此时没有上千人用同一个声音共同感恩、共同高呼、共同欢跃，共同歌唱、共同赞美："Glory to God！"[2]（荣耀归于神！）

　　亨德尔俯首看着一页页的歌词，就像置身在暴风雨中一般。一切疲劳都消失了。他还从未感到过自己的精力像现在这样充沛，也从未感到过浑身充满如此强烈的创作欲望。那些歌词就像消融冰雪的温暖阳光，不断地倾泻在他身上。每一句话都说到了他的心里，它们是那么富有魅力，使他心胸豁然开朗！"Rejoice！"（尽情欢乐吧！）——当他看到这句歌词时，仿佛听到气势磅礴的合唱顿时四起，他情不自禁地抬起头，张开双臂。"他是真正的救主"[3]——是呀，亨德尔就是要证明这一点，尘世间尚未有人尝试这样做，他要把自己的明证高高举起，就像在世间树起一块灿烂的丰碑。只有饱经忧患的人才懂得欢乐；只有经过磨难的人

---

1. 此处歌词为德语，英语原文当是"the angel of the Lord came upon them"。
2. 语出《圣经·路加福音》第 2 章第 14 节。
3. 此处歌词为德语，英语原文当是"He is the righteous Saviour"。

才会预感到仁慈的最后赦免；而他就是要在众人面前证明：经历了死亡的人是可以复活的。当亨德尔读到"He is despised"（他遭人鄙夷）这句歌词时，他又陷入痛苦的往事回忆之中，音乐声也随之转入压抑、低沉。他们以为他已经失败了，在他躯体还活着的时候就想把他埋葬，还尽情地嘲笑他——"And they that see him, laugh"——凡看见他的都耻笑他。"他也找不到一个人给他安慰"[1]。在他无能为力的时候，没有一个人帮助他，没有一个人安慰他，但是，有一股神奇的力量支持着他，"He trusted in God"，他信赖上帝，看啊，上帝并没有让他安息在坟墓里——"But thou didst not leave his soul in hell"（但是你并没有把他的灵魂遗弃在地狱里）。不，虽然他已深陷困境、灰心丧气，但上帝并没有把他的灵魂留在绝望的坟墓里，留在束手待毙的地狱里，而是再次唤醒他肩负起给人们带来欢乐的使命。"Lift up your heads"（你们要昂起头来）——这样的词句仿佛是从他自己的内心迸发而出的，那是来自上帝的伟大命令！他蓦地一惊，因为可怜的詹宁斯随后写下的歌词恰恰是："The Lord gave the word."（这是神的旨意）

他不由得屏住了呼吸。真相很偶然地从一个凡人的口中显露出来：这是神给他的旨意，从上天传送给他的旨意。"The Lord gave the word"：话语来源于上帝，声响来源于上帝，祝福来源于上帝！必须把这一切送回到主那里，汹涌的心声必须掀起滔天巨浪向上天的主迎去，赞美他是每一个创作者的欲望和责任。哦，

---

1. 此处歌词为德语，英语原文当是"neither found he any to comfort him"。

应该紧紧抓住这句话，将它托持、高举、挥舞、延展、拉伸，充满整个世界，所有的欢呼声都要围绕这句话，要使这句歌词像上帝一样伟大。啊，这句歌词是转瞬即逝的，但是通过美和无穷尽的激情将使这句歌词重返永恒。现在你们瞧：那句话已经写就，已经发出声响，那句话可以无限地反复、无穷地变形："哈利路亚！哈利路亚！哈利路亚！"[1] 是呀，世间所有的嗓音，清亮的，低沉的，男子坚定的声音，女人顺从的声音，都应当被囊括其中，让所有这些声音充溢、升高、转换，然后在有节奏的合唱中聚合并分散，让它们顺着声响的天梯[2] 上上下下，歌声将随着小提琴的甜美弓法而悠扬，随着长号清亮的吹奏而热烈，在管风琴雷鸣般的声音中咆哮：哈利路亚！哈利路亚！哈利路亚！——用这个词，用这句感恩语创造出一种赞美歌，这赞美歌将从尘世滚滚向上，升回到万物的创造者那里！

亨德尔激情满怀，泪水使他的眼睛变模糊了。但是还有几页歌词要读，那是清唱剧的第三部分。然而在这"哈利路亚，哈利路亚"之后，他再也读不下去了。这句赞美之声已然充满他的心胸，在弥漫，在扩大，就像滚滚火焰喷流而出，使人感到灼痛。啊！这声音在攒动，在拥挤，它要从他心里迸发出来，向上飞升，回到天空。亨德尔赶紧拿起笔，记下乐谱，他以神奇的速度写下一个个音符。他无法停住，就像一艘被暴风雨鼓起了风帆的船，一往直前。四周是万籁俱静的黑夜。潮湿的夜空静静地笼罩着这

---

1. 哈利路亚：希伯来语，意即"赞美上帝"。
2. 天梯：又名"雅各的天梯"，语出《圣经·创世纪》第28章第12节。

座大城市。但是他的心中却是一片光明，虽然别人听不见，但在他的房间里所有的音乐声都在齐鸣。

第二天上午，当仆人小心翼翼地走进房间时，亨德尔还坐在写字台旁不停地写着。当他的助手克里斯多夫·史密斯畏缩地问是否要帮他抄乐谱时，他没有回答，只是粗声粗气地咕噜了一声。于是再也没有人敢走到他的身边，他也就这样三个星期没有离开房间。饭送来了，他用左手匆匆地掰下一些面包，右手继续写着，因为他不能停下来，他已如痴如醉。当他站起身来，在房间里走动时，他还一边高声唱着，打着拍子，眼睛里射出异样的目光。当别人同他讲话时，他好像刚醒过来似的，回答得含含糊糊，语无伦次。这些日子可苦了仆人。债主来讨债，歌唱演员来求主人谱写节日的康塔塔[1]，使者们来邀请主人到王宫去；仆人不得不都把他们拒之门外，因为现在，哪怕他只想同正在埋头创作的主人说一句话，也会遭到一顿大发雷霆的斥责。在那几个星期里，乔治·弗里德里希·亨德尔已不再知道时间和钟点，也分不清白天和黑夜。他完全生活在一个只用旋律和节拍来计量时间的环境里。他的身心完全被从心灵深处涌出来的奔腾激流席卷而去。神圣的激流愈湍急，愈奔放，作品也就愈接近尾声。他被囚禁在自己的心灵之中，只是踩着有节拍的步伐，走遍这间自设囹圄的房间。他一会儿唱着，一会儿弹起大键琴，然后又重新坐下来，写呀，写呀，直至手指发疼；他有生之年还从未有过如此旺盛的创作欲，

1.康塔塔：一种包括独唱、重唱、合唱的声乐套曲，一般包含一个以上的乐章，大都有管弦乐伴奏，与中国的大合唱体裁特点十分相近，因而一度被误译为大合唱。

人类群星闪耀时

也从未经历过如此呕心沥血的音乐生涯。

差不多三个星期以后，9月14日，作品终于完成了——这在今天看来也是难以置信的，也许对于人类而言都是永远无法想象的。剧词变成了乐曲，不久前还是贫乏、枯燥的言辞现在已成了生气勃勃、永不凋谢的声音。就像从前瘫痪的身体创造了复活的奇迹，如今是一颗被点燃的心灵创造了意志的奇迹。一切都已写好，弹奏过了，歌词已变成了旋律，并已翱翔在音乐的天空——只有一个词，作品的最后一个词还没有配上音乐：那就是"阿门"。但是，这个"阿门"，这两个紧密连在一起的短短音节，紧紧地抓住了亨德尔，他要从中创造出一个直冲九霄云外的声乐阶梯。他要给这两个音节配上不同的音调，同时配上不断变换的合唱；他要把这两个音节拉长，同时又不断把它们拆开，以便重新合在一起，从而产生更加热烈的气氛。他把自己巨大的热情像上帝的气息一样倾注在这最后结尾的歌词上，要使它像整个世界一样的宏大和充实。这最后一个词没有放过他，他也没有放过这最后一个词。他给这个"阿门"配上雄伟的赋格曲[1]，把第一个音节——洪亮的"阿"作为最初的原声，让它在穹顶下回旋、轰鸣，直至它的最高音达到云霄；这原声将愈来愈高，随后又降下来，又升上去，最后再加入暴风雨般的管风琴，而这和声的强度将一次比一次高，它四处回荡，充满寰宇，直至在全部和声中仿佛天使们也在一起唱着赞美歌，仿佛头顶上的屋宇梁架在永无休止的"阿

───────────────

1.赋格曲：复调乐曲的一种形式。由每个声音负责逐次交代主题。

门！阿门！阿门！"面前震裂欲碎。

亨德尔艰难地站起身来。羽毛笔从他手中掉了下来。他不知道自己身在何处。他什么也看不见，什么也听不见。他只感到疲乏，感到全身精疲力竭。他不得不手扶着墙壁踉踉跄跄地行走。他一点力气也没有了，身体像死了似的，神志迷迷糊糊。他仿佛一个瞎子沿着墙壁一步一步向前挪动，然后躺倒在床上，睡死过去。

整整一个上午，仆人轻轻地旋开门锁，推开了三次房门，但主人还一直在睡觉，身子一动也不动，就像石头的雕塑，眼睛、嘴巴紧闭着，脸上没有任何表情。中午，仆人第四次想把他唤醒。他故意大声咳嗽，重重叩门，可是亨德尔依然熟睡，任何声响和说话声都进不到他的耳朵里。中午，克里斯多夫·史密斯来帮助仆人。而亨德尔还是如同凝固了一样躺在那里。史密斯向他俯下身去，只见他躺在那里，像一个赢得了胜利却又死在了战场上的英雄，在经过了难以形容的战斗之后终于因疲惫而死。不过，克里斯多夫·史密斯和仆人并不知道他完成的业绩和取得的胜利。他们只感到害怕，因为他们看到他躺在那里这么长的时间，而且一动都不动。他们担心可能又是一次中风把他彻底摧垮了。到了晚上，尽管他们使劲地摇晃，亨德尔还是不愿醒来——他已经一动不动地软瘫在那里，躺了整整十七个小时——这时，克里斯多夫·史密斯再次跑去找医生。他没有立刻找到詹金斯大夫，因为医生为了消遣这和风宜人的夜晚，到泰晤士河岸边钓鱼去了，当最终把他找到时，他嘟囔着对这不受欢迎的打搅表示不快。只是听说亨德尔病了时，他才收拾起长线和渔具，取了外科手术器械——这花了不少时间——以便必要时放血用，他觉得很可能需要这样。一匹小马拉着一辆载着两人的马车，终于踏着橐橐的快步向布鲁克大街驶去。

但仆人已站在那里，挥动着手臂向他们招呼，隔着一条马路大声喊道："他已经起床啦，现在正在吃饭，吃得比六个搬运工还多。他一口气吃掉了半只约克郡火腿[1]；我给他斟了四品脱[2]啤酒，他还嫌不够呢。"

真的，亨德尔俨若豆王[3]一般坐在餐桌前，桌面摆满各种食物。正如他在一天一夜之间补足了三个星期的睡眠那样，他此刻正在用自己魁伟身躯的全部力量和食欲，吃着，喝着，似乎想一下子就把在三个星期中耗尽在工作上的力气全都补回来。他几乎还没有和詹金斯大夫照一个正面，就开始笑了起来。笑声愈来愈响，在房间里萦绕、震荡、撞击。史密斯想起来了，在整整三个星期中，他没有看到亨德尔的嘴边有过一丝笑容，只有那种紧张和怒气冲冲的神情；现在，那种积蓄起来的、出自他本性的率真的愉悦终于迸发出来了，这笑声犹如潮水击拍岩崖，仿佛滚滚怒涛溅起浪花——亨德尔在他一生中还从未像现在这样笑得如此自然质朴，就在他看到医生的这一刻，就在他直到自己身心已完全

---

1. 英国约克郡当地的一种传统美食，一般要配马德拉酱汁。
2. 品脱：英式容量单位，大致相当于 568 毫升。
3. 豆王：法国、英国、荷兰、瑞士与德国等地的风俗。在 1 月 6 日基督教三圣节这一天人们欢宴庆祝的时候，会选举出一位国王负责行酒令，当他举杯的时候，其他人都必须一同举杯痛饮。选举的方法是将包有一颗豆子的蛋糕分发给众人，谁分到的蛋糕中有豆子，谁就被选为当天的国王，因此而得名"豆王"。

治愈的这一刻，就在生活乐趣让他彻底沉醉的这一刻。他高举啤酒杯，摇晃着它，向身穿黑大氅的医生问候。詹金斯惊奇地发问："究竟是哪位要我来的？你怎么啦？你喝了什么药酒？变得如此兴致勃勃！究竟发生了什么？"

亨德尔一边用炯炯有神的眼睛望着他，一边笑着，然后渐渐严肃起来。他缓慢地站起身，走到大键琴旁，坐下去，先用双手在键盘上凌空摆了摆，接着又转过身来，诡谲地微微一笑，随即轻声地半说半唱地咏出那段宣叙调[1]的旋律："Behold, I tell you a mystery"（"你们听好，我要告诉你们一件神秘的事"）——这也是《弥赛亚》中的歌词，诙谐的开场。但当他刚把手指伸进这温和的空气中，这温和的空气立刻把他自己也一道拽走了。在演奏时，亨德尔完全忘记了其他在场的人，也忘记了自己。这独特的音乐激流使他全神贯注。顷刻之间，他重又陷入自己的作品之中，他唱着，弹奏着最后几首合唱曲，它们好像是他之前在梦中创作出来的一样；而现在，他是第一次在醒着的时候听到它们："Oh death where is thy sting"（死亡啊，你的毒钩在哪里），此时此刻，他感到自己的内心充满生活的热情，他的歌声愈唱愈高，好像自己就是一支合唱队，赞美着，欢呼着。他不停地一边弹着一边唱着，一直唱到"阿门，阿门，阿门"，他把自己的全部力量都强烈地、深沉地倾注到音乐之中，整个房间好像要被各种声音的巨流冲破了一样。

---

1. 宣叙调：歌剧、清唱剧、康塔塔等大型声乐中类似朗诵的曲调。

詹金斯大夫站在那里入迷了。当亨德尔最后站起身来时，他只是为了没话找话，才不知所措地夸奖说："伙计，我还从未听过这样的音乐。简直就像是魔鬼在控制你的身体。"

但亨德尔的脸色却阴沉下来。的确，连他自己也对这部作品感到吃惊，好像是在睡梦中上天给他的恩赐。他不好意思地转过身去，轻声说道，轻得连其他几个人几乎听不见："不，我更相信是上帝给了我力量。"

几个月后，两位衣冠楚楚的绅士在敲艾比大街[1]上一幢公寓的大门，那位来自伦敦的贵客，伟大的音乐大师亨德尔就下榻在这幢都柏林的公寓里。两位先生恭恭敬敬地提出了请求。他们说，几个月来，爱尔兰的首府为能欣赏到亨德尔如此精彩的作品而感到无比高兴，他们在这里还从未聆听过如此好听的作品，而如今他们又听说，他将要在这里首演他的新清唱剧《弥赛亚》，他把自己最新的作品首先奉献给这座城市，而不是伦敦，对此他们感到不胜荣幸，而且考虑到这部大型声乐协奏曲的出类拔萃，可以预料会获得巨大的收入，因此他们想来问一问，这位以慷慨著称的音乐大师是否愿意把首演的收入捐献给他们有幸所代表的慈善机构。

亨德尔友好地望着他们。他爱这座城市，因为这座城市曾给予他如此的厚爱，打开了他的心扉。他微笑着说，他愿意答应，只是他们应该说出这笔收入将捐献给哪些慈善机构。"救济各种身

---

1. 爱尔兰首都都柏林北部的一条大街，亨德尔于1742年曾寓居于此。街上还有爱尔兰国家剧院——著名的艾比剧院。

陷囹圄的人，"第一位先生——一个满面和善、花白头发的男子说。"还有默西尔医院[1]里的病人。"另一位补充道。当然了，他们还说，这种慷慨的捐献仅仅限于第一场演出的收入，其余几场演出的收入仍归音乐大师所有。

但亨德尔还是拒绝了。他低声说道："不，演出这部作品我不要任何钱。我自己永远不收一分钱，永不，我欠着另外一个人的情。这部作品应该永远属于病人和身陷囹圄的人，因为我自己曾是一个病人，是依靠这部作品治愈的；我也曾身陷囹圄，是它解救了我。"

两个男人抬眼望着亨德尔，显得有点迷惑不解。他们不太明白这话的意思。不过随后他们再三表示感谢，向他深深鞠躬，然后退出了房间，去把这喜讯告诉都柏林全城的人。

1742年4月7日，最后一次排演的日子终于到了。坐落在菲山伯大街[2]的音乐堂里，两个主教堂的合唱团参与演出，只允许他们的少数亲属旁听，而且为了节约起见，大厅里只有微弱的照明。人们三三两两地坐在空荡荡的长椅上，准备聆听伦敦来的那位音乐大师的新作。宽敞的大厅显得阴暗、寒冷、潮湿。但是，一件奇特的事情发生了，当宛若急流奔腾的多声部合唱刚刚转入低鸣，坐在长椅上七零八落的人就不由自主地聚拢在一起，渐渐地形成

---

1. 默西尔医院：是人们根据玛丽·默西尔的遗嘱而于1734年8月17日在都柏林建立的一家医院，其原本的用意是为了救助穷人与病人。著名作家斯威夫特曾是该院董事会成员。现为一家康复中心，隶属于爱尔兰皇家外科医学院。
2. 菲山伯大街：位于都柏林老城内的一条大街，《弥赛亚》于1742年4月13日在此首演。此后每年的同一天，都会在这里表演《弥赛亚》。

黑压压的一片，悉心倾听，惊异赞叹。因为他们每一个人都从未听到过如此雄浑有力的音乐，他们仿佛觉得，如果单独一个人听，简直无法承受这千钧之势；如此强力的音乐将会把他冲走，拽跑。他们愈来愈紧地挤在一起，好像要用一颗心听，恰似一群聚集在教堂里的虔诚教徒，要从这气势磅礴的混声合唱中获取信心，那交织着各种声音的合唱不时变换着形式。在这粗犷、猛烈的强大力量面前，每一个人都感觉到自己的脆弱，然而他们却愿意被这种力量攫住并带走。一阵阵欢乐的感情向他们所有的人袭来，好像传遍一个人的全身似的。当"哈利路亚"的歌声第一次雷鸣般响起时，有一个人情不自禁地站了起来，所有的听众也都一下子跟着站起身来[1]，他们觉得自己被如此强大的力量所攫住，再也不能贴在地上。他们站起来，以便能随着这"哈利路亚"的合唱声，靠上帝更进一步，同时向上帝表示自己仆人般的敬畏。这以后，他们步出音乐堂，奔走相告：一部世间空前的声乐艺术作品业已创作成功。于是全城的人兴高采烈，为能听到这伟大的杰作而激动。

六天以后，4月13日晚上，音乐厅门前人群麇集。淑女们没有穿克里诺林裙[2]就来了，贵族骑士们都没有佩剑，为的是能在大厅里给其他听众腾出更多的空间。七百人济济一堂，这是个前所未有的数字，演出前，他们交头接耳地谈论着这部作品所获得的

---

1. 据说英王乔治二世在听完第二幕终曲《哈利路亚》这一合唱后，起立以示敬意（目前没有证据能表明此事的真实性）。这一举动后来演变成了传统。直到今天，人们在现场欣赏合唱《哈利路亚》时，都必须全体起立以示敬意。
2. 欧洲贵妇常穿的一种裙子，内部用木头、鱼骨、金属等撑起，又称"蓬蓬裙"或"公主裙"。

赞誉，但当音乐开始时，却连出气的声音都听不见了，而且愈来愈寂静。接着，多声部合唱迸发出排山倒海的气势，所有人的心都开始震颤。亨德尔站在管风琴旁，他要监督并亲自参加自己作品的演出。但是，这部作品已经超越了他，他自己也完全迷失在这部作品之中，觉得它好不陌生，好像他从未听到过、从未创作过、从未演奏过它。他的心在这特殊的巨流中再次激荡起来。当最后开始唱"阿门"时，他自己的嘴巴也不知不觉地张开了，和合唱队一起唱着。他唱着，好像他一辈子从未唱过似的。然而，当后来其他人的赞美欢呼声如同怒涛汹涌、经久不息地在大厅里回荡时，他却悄悄地溜到了一边，为的是要避免向那些愿意向他致谢的人们回敬感谢，因为他要答谢的是上帝，是仁慈的上帝赐予了他这部作品。

闸门既已打开，声乐的激流又年复一年地奔腾不息。从现在起，再也没有什么能使亨德尔屈服，再也没有什么能把这复活了的人重新压下去。尽管他在伦敦创建的歌剧院再次遭到破产，债主们又四处向他逼债，但他从此以后已真正站了起来，他抵住了一切逆风恶浪。这位六十岁的老人泰然自若地沿着作品的里程碑走自己的路。有人给他制造种种困难，但他知道如何光荣地战胜它们。尽管年岁渐渐地销蚀了他的力气，他的双臂不再灵活，痛风使他的双腿不时痉挛，但他还是用不知疲倦的心智继续不断地创作着。最后，他的双目失明了；那是在他创作《耶弗他》的时候，他的眼睛再也看不见了。但他依旧用看不见的眼睛继续孜孜不倦、毫不气馁地创作，不断创作，就像听不见声音的贝多芬一样。而且他在世间取得的胜利愈伟大，他在上帝面前表现得愈谦恭。

正如所有对自己要求严格的真正艺术家一样，亨德尔对自己的作品从不沾沾自喜，但他十分喜爱自己的一部作品，那就是《弥赛亚》。他之所以喜爱它，是由于一种感激之情，因为是它把自己从绝境中解脱出来，还因为他在这部作品中自己拯救了自己。他每年都要在伦敦演出这部作品，每次都把全部收入——五百英镑捐赠给医院，去医治那些残疾病人和救济那些身陷囹圄的人。而且他还要用这部曾使他走出冥府的作品向人间做最后的告别。1759 年 4 月 6 日，74 岁的亨德尔已身染重病，但他还是在科文特花园[1]剧院再次走上指挥台。一个身躯巍然的盲人就这样站在他的忠实信徒们中间，站在音乐家和歌唱家中间：他空洞的眼神里没有任何光彩，什么也看不见。但是当各种器乐声犹如汹涌澎湃的波涛向他滚滚而来时，当成千人的赞美歌声好似狂风暴雨般向他袭来时，他那疲倦的面容顿时显出了光彩，变得神采奕奕。他挥舞着双臂，打着节拍，和大家一起放声高歌，他唱得那么认真、那么虔诚，仿佛自己就是站在自己灵柩边的牧师，为拯救自己和所有人的灵魂而祈祷。当唱到歌词"号角要响"，而所有的长号发出高亢的声音时，他的全身猛地颤抖了一下，昂首向上凝视着，好像他现在已准备好去面临最后的审判了。他知道，他已出色地

---

1. 科文特花园：位于伦敦西区，该区因剧院与特色商品而闻名，北侧是英国皇家歌剧院，俗称"科文特花园剧场"，亨德尔指挥的《弥赛亚》在伦敦的第一次与最后一次演出均在此处。

完成了自己的事业，他能昂首阔步地向上帝走去了。

朋友们深受感动地把这位盲者送回家去。他们也都感觉到：这是最后的告别。在床上他还微微翕动着嘴唇，喃喃低语说，他希望死在耶稣受难日[1]那一天。医生们感到奇怪，他们不明白他的意思，因为他们不知道，那一年的耶稣受难日，即4月13日，正是那只沉重的手把他击倒在地的那一天[2]，也正是他的《弥赛亚》首次公演于世的那一天[3]，他心中的一切曾在那一天全部死去，但同样也正是在那一天，他又复活了。而现在，他却愿意在他复活的那一天死去，以便确信自己将会获得永生的复活。

是的，这个世间唯一的意志——上帝，既能驾驭生，又能驾驭死。4月13日，亨德尔的精力全都耗尽了。他再也看不见，再也听不见。硕大的身体一动不动地躺在垫褥上，这是一个空洞而又沉重的躯壳，但正如一个空的贝壳能发出大海怒涛的声音一样，那听不见的音乐声还在他的心底轰鸣，这音乐比他以前听到过的所有音乐都更悦耳、更奇异。音乐的滚滚波浪缓慢地从这精力殆尽的躯体上带走了灵魂，把它高高举起，送入缥缈的世界。汹涌奔流的音乐永远回荡在永恒的宇宙。第二天，复活节的钟声还没有敲响，乔治·弗里德里希·亨德尔无法永生的躯体就这样逝去了。

---

1. 基督教节日，即复活节之前的那个星期五。
2. 即1737年4月13日，亨德尔中风瘫痪的那一天。
3. 即前文所提1742年4月13日在都柏林的首演。历史似乎特别喜欢在这个日期上凑趣。

一夜天才

时间：1792 年 4 月 26 日

事件：《马赛曲》的诞生

核心人物：鲁热·德·利尔

《马赛曲》最早于法国大革命期间（1795 年 7 月 14 日）被定为法国国歌，其后被拿破仑以及复辟的波旁王朝废止，直到 1879 最终被第三共和国宪法确认为国歌，随后的第四与第五共和国依然将其作为国歌，堪称是法国的象征，也是世界上最知名的国歌。但其实《马赛曲》最初是一首军歌，其创作也与马赛毫无关联，而是法国北部城市斯特拉斯堡的上尉鲁热·德·利尔于 1792 年 4 月 26 日用了仅仅一夜的时间创作完成的，其最初的名字是《莱茵军战歌》，后来是因为马赛市民在送志愿者积极支援巴黎时，有人演唱了这首歌曲而获得了广泛的喜爱，马赛的志愿者将其一路唱到了巴黎，这给当时的巴黎人留下了十分深刻的印象，因此称之为《马赛曲》。

《马赛曲》曲调铿锵有力，歌词慷慨激昂，与我国的国歌《义勇军进行曲》颇有几分相似之处，其中都有号召人民起来奋勇反抗的呼告，乃是革命的自由之歌。所以在整个 19 世纪，《马赛曲》更多地被看作是革命歌曲，当时欧洲很多自由运动，尤其是工人运动都会采用该曲调并填入自己语言的歌词。德国与俄国都有著名的《工人马赛曲》。直到它被确定为国歌之后，才逐渐与国际工人运动相脱离。与《义勇军进行曲》在中国的遭遇类似，因为有部分描写饱受屈辱与压迫的内容，法国也不时有民众与政治家呼吁更换国歌，或至少对其歌词进行更新。但 2015 年 11 月 13 日巴黎遭受恐怖袭击之日，法国万千民众齐声合唱《马赛曲》，至少证明了该乐曲依然具有极强的生命力与现实意义。

《马赛曲》共分为七节和一个合唱，但大家比较熟悉的主要是第一节与合唱部分，法国著名作曲家柏辽兹曾在 1830 年左右对其进行了重新编曲，现在法国使用的主要都是柏辽兹的版本，其速度要比原始版本更快。

由于它的作者鲁热·德·利尔名不见经传，所以一直以来也有很多人怀疑其作为《马赛曲》作者的真实性。大革命时期，在 19 世纪中叶以及在 1915 年他的遗体被安葬于巴黎荣军院之时，都曾有人提出过质疑。有人认为真正的作者是某位不知名的德国作曲家，或者说其曲调来源于某个古老的德国民歌，直到 1922 年有研究者最终证明了鲁热确系作者。

——译者

1792 年，法国的国民立法议会 [1] 已经犹豫两三个月了，迟迟无法针对国外皇帝与国王们组成的联盟做出是战还是和的决定。路易十六 [2] 自己也在犹豫；他既担心革命党人的胜利带来的危害，又担心他们的失败带来的危害。各党派的态度也不一致。吉伦特派 [3] 为了保住自己的权力而急于开战，罗伯斯庇尔 [4] 和雅各宾派 [5] 为了自己能在此期间夺取政权而力主和平。但形势一天比一天紧张，报章杂志吵得沸沸扬扬，俱乐部里争论不休，谣言四起，而且愈来愈耸人听闻，从而使得公众舆论变得愈来愈慷慨激昂。因此，当法国国王终于在 4 月 20 日向奥地利皇帝和普鲁士国王宣战时，这项决定也就和所有的决定一样，变成了某种解脱。

就在这几个星期里，巴黎上空犹如笼罩着电压，令人心烦意乱，而在那些边境城市，更是人心浮动，惶惶不可终日。部队已集中到所有的临时营地。每一座城市、每一个村庄，都有武装志

---

1. 国民立法议会：是法国大革命期间，1791 年 10 月至 1792 年 9 月间的法国立法机构。法国大革命期间的最高立法机构屡经更迭，依次是国民议会——国民制宪议会——国民立法议会——国民公会——督政府——执政府。

2. 路易十六：法国国王，妻子是奥地利公主玛丽·安托瓦内特，曾试图进行内政改革，但未能阻止法国大革命的爆发，1791 年被迫退位，1793 年与妻子一同被送上断头台。

3. 吉伦特派：法国大革命期间较为温和的共和党派，由于其领袖多来自法国吉伦特省而得名，后于 1793 年被雅各宾派推翻。

4. 罗伯斯庇尔：原是律师，后在法国大革命期间成为激进的雅各宾派领袖，在 1793—1794 年间以血腥恐怖的方式实施统治，后被推翻并被砍头。

5. 雅各宾派（又称雅各宾俱乐部）：1789 年成立，是法国大革命期间最重要也最激进的政治团体，因其集会地点设在巴黎的圣雅各宾修道院而得名。1793 年，马拉成为该派主席，他被谋杀后，罗伯斯庇尔成为领袖，并开始了血腥恐怖的统治。罗伯斯庇尔被处决之后，该党派于 1794 年 11 月 11 日解散。其标志就是象征自由的红色弗里吉亚无边便帽。

愿人员和国民自卫军[1]，到处都在检修要塞，尤其是阿尔萨斯地区[2]的人都知道，法德之间的最初交锋又要像往常一样降临到他们这块土地上了。对于巴黎而言，莱茵河对岸的所谓敌人只是一个模模糊糊的概念，不过是用来表述激情的修辞手段，而对于阿尔萨斯人而言，敌人却是一个看得见、感觉得到的现实，因为从加固的桥头堡旁、从主教堂的塔楼上，都能一目了然地看到正在开来的普鲁士军队。到了夜里，敌人炮车的滚动声、武器的叮当声和军号声，随风飘过月色下水波悠然闪烁的河流。大家都知道，只要一声令下，从普鲁士大炮缄默的炮口就会发出雷鸣般的隆隆声和闪电般的火光。其实，法德之间的千年之争已经又一次开始——但这一次，一方是以争取新自由的名义，另一方是以维护旧秩序的名义。

因此，1792年4月25日也就成了不同寻常的一天。这一天，驿站的信差们把已经宣战的消息从巴黎传到斯特拉斯堡[3]。人群顿时从大街小巷和各家各户走出来，一起涌向公共广场。全体驻军为出征在作最后的检阅，一个团队接着一个团队在行进，身披三

---

1. 国民自卫军：法国大革命时期的城市民兵组织，成立于1789年，后经历过多次解散与重建，最终于1871年解散。
2. 阿尔萨斯：法国东北部地区及旧省名，隔莱茵河与德国相望，当地居民日常生活与学校里经常也使用德语。首府是斯特拉斯堡。
3. 斯特拉斯堡：阿尔萨斯的首府，位于法德边境，现在也是欧洲议会的所在地。

色绶带[1]的迪特里希市长[2]在中心广场上检阅，他挥动着缀有圆形帽章[3]的帽子向士兵们致意。军号声和战鼓声使所有的人都不再作声。迪特里希用法语和德语向广场上和其他所有空地上的人群大声宣读宣战书。在他讲完话之后，团里的军乐队奏起了第一支、临时性的革命战歌《我们能行！》[4]，这本来是一支富有刺激性的、纵情而又诙谐的舞曲，但是将要出征的团队却以沉重有力的脚步声赋予这支曲子威武的节奏。然后，人群四散，把激起的热情又带回到大街小巷和各家各户。在咖啡馆和俱乐部里，都有人在发表富有煽动性的演说和散发各种号召书。他们通常都是这样开头的："公民们，武装起来！举起战旗！警钟敲响了！"所有的演讲、各种报纸、一切布告、每个人的嘴里，都在重复着这种铿锵有力、富有节奏的呼喊："公民们，武装起来！让那些戴着王冠的暴君们发抖吧！前进，自由的孩子们！"而每一次，群众都会为这些热烈的言辞而一再地欢呼。

街道和空场上也一直有大批人群在为宣战而欢呼，但是，当满街的人群欢呼时，也总有另外一些人在暗自伤神，因为恐惧和忧虑也随着宣战而来。不过，他们只是在斗室里窃窃私语，或者

---

1. 即红、白、蓝三色，也是法国国旗的颜色，其来源是法国大革命期间，人们将巴黎市徽的颜色（红与蓝）同国王的颜色（白色）组合在一起作为海军的军旗，白色在中间，象征人民对于王权的限制。
2. 迪特里希男爵：法国矿物与地质学家，在法国大革命初期曾任斯特拉斯堡市长，后被雅各宾派处死。
3. 圆形帽章：法国大革命时期，支持革命的人一般都会在衣服与帽子上缀上圆形的徽章。
4. 《我们能行！》：法国大革命初期最为著名的一首战斗歌曲，号召人们要起来反抗贵族与教士的统治。

一夜天才

把话留在苍白的嘴边欲言而止。普天下的母亲永远是一样的，她们暗地里怀疑：难道外国士兵不会杀害我的孩子吗？普天下的农民也都是一样的，他们关心自己的财产、土地、茅舍、家畜和庄稼。他们也在心里嘀咕：难道自己的庄稼不会遭到践踏吗？难道自己的家不会遭到暴徒的抢劫吗？难道在自己劳动的土地上不会血流成河吗？可是斯特拉斯堡市长弗里德里希·迪特里希男爵——他原本是一个贵族——却像当时法国最进步的贵族那样，决心完全献身于争取新自由的事业，他要用洪亮的、铿锵有力的声音来表示信心；他有意要把宣战的那一天变为公众的节日。他胸前斜披着绶带，从一个集会赶到另一个集会去激励人民。他用酒食犒劳出征的士兵。晚上，他把各级指挥员、军官以及最重要的文职官员邀请到坐落在布罗伊广场[1]旁自己的宽敞邸宅参加欢送会。热烈的气氛使欢送会从一开始就带有庆功会的色彩。坐在主宾席上的将军们对胜利始终充满信心。年轻军官们则认为战争会使自己的生活充满意义，他们自由交谈，彼此勉励。他们有的挥舞军刀，有的互相拥抱，有的正在为祝愿干杯，有的举着美酒在慷慨陈词。而在他们的所有言辞中都一再重复着报刊和宣言上那些激励人心的话："公民们，武装起来！前进！拯救我们的祖国！戴着王冠的暴君们很快就会颤抖。现在，胜利的旗帜已经展开，把三色旗插遍世界的日子已经到来！现在，每个人都必须为了法国国王，为了这三色旗，为了自由竭尽全力！"在这样的时刻，

---

1. 布罗伊广场：斯特拉斯堡的主要广场之一，以曾任斯特拉斯堡长官的弗朗索瓦 - 马利·德·布罗伊元帅命名。广场上有莱茵国家歌剧院。

举国上下都由于对胜利充满信心和对自由事业的热烈向往而达到了空前的团结。

正当这样的演讲和祝酒行进之际，迪特里希市长突然转向坐在自己身旁的要塞部队的年轻上尉鲁热[1]。这位军官举止文雅，长得并不漂亮但却讨人喜欢。市长突然想起，在半年前宪法公布时，鲁热曾写过一首相当出色的自由颂歌，团里的那位音乐家普莱耶尔[2]很快就替这首颂歌谱了曲。这件简朴的作品朗朗上口，适宜演唱。于是军乐队将它演练成熟，在公共广场上进行演奏和大合唱。现在，宣战和出征不也是一个用音乐来表现庄严场面的极好机缘吗？因此，迪特里希市长很随意地问了问这位鲁热上尉（他擅自给自己加了一个贵族姓名的标志"德"[3]，取名为鲁热·德·利尔，其实他是无权这样做的）——就好像请自己的一位好友帮一下忙似的——他是否愿意借着这种爱国情绪，为出发的部队创作一些歌词，为明天出征去讨伐敌人的莱茵军谱写一首战歌。

鲁热是一个禀性谦逊、普普通通的人，他从来没有把自己当作一个了不起的作曲家，他的诗作从未刊印过，他写的歌剧也从未上演过，但他知道自己善于写那些即兴诗。为了让市长——这位高官和好友高兴，他说他愿意从命。是的，他愿意试试。"好极

---

1. 鲁热·德·利尔：法国军事工程师、诗人、作曲家。《马赛曲》的创作人。
2. 伊格纳兹·普莱耶尔：奥地利出生的法国作曲家、钢琴家、钢琴制造商。曾于1783—1795年间在斯特拉斯堡大教堂担任圣乐队长。
3. "德"（de）：法国贵族身份的人经常在自己的姓氏与名字之间加个"德"，意大利语中常用"达"（da），德语中常用"封"（von）。究其词义，主要表示贵族的封地，即来自某封地的某某。

了！鲁热，"坐在对面的一位将军一边向他敬酒，一边对他说，写完之后立刻把战歌送到战场上交给他，莱茵军[1]正需要一首能鼓舞士气的爱国主义进行曲。正说着，又有一个人开始夸夸其谈起来，接着又是敬酒，又是喧闹，又是欢饮。于是，两人之间的这次偶然短谈被周遭热烈场面的巨浪所淹没。酒宴变得愈来愈令人销魂、愈来愈喧哗热闹、愈来愈激动疯狂。当宾客离开市长邸宅时，早已是后半夜了。

午夜过去好久了，也就是说，由于宣战而使斯特拉斯堡无比振奋的一天——4月25日业已结束，4月26日已经开始。黑夜笼罩着千家万户，但这种夜阑人静只是假象，因为全城依然处在热烈的活动之中。兵营里的士兵正在为出征做准备；一些谨小慎微的人或许已经从紧闭的店铺后面悄悄溜走。街道上一队队的步兵正在行进，其间夹杂着通信骑兵那橐橐的马蹄声，然后又是沉重炮车的铿锵声，单调的口令声不时从这个岗哨传到那个岗哨。敌人太近了，太不安全了，全城的人都激动得无法在这决定性的时刻入睡。

鲁热也不例外，他此刻正在中央大道126号那幢寓所[2]里，登上回旋形楼梯，走进自己简朴的小房间里。他也觉得特别兴奋，他没有忘记自己的诺言，要尽快为莱茵军写出一支战歌，写出一首进行曲。他在狭窄的房间里踏着重步，不安地踱来踱去。怎样

---

1. 莱茵军：是由法国国王路易十六于1791年12月14号建立的军队，参与了抵抗外国联盟军队入侵法国的战争。后来普法战争期间，也被用来指称当时参战的法国军队。
2. 斯特拉斯堡中央大街126号，现为法国历史建筑。

开头呢？怎样开头？各种号召书、演讲和祝酒词中所有那些鼓舞人心的言辞还杂乱无章地在脑海里翻滚。"公民们，武装起来！前进，自由的孩子们！ ……消灭专制……举起战旗！ ……"不过，与此同时，他还想起了以前听到过的一些话，想起了为自己的儿子而忧虑的妇女们的声音，想起了农民们的担心——他们害怕，法国的田野可能会被外国的步兵践踏，血流满地。他几乎是半下意识地写下了头两行的歌词，这两行无非是那些呼喊的反响、回声和重复：

　　前进，前进，祖国的儿郎们，
　　那光荣的时刻已来临!

　　随后他停下来。他愣住了，写得正合适。开头相当不错。只是现在要马上找到相应的节奏，找到适合这两行歌词的旋律，于是他从橱柜里拿下自己的小提琴，试了试。妙极了。头几拍的节奏很快就和歌词的旋律完全相配。他急忙继续写下去，他感到全身仿佛涌出一股力量，拽着他向前，所有的一切：此时此刻自己心中的各种感情；他在街道上、宴会上听到的各种话语；对暴君的仇恨；对乡土的忧虑；对胜利的信心；对自由的热爱——顿时都汇集到了一起。鲁热根本用不着创作，用不着虚构，他只需把今天所有众口皆传的话语押上韵，配上旋律和富有魅力的节奏，就成了，这就已经把全体国民那种最内在的感受表达出来了，说出来了，也唱出来了。而且，他也无须作曲，因为街上的节奏，时间的节奏，这种在士兵的行军步伐中、在军号的高奏中、在炮车的辚辚声中所表现出来的斗志昂扬的节奏已穿过紧闭的百叶窗，传入他的耳中——也许他自己并没有意识到，他也没有亲自用灵敏的耳朵去听。不过，在这一天夜里，蕴藏在他那平凡的躯壳里的对于时间的灵感却听到了这种节奏。因此，旋律愈来愈顺从于那强有力的欢呼节拍——全国人民的脉搏。鲁热愈来愈迅速地写下他的歌词和乐谱，好像在笔录某个陌生人的口授似的——在他一个市民的狭隘心灵中，从未有过如此的激情。这不是一种属于他自己的亢奋和热情，而是一种神奇的魔力在这一瞬间聚集起来，迸发而出，把这个可怜的业余作曲家拽到离他自己相距千百倍远的地方，把他像一枚火箭似的——闪耀着极为短暂的光芒与火焰——射向群星，一夜之间使这位鲁热·德·利尔上尉跻身于不朽者的行列。从街头、报刊上吸收来的最初呼声构成了他那创造性的歌词，并且升华为一段永存的诗节，就像这首歌千古流传的曲调一样：

> 对于神圣祖国的热爱，
> 指引我们向敌人复仇！
> 自由，亲爱的自由，
> 我们要坚决把它捍卫！

接着他写了第五诗节，一直到最后一节，都是在同样的激情驱使下一气呵成的。歌词和旋律结合得十分完美——这首不朽的歌曲终于在破晓前完成了。鲁热熄灭灯光，躺到床上。他自己也不知道是什么东西使他刚才如此头脑清醒、灵感勃发，现在又不知道是什么东西使他觉得疲倦不堪、浑身软瘫，他像死一般地沉睡了。事实也确实如此，那种诗人和创造者的天才在他心中重又泯灭了。不过，在桌子上却放着那件已完成的、脱离了这个正在沉睡的人的作品。它真像奇迹一般飘然而来，降临到他身上。这首歌，连词带曲几乎是同时产生的，创作之迅速，词曲结合之完美，在各族人民的历史上都无法找出第二首能与之媲美。

　　大教堂的钟声像平时一样，宣告了新的一天的清晨来临。小规模的战斗接触已经开始。莱茵河上的阵风不时把枪击声飘过来。鲁热醒了，但睡意未尽，他努力坐起身来。他迷迷糊糊觉得好像曾发生过什么事，发生过某件与他有关的事，但只是依稀的记忆。随后他突然发现了桌子上那张墨迹尚新的纸。诗句？我什么时候写过诗句？歌曲？我亲笔写的歌曲？我什么时候为这首歌作过曲？哦——，对啦！这不就是我的朋友迪特里希昨天要我写的那首莱茵军进行曲嘛！鲁热一边看着自己写的歌词，一边轻轻地哼着曲调，不过他也像一个作者那样，对自己刚创作的作品总觉得不完全满意。幸好隔壁住着自己团里的一位战友，于是鲁热把这首歌曲拿给他看，唱给他听。看来，那位战友是满意的，只是建议作一些小小的修改。鲁热从这最初的赞许中得到了一定的信心。他怀着一个作者常有的那种焦急心情和对自己能如此迅速实现诺言的自豪感，立刻赶到市长迪特里希家中。市长正在清晨的花园里散步，思考着一篇新演讲的腹稿。你说什么，鲁热？已经写完了？好吧，那就让我们立刻来演唱一遍。两人从花园走进客厅。迪特里希坐在钢琴旁伴奏，鲁热唱着歌词。市长夫人被这早晨的意外音乐声吸引到房间里来了。她答应把这首新歌誊抄几份。作为一个受过专门训练的音乐家，她还答应为这首歌曲谱写伴奏曲，以便能在今晚家里举行的社交集会上，和其他的歌曲一起演唱给家中的朋友们听。为自己甜美的男高音而自豪的迪特里希市长现在开始仔细地琢磨起这首歌来。4月26日晚上，在市长的客厅里，为那些经过特地挑选的上流社会人士首次演唱了这首歌——而这首歌却是在这一天的凌晨刚刚作词和谱曲完毕的。

听众们都友好地鼓了掌，好像这是对在座的作者表示礼貌的祝贺所必不可少的。不过，坐在布罗伊广场旁的布罗伊饭店里的客人们显然没有丝毫的预感：一首不朽的歌曲借着它的无形翅膀已飞降到他们所生活的世界。同代人往往很难一眼就看出一个人的伟大或一部作品的伟大。甚至连市长夫人也并未意识到这是一个非凡时刻。这一点可以从她给自己兄弟的一封信中得到佐证。她在信中竟把一件奇迹轻描淡写地说成是一件社交界发生的事。她在信中说："你知道，我们在家里招待了许多人，总要想出些主意来换换消遣的花样，所以我丈夫想出了一个主意：让人给一首即兴歌词谱曲，工程部队的鲁热·德·利尔上尉是一位和蔼可亲的诗人兼作曲家，他很快就创作出了一首军歌的音乐，而我的丈夫又是一位优秀的男高音，他即刻就演唱了这首歌，这首歌很有魅力，富有特色，唱得也相当好，生动活泼。我也尽了一分力量，发挥了我撰写协奏曲的才能，为钢琴和其他乐器的演奏写了总谱，忙得不亦乐乎。这首歌已经在我们这里演奏过了，社交界认为相当不错。"

"社交界认为相当不错"——这句话在我们今天看来，是相当冷淡的，这仅仅是表示一种好的印象和不痛不痒的赞许罢了。不过在当时却是完全可以理解的，因为马赛曲在第一次演出时不可能真正显示出它的力量。马赛曲不是一支为甜润的男高音而创作的演唱歌曲，它也不适合在小资产阶级沙龙里夹在浪漫曲和意大利咏叹调之间用与众不同的腔调来演唱。它是一首节拍强烈、慷慨激昂、富于战斗性的歌曲。"公民们，武装起来！"——这是面向群众，面向成群结队的人唱的，这首歌的真正协奏曲是叮当作响的武器、嘹亮的军号、齐步前进的团队。这首歌不是为那些冷静地坐在那里进行欣赏的听众而创作，而是为那些共同行动、共同进行战斗的人而创作的。这首歌既不适合女高音独唱家，也不适合男高音独唱家演唱，它适合成千的群众齐唱。它是一首典型的进行曲、胜利的凯歌、哀悼之歌、祖国的颂歌、全国人民的国歌。因为这首歌正是从全国人民最初的激情中诞生的，是那种激情赋予鲁热这首歌以极强的鼓舞力量。只不过当时这首歌还没有引起广泛流传的热潮。它的歌词还没有引起神奇的共鸣，它的旋律还没有进入到全国人民的心坎里，军队还不知道自己的这首进行曲和凯歌，革命还不知道自己的这首不朽战歌。

即便是一夜之间奇迹降临到自己身上的人——鲁热·德·利尔也和其他人一样，没有料想到自己在那一天夜里像一个梦游者一般在偶然降临的神明的指引下创造了什么。他——一个胆大得可爱的外行人士自然打心眼里感到高兴，因为邀请来的客人们在热烈鼓掌，在彬彬有礼地向他这位作者祝贺。他怀着一种小人物的小小虚荣心，想在自己的这个小地方竭力显耀这项小小的成就。他在咖啡馆里为自己的战友们演唱这支新曲，让人抄写复本，分送给莱茵军的将军们。在此期间，斯特拉斯堡的乐团根据市长的命令和军事当局的建议排练了这首《莱茵军战歌》[1]。四天以后，当部队出发时，斯特拉斯堡国民自卫军的军乐团在大广场上演奏这支新的进行曲。斯特拉斯堡的出版社负责人带着爱国情绪宣布，他已准备印行这首《莱茵军战歌》，因为这首战歌是卢克纳将军[2]的一位部下怀着敬意献给这位将军的。可是，在莱茵军的将军们中间，没有哪位将军想过在进军时真正演奏或歌唱这首歌，所以看来，"前进，前进，祖国的儿郎们！"——这歌声就像鲁热迄今所作的一切努力一样，只不过是沙龙里一天的成功，它只不过是地方上发生的一件事，不久就被人们忘却。

然而，一件作品的固有力量是从来不会被长期埋没或禁锢的。一件艺术作品纵然可能会被时间所遗忘，可能会遭到禁止和被彻底埋葬，但是，富有生命力的东西最终总会战胜没有生命力的东西。这首莱茵军战歌沉寂了一两个月。歌曲的印刷本和手抄本始终在一些无关紧要的人手里流传。不过，倘若一件作品能真正激起人的热情，哪怕是激起一个人的热情，那也就足够了，因为任

1.《马赛曲》最初的名字。

2. 尼古劳斯·卢克纳：在法国部队中服役的德国人，后成为法国元帅，法国大革命的支持者，1792年担任莱茵军司令，后于1794年被送上断头台。

何一种真正的热情本身还会激发出创造力。离开北部的斯特拉斯堡，在法国南端的马赛，宪法之友俱乐部[1]于6月22日为出发的志愿人员举行宴会。长桌旁坐着500名穿着国民自卫军新制服的血气方刚的年轻人，此刻，弥漫在他们中间的情绪与4月25日的斯特拉斯堡一模一样，只是由于马赛人那种南方气质而变得更热情、更激烈，更冲动，而且也不像宣战的起初那样虚夸自己必胜。因为这些革命的法国部队同那些高谈阔论的将军们不同，他们是刚从莱茵河那边撤回来的，而且沿途到处受到过欢迎。此刻，敌人已深入挺进到法国的领土，自由正受到威胁，自由的事业正处在危险之中。

宴会进行之际，突然有一个人，他叫米勒[2]，是蒙彼利埃[3]医学院的学生，他将玻璃杯用力往桌子上一放，站起身来。所有的人顿时安静下来，眼望着他。大家以为他要讲话或者致辞。然而，这个年轻人却没有讲话，而是挥动着右手，唱起一首新的歌曲。这首歌大家都没有听到过，而且谁也不知道这首歌是怎么到他手里的。"前进，前进，祖国的儿郎们！"此时此刻，这歌声犹如电火花插进了火药桶。情绪与感受，宛若正负两极接触在一起，产生了火花。所有这些明天出发的年轻人，他们要去为自由而战，准备为祖国献身，他们觉得这些歌词表达了他们内心最深

---

1. 即雅各宾派或雅各宾俱乐部的正式名称。
2. 弗朗索瓦·米勒：原是医生，后入伍，1798年晋升为将军，在拿破仑的埃及部队中服役，后在与阿拉伯骑兵的战斗中丧生。他因将《马赛曲》唱响全国而被尊为民族英雄。
3. 蒙彼利埃：法国南部城市，濒临地中海，是法国著名的避寒胜地。蒙彼利埃还是法国著名的大学城，蒙彼利埃医学院是世界上最早的高等医科类学校。

切的愿望，表达了他们最根本的想法。歌声的节奏使他们不由自主地产生了一种共同的激奋。每一段歌词都受到欢呼，这首歌不得不唱了一遍又一遍。曲调已经变成了他们自己的旋律，他们激动地站起来，高举玻璃杯，雷鸣般地一起唱着副歌："公民们，武装起来！公民们，投入战斗！"街上的人好奇地凑过来，想听一听这里的人如此热烈地在唱些什么，最后他们自己也跟着一起歌唱。第二天，成千上万的人都在哼着这首歌。他们散发新印的歌单，而当7月2日那500名义勇军出发时，这首歌也就随着他们不胫而走了。当他们在公路上感到疲劳时，当他们的脚步变得软弱无力时，只要有一个人带头唱起这首颂歌，它那动人的节拍就会赋予大家以崭新的力量。当他们行军穿过村庄时，唱起这首歌，就会使村民们惊讶，他们好奇地聚集在一起，跟着他们一起合唱这首歌。这首歌已经成了他们的歌。他们根本不知道，这首歌原本是为莱茵军而作的，他们也不知道这首歌是谁写的和什么时候写的，他们把这首颂歌看作是他们自己营队的圣歌，看作是他们生和死的信条。这首歌就像那面军旗一样，是属于他们的，他们要在斗志昂扬的进军中把这首歌传遍世界。

马赛曲——鲁热的这首颂歌不久将得到这样的名称——的第一次伟大胜利是在巴黎。7月30日，当马赛来的营队从郊区进入巴黎时，就是以军旗和这首歌为前导的。成千上万的人已站在街头等待，准备隆重地迎接他们。现在，当马赛人——500名男子一遍又一遍地唱着这首歌，迈着同口中所唱歌曲同样节奏的步伐愈走愈近时，所有的人都在悉心谛听，马赛人唱的是一支什么美妙动听的颂歌呢？伴随着阵阵鼓声，它像一声号角，搅动着所有人的心弦："公民们，武装起来！"两三个小时以后，它的副歌已在所有的大街小巷回响。那首《我们能行》的歌已被人忘却；旧的进行曲、那些唱烂了的旧歌曲均被抛到九霄云外；因为革命找到了自己所需要的声音，革命找到了它自己的歌。

于是，这歌声像雪崩似地扩散开去，势不可挡。在宴会上、在剧院和俱乐部里都在唱着这首颂歌，后来甚至在教堂里，当唱完赞美诗后也会唱起这首歌来，不久它竟取代了赞美诗。一两个月以后，马赛曲已成为全民之歌、全军之歌。共和国第一任军事部长塞尔旺[1]以智慧的眼光认识到，这样一首无与伦比的民族战歌所具有的振奋人心、鼓舞斗志的力量。于是他下了一道紧急命令：印刷十万份歌本，发到军中所有的小队。这位当时还不知名的作者所创作的歌曲就这样在两三天之间发行量远远超过莫里哀[2]、拉辛[3]、伏尔泰[4]的所有作品。在当时，没有一个节日不是用马赛曲来结束的，没有一次战斗不是先由团队的乐队来演奏这首自由的战歌的。当许多团队在热马普[5]和内文登[6]等地发起决定性的冲锋时，就是齐声高唱着这首战歌而进行编队的。而那些只会用

---

1. 塞尔旺：法国将军，曾在大革命期间两次出任军事部长。
2. 莫里哀：法国喜剧作家，以情节精巧、语言诙谐见长。
3. 拉辛：法国剧作家，以悲剧为主，与莫里哀和高乃依并称为17世纪最伟大的法国剧作家。
4. 伏尔泰：法国哲学家、作家，法国启蒙运动的领袖，对法国大革命影响很大。
5. 热马普：比利时地名，1792年法国军队在此击败了奥地利部队，进而占领了比利时大部。
6. 内文登：比利时地名，1793年奥地利军队在此击败了法国军队，联军入侵法国的行动由此展开。

双份的烧酒这种老办法去刺激自己士兵的敌军将领们则惊奇地发现,当这些成千上万的士兵同时高唱着这首军歌,像咆哮的海浪向他们的队形冲去时,简直无法阻挡这首"可怕"的颂歌所产生的爆炸力量。眼下,马赛曲就像长着双翅的胜利女神[1],在法国的所有战场上翱翔,给无数的人带来热情和死亡。

其时,鲁热——一个名不见经传、修筑工事的上尉却坐在于南格[2]的一个小小驻地的营房里,一本正经地画着防御工事的图纸。也许他早已把自己在 1792 年 4 月 26 日那个业已消逝的夜里创作的这首《莱茵军战歌》忘却了,而当他在报纸上看到那首风暴般征服了整个巴黎的战歌时,他简直不敢相信,这首充满必胜信心的"马赛人之歌"中的一词一句和每一个节拍只不过是那天夜里在他心中和身边发生的奇迹而已。因为命运竟是这样无情地嘲弄人:虽然乐曲响彻云霄、缭绕太空,但它却没有把任何个人——即没有把创作出这首乐曲的人捧上天。全法国没有一个人关心这位鲁热·德·利尔上尉。这首歌也像别的歌一样,所赢得的巨大荣誉依然属于歌曲本身,连一点荣誉的影子都没有落到它的作者鲁热身上。印歌词的时候,没有把他的名字一起印上。他自己也完全习惯于不被人敬重,并且也不为此而懊恼。因为这位革命圣歌的作者自己却不是一个革命者——这种奇怪的现象也只有历史本身才创造得出来。他虽然曾用自己的这首不朽歌曲推动

---

1. 胜利女神:希腊神话中的胜利女神,是宙斯与雅典娜的从神,罗马神话中称之为"维多利亚"。在古希腊与罗马艺术作品中,通常被表现为一个带翅膀的女神形象。
2. 于南格:法国靠近瑞士边境的小镇,该地的标志性建筑就是兴建于 1679 年的军事要塞。

过革命，而现在，他却要竭尽全力来重新阻止这场革命。当马赛人和巴黎的暴动民众唱着他的歌，猛攻杜伊勒里宫和推翻国王的时候[1]，鲁热·德·利尔对革命已十分厌倦，他拒绝为共和国效忠，他宁愿辞去自己的职务，也不愿为雅各宾派服务。在他的那首颂歌中，关于"渴望珍贵的自由"那一句歌词，对这位耿直的人来讲并不是一句空话。他对法国国民议会里出现的新的暴君与独裁者无比憎恨，毫不亚于他对国界那边的国王和皇帝们所怀的仇恨。而当他的朋友，对马赛曲的诞生起过重大作用的迪特里希市长，还有这首乐曲的献词对象卢克纳将军，以及所有那天晚上作为马赛曲第一批听众的军官们与贵族们，一个接一个被送上断头台的时候，他公开向罗伯斯庇尔的公安委员会[2]发泄了自己的不满。不久，发生了更为荒唐的事：这位革命的诗人自己也被作为反革命而遭逮捕，被控犯有叛国罪。只是到了热月9日[3]罗伯斯庇尔被推翻，监狱的大门被打开，才使法国革命免却莫大的耻辱：把这次革命的不朽歌曲的作者送交"国民的剃刀"[4]。

如果当时鲁热真的被处死了，可以说是死得英勇而又壮烈，而不会像他以后生活得那么潦倒，那么不清不白。因为这个不幸的鲁热在他三十余年的生涯中，虽然度过了成千上万的日子，但是只过了一天真正具有创造性的日子。后来，他被赶出了军队，

---

1. 指 1792 年 8 月 10 日，路易十六在这一天被逮捕。
2. 公安委员会：1793—1795 年间法国大革命的最高权力机关。
3. 热月：法国大革命时期使用的共和历的第 11 个月，指 7 月 19 日至 8 月 18 日，热月九日即为 1794 年的 7 月 27 日，热月政变发生的那一天。
4. 指断头台。

退休金被取消；他所写的诗歌、歌剧、歌词均未能出版和演出。这个半瓶子醋曾擅自闯进不朽者的行列，对此，命运没有原谅他。这个小人物后来干过各色各样小行当，有的并非十分干净，他困苦地度过了自己渺小的一生。卡诺[1]和后来的拿破仑曾出于同情想帮助他，但都没有成功。那一次偶然的机缘曾使他当了三小时的神明和天才，然后又轻蔑地被重新抛回到微不足道的卑微地位，这是多么残酷，残酷的命运也使得他的性格像中了毒似的变得无可救药的乖戾，他对所有的当权者都愤愤不平、牢骚满腹。他给想帮助他的拿破仑写了一些措辞激烈而且十分无礼的信，公开表示他为在全民投票时投了反对拿破仑的一票而引以为豪。他经营的生意把他卷入到一些不光彩的事件中去，甚至为了一张空头支票而不得不进入圣佩拉杰[2]的债务监狱。他到哪里都不受欢迎，被债主跟踪追迹，不断受到警察的侦查，最后匿姓埋名隐居在外省的某个地方。与世隔绝，被人忘却，他只能像躲在坟墓里一样偷听着外界自己那首不朽之歌的命运。他听说《马赛曲》随着战无不胜的军队进入到欧洲的所有国家，然后他又听说拿破仑眼看自己就要当上皇帝而事先把这首过于革命化的《马赛曲》从所有的节目单上取消，一直到他听说波旁王朝的后裔完全禁止了这首歌。只是过了一代人的时间以后，当 1830 年"七月革命"[3]爆发时，他

---

1. 拉扎尔·卡诺：法国政治家、军事家与数学家，"热月政变"后当选为督政府五名督政官之一，是法国革命军队的缔造者。
2. 圣佩拉杰：1790—1899 年间巴黎的一处监狱，大革命期间很多名人都曾被关押于此。
3. 七月革命：指 1830 年法国人民起来推翻复辟的波旁王朝统治，是 1830 年欧洲革命浪潮的序曲。

写的歌词和他谱的乐曲重又在巴黎的街垒中恢复了旧有的力量，资产阶级国王路易·菲利普[1]把他当作一位诗人而给他一笔小小的养老金。人们还记得他，虽然只是依稀的记忆，但是这个被人忘却的、下落不明的老人却觉得这简直像做梦。当他于1836年以76岁的高龄在舒瓦西勒鲁瓦[2]去世时，已经没有人再叫得出或知道他的名字了。然而，又过了一代人的时间，在第一次世界大战期间，由于马赛曲早已成为法国国歌，在法国的所有前线重又响起马赛曲的战斗歌声，于是这位小小上尉的遗体被安葬在荣誉军人院[3]里，同另一个小小的少尉拿破仑的遗体比邻。这样，这位创作了一首不朽之歌而本人却极不出名的作者，终于得以在那个曾让他感到失望的祖国的这块荣誉墓地里长眠，而他仅仅只是一夜的诗人罢了。

---

1. 路易·菲利普：法国国王，1830—1848年在位，原为奥尔良公爵，在波旁王朝的查理十世被推翻后，他在资产阶级的支持下登上王位，后于1848年二月革命被推翻，逃往英国。
2. 舒瓦西勒鲁瓦：法国地名，位于巴黎东南。
3. 荣誉军人院：巴黎著名建筑，建于1670年，拿破仑的遗体安葬于此处的教堂，这里也是多个博物馆的所在地。

决定世界的一分钟

时间：1815 年 6 月 18 日

事件：滑铁卢战役

核心人物：拿破仑

　　1927 年，茨威格这本书首次出版时，其实只收录了五个故事。分别是《决定世界的一分钟》《年老与爱情》[1]《发现黄金国》《英雄的时刻》与《壮志未酬》[2]。而本文实际上是这本书所有 14 篇历史速写中的第一篇，后来因为新故事的增加，出于时间顺序的安排而放在了目前的位置。但其实这篇历史随笔最为符合茨威格关于历史的看法。本书译为《人类群星闪耀时》，德语原文是 Sternstunden der Menschheit。Sternstunden 一词的原意是指一个人某方面发展的高潮时刻或具有转折性的时刻，是一些幸福且颇具宿命色彩的瞬间。而茨威格拓宽了这个词的用法，将它用于描述人类历史发展中各种关键性时刻，就像他在前言中所谈到的那

---

1. 茨威格的原标题为"玛丽恩巴德哀歌"。
2. 茨威格的原标题为"南极点之争"。

样："这种命运攸关的时刻充满戏剧性，在个人的一生及历史的进程中都是难得出现的；这种时刻可能集中在某一天、某一时，甚至常常发生在某一分钟，但它们的决定性影响却是超越时间的。"而茨威格首先想到的就是在整个欧洲历史上最具传奇色彩的拿破仑及其滑铁卢战役。

拿破仑的大名毋庸赘述，而他最后的失败也让无数的后来者扼腕叹息。他在欧洲战争史上几乎是战神一样的人物，他在滑铁卢战役的失败也成就了英国威灵顿公爵的赫赫威名。关于这场战役失败的原因，无数的人都在寻找。很多人认为是他年事已高，耽误了整整半天的时间。而更为重要的是，他重新统治法国才只有 100 天，根基未稳，即使赢了这场战役，在实力更为强大的同盟军面前，他未必能够坚持太久，失败乃是必然。而作为一个作家，茨威格却更愿意相信偶然与命运，更愿意认为这一失败乃是因为某个平庸人物在某一瞬间的错误决定。毕竟，拿破仑的英雄人格感染了无数的欧洲人，而后人都不希望这一切是因为他们的英雄自身的错误。但不管怎么说，历史充满了无数的可能性，这也许就是我们永远喜欢讨论历史的原因吧。

——译者

命运总是对强力人物和残暴专横者趋之若鹜。它会长年使自己屈从于某个个人的意志：例如恺撒、亚历山大、拿破仑。因为命运喜欢这些狂暴任性的人物，这些人和它本身很相似，都是一样的不可捉摸。

但是有时候，当然，这在任何时代都是极为罕见的，命运也会出于一种奇怪的心情，把自己抛到某个平庸之辈的手中。有时候——这是世界历史上最令人惊奇的时刻——命运之线会在某个瞬间掌握在一个窝囊废手中。英雄们的世界游戏像一阵风暴似的也把那些平庸之辈卷了进来。但是当重任突然降临到他们身上时，与其说他们感到庆幸，毋宁说他们更感到骇怕。他们几乎都是哆哆嗦嗦地把抛过来的命运又重新从手中放开。一个平庸之辈能抓住机缘使自己平步青云，这是很难得的。因为伟大的事业降临到渺小人物的时间，仅仅是短暂的一瞬。谁错过了这一瞬间，它绝不会再恩赐第二次。

格鲁希

维也纳会议[1]正在举行。在交际舞会、调情嬉笑、玩弄权术和互相争吵之中，突然有一个消息如炮弹般炸裂开来：拿破仑，这头被困的雄狮从厄尔巴岛[2]的牢笼中闯出来了。紧接着，其他的信使也骑着马飞奔而来：拿破仑占领了里昂；他赶走了国王；军队又都狂热地举着旗帜投奔到他那一边，他回到了巴黎；他住进了

---

1. 维也纳会议：1814 年 9 月 18 日至 1815 年 6 月 9 日，在奥地利首相梅特涅的倡议下召开的欧洲列强的外交会议。其目的是重建因拿破仑战争而被推翻的旧王朝与封建秩序，同时对欧洲的领土与领地重新进行瓜分。
2. 厄尔巴岛：地中海中的意大利岛屿，位于科西嘉与意大利之间，1814 年 5 月 3 日至 1815 年 2 月 26 日，第一次被废黜的拿破仑被流放于此。

杜伊勒里王宫。——莱比锡大会战[1]和二十年生灵涂炭的战争[2]全都白费了。好像被一只利爪攫住，那些刚刚还在互相抱怨和争吵的大臣们又都聚集在一起，急急忙忙抽调出一支英国军队、一支普鲁士军队、一支奥地利军队、一支俄国军队。他们现在要再次联合起来，彻底击败这个篡权者。欧洲合法的皇帝和国王们从未如此地惊慌失措。威灵顿[3]开始从北达向法国进军，一支由布吕歇尔[4]统率的普鲁士军，作为他的增援部队从另一方向前进。施瓦岑贝格[5]在莱茵河畔整装待发；而作为后备军的俄国军团，正带着全部辎重，缓慢地穿过德国。

拿破仑一下子就看清了这种致命的危险。他知道，在这些猎犬集结成群之前绝不能袖手等待。他必须在普鲁士人、英国人、奥地利人联合成为一支欧洲盟军并且毁灭他的帝国之前就将他们分而攻之，各个击破。他必须行动迅速，不然的话，他将无法平息国内的不满情绪。他必须赶在共和党人重整旗鼓并同保王党人[6]联合起来之前就取得胜利。他必须赶在那个奸诈多变的两面派富

1. 莱比锡大会战：1813年10月，拿破仑率军18万与各国联军30万在德国莱比锡附近会战，最终法国战败。这是拿破仑战争中最激烈的战役，它标志着拿破仑帝国开始崩溃。
2. 指法国大革命以及拿破仑战争所导致的一系列欧洲局势动荡，大约从1793年至1815年。
3. 威灵顿：英军统帅、公爵、维也纳会议的英国代表，与布吕歇尔一起在滑铁卢击败了拿破仑。1828—1846年间曾多次出任英国的首相与部长。因为击败拿破仑，他一共获得七个国家的元帅军衔。有趣的是，他与拿破仑同龄。
4. 布吕歇尔：普鲁士陆军元帅，因积极勇猛的风格而被称为"前进元帅"。
5. 施瓦岑贝格：亲王，奥地利陆军元帅，外交家。
6. 由于拿破仑称帝，所以一方面遭到了原来支持波旁王朝的保王党人的反对，另一方面那些支持共和制的共和党人也强烈反对。

歇[1]以及与他一丘之貉的塔列朗[2]结成同盟并从背后捅他一刀之前就班师凯旋。他必须充分利用自己军队的高涨热情，一鼓作气就把敌人统统解决掉。每拖一天都是损失，每拖一小时都是危险。于是，他就匆匆忙忙把赌注压在欧洲流血最多的战场——比利时——上面。6月15日凌晨3时，拿破仑大军（现在也是仅有的一支军队）的先头部队越过边界，进入比利时。16日，他们在林尼[3]与普鲁士军遭遇，并将普军击败。这是这头雄狮闯出牢笼之后的第一次猛击，这一击非常厉害，然而却并不致命。被击败但却未被消灭的普军向布鲁塞尔撤退。

现在，拿破仑准备第二次攻击，即向威灵顿的部队进攻。他不允许自己喘息，也不给对方喘息的机会，因为每拖延一天，就意味着给对方增添力量。而胜利的捷报将会像烈性烧酒一样，使自己身后的祖国以及流尽了鲜血的不安的法国人民如醉若狂。17日，拿破仑率领全军到达四臂村[4]的山丘地带前，威灵顿，这个头脑冷静、意志坚强的对手已在高地上筑好工事，严阵以待。而拿破仑的一切部署也从未有像这一天那样的细致周到。他的军令也从未有像这一天那样的清楚明白。他不仅反复斟酌进攻的方案，

---

1. 富歇：拿破仑帝国警务大臣，法国警察组织的建立者，一生唯利是图，屡次更换政治立场与阵营，先是雅各宾派的重要人物，然后在拿破仑手下成为警务大臣，1814年后又为复辟的波旁王朝效命，拿破仑"百日王朝"时又重新担任警务大臣，最后被驱逐。
2. 塔列朗：法国政治人物，外交家。贵族出身，为人老谋深算，权变多诈。一生多次转换政治立场与阵营，很多人都把他视为危险的"阴谋家"和"叛变者"。
3. 林尼：比利时小镇，因拿破仑的"林尼战役"发生于此而闻名，这也是拿破仑赢得的最后一场胜利。
4. 四臂村：位于比利时尼韦尔地区，因1815年6月16日威灵顿与法国元帅内伊之间的战斗而闻名，法国骑兵的进攻因普英两国步兵的顽强抵抗而最终失败。

而且也充分估计到自己可能面临的各种危险，即布吕歇尔的军队仅仅是被击败，但却并未被消灭。他的军队随时都有可能与威灵顿的军队会合。为了防止这种可能性，拿破仑抽调出一部分部队去跟踪追击普鲁士军，以阻止他们与英军会合。

他把追击的任务交给了格鲁希[1]元帅指挥。格鲁希，一个中庸的男子，老实可靠，兢兢业业，当他任骑兵队长时，常常被证明是称职的。然而他也仅仅是一位骑兵队长而已。他既没有缪拉[2]那样的胆识魄力，也没有圣西尔[3]和贝尔蒂埃[4]那样的足智多谋，更缺乏内伊[5]那样的英雄气概，关于他，没有神话般的传说，也没有谁把他描绘成威风凛凛的勇士。在拿破仑的英雄传奇中，他没有显著的业绩使他赢得荣誉和地位。使他闻名于世的，仅仅是他的不幸和厄运。他从戎二十年，参加过从西班牙到俄国、从尼德兰到意大利的各种战役。他是缓慢地、一级一级地升到元帅的军衔。不能说他没有成绩，但却无特殊的贡献。是奥地利人的子弹、埃及的烈日、阿拉伯人的匕首、俄国的严寒，使他的前任相继丧命

1. 格鲁希：拿破仑晋升的最后一位元帅。当时他负责指挥法军的右翼军团，大约5万人。
2. 缪拉：法国元帅，迎娶了拿破仑的妹妹卡洛琳娜，1808—1815年担任那不勒斯国王，以作战勇猛著称。
3. 圣西尔：法国元帅，是出色的战术家。
4. 贝尔蒂埃：法国元帅，是著名的参谋长。
5. 内伊：法国元帅，作战英勇顽强，曾在多次战役中拯救过法军的命运。

（德塞[1]在马伦哥[2]，克莱贝尔[3]在开罗，拉纳[4]在瓦格拉姆[5]），从而为他腾出了位置。他不是青云直上，年纪轻轻就获得最高的军衔，而是经过了二十年战争的煎熬。

拿破仑大概也知道，格鲁希既不是气吞山河的英雄，也不是运筹帷幄的谋士，他只不过是一个老实可靠、循规蹈矩的人。但是他自己的元帅，一半已在黄泉之下，而其余几位已对这种没完没了、风餐露宿的戎马生活十分厌倦，正悒悒不乐地待在自己的庄园里呢。所以，拿破仑是出于无奈才对这个中庸的男子委以重任。

6月17日，林尼一役胜利后的第一天，也是滑铁卢战役的前一天，上午十一时，拿破仑第一次把独立指挥权交给格鲁希元帅。就在这一天，在这短暂的瞬间，唯唯诺诺的格鲁希得以跳出一味服从的军人习气，自己走进世界历史的行列。这不过是短暂的一瞬间，然而又是怎样的一瞬间呵！拿破仑的命令是清楚的：当他

---

1. 德赛：拿破仑麾下最出色的将军，是拿破仑一生中最重要战役马伦哥战役能够取得胜利的最重要将领，可惜在此次战役中不幸丧生。"奥地利人的子弹"指的就是德赛的死因。

2. 马伦哥：位于意大利西北部亚历山德里亚市境内，1800年拿破仑曾在此击败奥地利，是其最引以为傲的一场战役。

3. 克莱贝尔：法国将军，在拿破仑返回法国之后受命全权指挥在埃及的法军，曾以寡敌众，夺回了开罗。不幸被一名叙利亚青年刺杀。"阿拉伯人的匕首"指的就是克莱贝尔的死因。巧合的是，克莱贝尔与德赛均于1800年6月14日那天不幸遇难。

4. 拉纳：法国元帅，作战勇猛顽强，从1796年起参与了拿破仑的所有战役，在第三次法奥战争时不幸受伤，后因感染致死。他是第一位在战场上阵亡的法国元帅。但茨威格此处记述有误，拉纳并非死于瓦格拉姆，而是在维也纳近郊，而且与俄国的严寒也没有关系。

5. 瓦格拉姆：下奥地利地区的一座城市，1809年拿破仑在此再次击败奥军，摧毁了第五次反法同盟。

自己向英军进攻时，格鲁希务必率领交给他的三分之一兵力去追击普鲁士军。这似乎是一项简单的任务，因为它既不曲折也不复杂。然而即便是一柄剑，也是双刃的！因为在向格鲁希交代追击任务的同时，他还交代清楚：他必须始终和主力部队保持联系。

格鲁希元帅踌躇地接受了这项命令。他不习惯独立行事。只是当他看到皇帝分派任务时那天才的目光，才感到心里踏实，他不假思索地应承下来。此外，他好像从自己手下将军们的背后感觉出他们的不满。当然，也许还有命运的翅膀在暗中拨弄他呢。总之使他放心的是，大本营就在附近。只需三小时的急行军，他的部队便可和皇帝的部队会合。

格鲁希的部队在瓢泼大雨中出发。士兵们在软滑的泥泞地上缓慢地向普军行动。或者至少可以说，他们是朝着布吕歇尔部队所在地的方向前进。

卡由[1]的夜里

来自北欧的暴雨下个不停。拿破仑的师团步履艰难地在黑暗中前进，个个浑身湿透。每个人的靴底上至少有两磅烂泥。没有任何蔽身之处，没有人家，没有房屋。连麦秆稻草也都是湿淋淋的，无法在上面躺一下。于是只好让十个或十二个士兵背靠背地坐在地上，直着身子在滂沱大雨中睡觉。皇帝自己也没有休息。

---

1. 卡由：滑铁卢附近的一处农庄名。

他心焦如焚，坐卧不安，因为在这什么也看不见的天气中，无法进行侦察。侦察兵的报告都含糊不清。况且，他还不知道威灵顿是否会迎战，格鲁希那里又没有任何关于普军的消息传来。夜里1点钟，拿破仑不顾呼啸的骤雨，一直走到英军炮火射程之内的阵地前沿。雾气蒙蒙中，隐现出英军阵地上的稀薄灯光。拿破仑一边走着一边考虑进攻方案。拂晓，他才回到卡由的小木屋里，这就是他极其简陋的统帅部。他在这里看到了格鲁希送来的第一批报告。报告中关于普军撤退去向的消息含含糊糊，尽是一些故意宽慰人的承诺：正在继续追击普军。雨渐渐停了，皇帝在房间里焦虑地走来走去，不时凝望着黄色的地平线，看看远处的一切是否最终能显现清楚，从而好使自己下决心。

清晨五点钟，雨全停了，妨碍下决心的胸中迷雾似乎也消散了，皇帝终于下达命令：全军务必在9点钟作好总攻准备。传令兵向四面八方奔去，不久就响起了集合的鼓声。这时，皇帝才在自己的行军床上躺下，他要睡两个小时。

滑铁卢[1] 的上午

时间已是上午9点钟。但部队尚未全部到齐。下了三天的雨，地上又湿又软，行路困难，妨碍了炮兵的转移。太阳渐渐地从阴云中露出来，照耀着大地。空中刮着大风。今天的太阳可不像当

1.滑铁卢：位于比利时首都布鲁塞尔南部。

年奥斯特里茨[1]的太阳那样明媚灿烂，预兆着吉祥。今天的太阳只散射出淡黄色的微光，显得阴郁无力。这是北方的阳光。部队终于准备就绪，处于待命状态。战役打响以前，拿破仑又一次骑着自己的白色牝马，沿着前线，从头至尾检阅一番。战旗狂舞，骑兵们英武地挥动战刀，步兵们用刺刀尖挑起自己的熊皮军帽，向皇帝致意。所有的战鼓狂热地敲响，所有的军号都对着自己的统帅快乐地吹出清亮的号音。但是，盖过这一切响彻四方声音的，却是雷鸣般的欢呼声，它从各个师团滚滚而来。这是从七万士兵的喉咙里迸发出来的、低沉而又洪亮的欢呼声："皇帝万岁！"（Vive l'Empereur!）

　　二十年来，拿破仑进行过无数次检阅，但从未像这最后一次检阅这样的壮观和热烈。欢呼声刚一消失，11点钟——比预定时间晚了两小时，而这恰恰是致命的两小时！——炮手们接到命令，用榴弹炮轰击山头上的身穿红衣的英国士兵。接着，内伊——这位"勇士中的勇士"，率领步兵发起冲锋。决定拿破仑命运的时刻开始了。关于这次战役，曾经有过无数的描述。但人们似乎从未厌倦去阅读关于它的各种各样激动人心的记载。要么是司各特[2]气势恢宏的描写，要么是司汤达[3]短小精悍的叙述。这次战役，无论是从远看，还是从近看，无论是从统帅的山头上看，还是从盔

---

1. 奥斯特里茨：今天捷克境内的小城。1805 年，拿破仑以少胜多，在此击败了俄皇亚历山大一世与奥皇弗朗茨二世的联军，因为参战方是三位皇帝，又称"三皇之战"，是世界战争史上的著名战役。
2. 司各特：英国历史小说家和诗人，1815 年发表诗歌《滑铁卢战场》。
3. 司汤达：法国小说家，他描写滑铁卢的作品是 1839 年的《巴马修道院》。

甲骑兵的马鞍上看，它都是伟大的，具有多方面的意义。它是一部扣人心弦的、富于戏剧性的艺术杰作：一会儿陷入畏惧，一会儿又充满希望，两者不停地变换着位置，最后，这种变换突然成了一场灭顶之灾。这次战役是真正的悲剧典型，因为欧洲的命运全系在拿破仑这一个人的命运上，拿破仑的存在，犹如节日迷人的焰火，它像爆竹一样，在倏然坠地、永远熄灭之前，再次冲上云霄。

从上午 11 点至下午 1 点，法军师团向高地进攻，一度占领了村庄和阵地，但又被击退下来，继而又发起进攻。在空旷、泥泞的山坡上已经覆盖了一万具尸体。可是除了大量消耗以外，什么目的都没有达到。双方的军队都已疲惫不堪，双方的统帅都焦虑不安。双方都知道，谁先得到增援，谁就是胜利者。威灵顿等待着布吕歇尔；拿破仑盼望着格鲁希。拿破仑心情焦灼，不时端起望远镜，接二连三地派传令兵到格鲁希那里去；一旦他的这位元帅及时赶到，那么奥斯特里茨的太阳将会重新在法兰西上空照耀。

格鲁希的错误

但是，格鲁希并未意识到拿破仑的命运拿握在自己手中，他只是遵照命令于 6 月 17 日晚间出发，按预计方向去追击普鲁士军。雨已经停止。那些昨天才第一次尝到火药味的年轻士兵，在无忧无虑、慢腾腾地行走着，好像是在一个和平的国度里，因为敌人始终没有出现，被击溃的普军撤退的踪迹也始终没有找到。

正当格鲁希元帅在一户农民家里急急忙忙进早餐时，他脚底的地面突然微微震动起来。所有的人都悉心细听。从远处一再传来沉闷的、渐渐消失的声音，这是大炮的声音，是远处炮兵正在开炮的声音，不过并不太远，至多只有三小时的路程。几个军官用类似印第安人的姿势伏在地上，试图进一步听清方向。从远处传来的沉闷回声依然不停地隆隆滚来。这是圣让山[1]上的炮火声，是滑铁卢战役开始的声音。格鲁希征求意见。副手热拉尔[2]急切地表示："应该立即向开炮的方向前进！"第二个发言的军官也赞同说：赶紧向开炮的方向转移，一定要快！所有的人都毫不怀疑：皇帝已经向英军发起攻击了，一次重大的战役已经开始。可是格鲁希却拿不定主意。他习惯于唯命是从，他胆小怕事地死抱着写在纸上的文书，那是皇帝陛下的命令：追击撤退的普军。热拉尔看到他如此犹豫不决，便激动起来，急匆匆地说："赶紧前进啊！"这位副司令当着二十名军官和平民的面提出这样的要求，说话的口气简直像是在下命令，而不是在请求。这使得格鲁希非常不快。他用更为严厉和生硬的语气说，在皇帝撤回成命以前，他决不偏离自己的责任。军官们绝望了，而隆隆的大炮声却在这时不祥地沉默下来。

热拉尔只能尽最后的努力。他恳切地请求，至少能让他率领自己的第四军和若干骑兵到那战场上去。他说他能保证及时赶到。

---

1. 圣让山：滑铁卢战役的实际发生地，是战争双方争夺的高地。
2. 热拉尔：法国将军，后于 1830 年成为法国元帅。

格鲁希考虑了一下。他只考虑了一秒钟。

决定世界历史的一瞬间

　　然而格鲁希考虑的这一秒钟，却决定了他自己的命运、拿破仑的命运和整个世界的命运。在瓦尔海姆[1]的那间农舍里逝去的这一秒钟决定了整个 19 世纪。而这一秒钟全取决于这个迂腐庸人的一张嘴巴。这一秒钟全掌握在这双神经质地揉皱了皇帝命令的手中。——这是多么的不幸！倘若格鲁希在这刹那之间有勇气、有魄力、不拘泥于皇帝的命令，而是相信自己、相信显而易见的信号，那么法国也就得救了。可惜这个毫无主见的家伙只会始终听命于写在纸上的条文，而从不会听从命运的召唤。

　　格鲁希使劲地摇了摇手。他说，把这样一支小部队再分散兵力是不负责任的，他的任务是追击普军，而不是其他。就这样，他拒绝了这一违背皇帝命令的行动。军官们闷闷不乐地沉默了。在他周围鸦雀无声。而决定性的一秒钟就在这一片静默之中消逝了，它一去不复返，以后，无论用怎样的言辞和行动都无法弥补这一秒钟。——威灵顿已经胜利了。

　　格鲁希的部队继续往前走。热拉尔和旺达姆[2]愤怒地紧握拳头。不久，格鲁希自己也不安起来，随着时间一小时一小时地过

---

1. 瓦尔海姆：位于比利时让布卢北部的村庄。格鲁希部队大约于上午 11 点半左右到达该处并听到炮声。
2. 旺达姆：法国将军，以脾气暴躁著称。

去，他越来越没有把握，因为令人奇怪的是，普军始终没有出现。显然，他们撤离了退往布鲁塞尔去的方向。接着，情报人员报告了种种可疑的迹象，说明普军在撤退过程中已分几路转移到了正在激战的战场。如果这时候格鲁希赶紧率领队伍去增援皇帝，还是来得及的。但他只是怀着愈来愈不安的心情，依然等待着消息，等待着皇帝要他返回的命令。可是没有消息传来。只有低沉的隆隆炮声震颤着大地，炮声却愈来愈远。孤注一掷的滑铁卢搏斗正在进行，炮弹便是投下来的铁骰子。

滑铁卢的下午

时间已经到了下午 1 点钟。拿破仑的四次进攻虽然被击退，但威灵顿主阵地的防线显然也出现了空隙。拿破仑正准备发起一次决定性的攻击。他加强了对英军阵地的炮击。在炮火的硝烟如屏障似的挡住山头以前，拿破仑向战场最后看了一眼。

这时，他发现东北方向有一股黑压压的人群迎面奔来，像是从树林里窜出来的。一支新的部队！所有的望远镜都立刻对准了这个方向。难道是格鲁希大胆地违背命令，奇迹般地及时赶到了？可是不！——一个带上来的俘虏报告说，这是布吕歇尔将军的前哨部队，是普鲁士军队。此刻，皇帝第一次预感到，那支被击溃的普军为了抢先与英军会合，已摆脱了追击，而拿破仑自己却用了三分之一的兵力在空旷的土地上作毫无用处、毫无目标的行动。他立即给格鲁希写了一封信，命令他不惜一切代价赶紧与自己靠拢，并阻止普军向威灵顿的战场集结。

与此同时，内伊元帅又接到了进攻的命令。必须在普军到达以前歼灭威灵顿部队。获胜的机会突然之间大大减少了。此时此刻，不管下多大的赌注，都不能算是冒险。整个下午，他们向威灵顿所在的高地发起了一次又一次的冲锋。战斗一次比一次残酷，投入的步兵一次比一次多。他们几次冲进被炮弹炸毁的村庄，又几次被击退，随后又高擎着飘扬的旗帜向着已被击散的方阵蜂拥而上。但是威灵顿依旧岿然不动。而格鲁希那边却始终没有消息传来。当拿破仑看到普军的前卫正在渐渐逼近时，他心神不安地喃喃低语："格鲁希在哪里？他究竟在什么地方呢？"他手下的指挥官们也都变得急不可耐。内伊元帅已决定把全部队伍都拉上去决一死战，他的乘骑已有三匹被击毙，他是那样的鲁莽勇敢，而格鲁希又是那样的优柔寡断。内伊把全部骑兵投入战斗。于是，一万名殊死一战的盔甲骑兵和步骑兵踩烂了英军的方阵，砍死了英军的炮手，冲破了英军的最初几道防线。虽然他们自己再次被迫撤退，但英军的战斗力已濒于殆尽。山头上铁桶般的严密防线开始松散了。当受到重大伤亡的法军骑兵被炮火击退时，拿破仑的最后预备队——老近卫军正步履艰难地向山头进攻。欧洲的命运全系在能否攻下这一山头上。

决　战

从上午以来，双方的四百门大炮不停地轰击着。前线响彻骑兵队向开火的方阵冲杀的铁蹄声。从四面八方传来的咚咚战鼓声，震耳欲聋，整个平原都在颤动！但是在双方的山头上，双方的统帅似乎都听不见这嘈杂的人声。他们只是倾听着更为微弱的声音。

两只表在双方的统帅手中，像小鸟的心脏一般嘀嗒嘀嗒作响。这轻微的钟表声盖住了所有震天的吼叫声。拿破仑和威灵顿各自拿着自己的计时器，数着每一小时，每一分钟，计算着还有多少时间，最后的决定性的增援部队就该到达了。威灵顿知道布吕歇尔就在附近。而拿破仑则希望格鲁希也在附近。现在双方都已没有后备部队了。谁的增援部队先到，谁就赢得这次战役的胜利。两位统帅都在用望远镜观察着树林边缘。现在，普军的先头部队像一阵烟似的开始在那里出现了。难道这仅仅是一些被格鲁希追击的散兵游勇吗，还是被追击的普军主力？这会儿，英军只能作最后的抵抗了，而法国部队也已精疲力竭。就像两个气喘吁吁的摔跤手，双臂都已瘫软，在进行最后一次较量前，喘着一口气：决定性的最后一个回合已经来到。

普军的侧翼终于响起了枪击声。难道发生了遭遇战？只听见轻火器的声音！拿破仑深深地吸了一口气，"格鲁希终于来了！"他以为自己的侧翼现在已有了保护，于是集中最后剩下的全部兵力，向威灵顿的主阵地再次发起攻击。这主阵地就是布鲁塞尔的门闩，必须将它摧毁，这主阵地就是欧洲的大门，必须将它冲破。

然而刚才那一阵枪声仅仅是一场误会。由于汉诺威兵团穿着别样的军装，前来的普军向汉诺威士兵开了枪。但这场误会的遭遇战很快就停止了。现在，普军的大批人马毫无阻挡、浩浩荡荡地从树林里穿出来。——迎面而来的根本不是格鲁希率领的部队，而是布吕歇尔的普军。厄运就此降临了。这一消息飞快地在拿破仑的部队中传开。部队开始退却，但还有一定的秩序。而威灵顿却抓住这一关键时刻，骑着马，走到坚守住的山头前沿，脱下帽子，在头上向着退却的敌人挥动。他的士兵立刻明白了这一预示着胜利的手势。所有剩下的英军一下子全都跃身而起，向着溃退的敌人冲去。与此同时，普鲁士骑兵也从侧面向仓皇逃窜、疲于奔命的法军冲杀过去，只听得一片惊恐的尖叫声："各自逃命吧！"仅仅几分钟的工夫，这支曾拥有赫赫军威的部队变成了一股被人驱赶的抱头鼠窜、惊慌失措的人流。它卷走了一切，也卷走了拿破仑本人。策鞭追赶的盟军骑兵对待这股迅速向后逃窜的人流，就像对待毫无抵抗、毫无感觉的流水，猛击猛打。在一片惊恐的混乱叫喊声中，他们轻而易举就捕获了拿破仑的御用马车和全军的贵重财物，俘虏了全部炮兵。只是由于黑夜的降临，拿破仑的性命和自由才得以苟安。——直到半夜，满身污垢、头昏目眩的拿破仑才在一家低矮的乡村客店里，疲倦地躺坐在扶手软椅上，这时，他已不再是皇帝了。他的帝国、他的皇朝、他的命运全完了。他这个最有胆识、最有远见的人物在二十年里所建立起来的全部丰功伟绩，却被一个微不足道的小人物的怯懦彻底毁掉了。

跌落凡尘

当英军的进攻刚刚击溃拿破仑的部队，就有一个当时几乎名不见经传的人，乘着一辆特快的四轮马车向布鲁塞尔急驶而去，然后又从布鲁塞尔驶到海边。一艘船只正在那里等着他。他扬帆过海，以便赶在政府信使之前先到达伦敦。由于当时大家还不知道拿破仑已经失败的消息，他立刻进行了大宗的证券投机买卖。此人就是罗斯柴尔德[1]。他以这一机敏之举建立了另一个帝国，一个新的金融王朝。第二天，英国获悉自己胜利的消息，同时，巴黎的富歇——这个一贯依靠出卖发迹的家伙也知道了拿破仑的失败。这时，布普塞尔和德国都已响起了胜利的钟声。

到了第二天，只有一个人还丝毫不知滑铁卢发生的事，尽管他离这个决定命运的地方只有四小时的路程。他，就是造成全部不幸的格鲁希。他还一直死抱着那道追击普军的命令。奇怪的是，他始终没有找到普军。这使他忐忑不安。近处传来的炮声越来越响，好像它们在大声呼救似的。大地震颤着。每一炮都像是打进他的心里。现在人人都已明白这绝不是什么小小的遭遇战，而是一次巨大的战役，一次决定性的战役已经打响。

格鲁希骑着马，在自己的军官中间惶惑地奔来奔去。军官们都避免同他商谈，因为他们先前的建议完全被他弃之不理。

当他们在瓦夫尔[2]附近遇到一支孤立的普军——布吕歇尔的后

---

1. 即内森·罗斯柴尔德：著名的金融世家"罗斯柴尔德"家族成员，近代金融史上最具影响力的人物。传闻他在第一时间获知拿破仑战败后，故意在证券市场上释放假消息，让其他人误以为拿破仑战胜了威灵顿，于是大量抛售英国国债，使得内森可以用极低的价格买进，从而一举成为世界上最富有的人。但据历史学者考证，这是一个该家族故意制造的神话，事实并非如此。茨威格应该是受到这一神话的影响。
2. 瓦夫尔：比利时小城，位于布鲁塞尔东南 25 公里。

卫部队时，全都以为挽救的机会到了，于是发狂似的向普军的防御工事冲去。热拉尔一马当先，好像被一种不祥的预感所驱使在追寻着死亡。一颗子弹随即把他打倒在地。这个最喜欢提意见的人变成了重伤员。随着黑夜的降临，格鲁希的部队攻占了村庄，但他们似乎感到，对这支小小的后卫部队所取得的胜利，已经没有任何意义。因为那边的战场突然变得一片寂静。这是一种令人不安的寂静，可怕的和平，一种阴森森、死一般的沉默。所有的人都觉得，与这种咬啮神经的惘然沉默相比，倒不如听见隆隆的大炮声来得更好。格鲁希现在才终于收到那张拿破仑写来的要他到滑铁卢紧急增援的便条（可惜为时太晚了！）。滑铁卢一仗想必是一次决定性的战役，可是谁赢得了这次巨大战役的胜利呢？格鲁希的部队又等了整整一夜，完全是白等！从滑铁卢那边再也没有消息传来。好像这支伟大的军队已经将他们遗忘。他们毫无意义地站立在伸手不见五指的黑夜中，周围空空荡荡。清晨，他们拆除营地，继续行军。他们个个累得要死，并且早已意识到，他们的一切行军和运动毫无意义。上午 10 点钟，总参谋部的一个军官终于骑马奔驰而来。他们扶他下马，向他提出一大堆问题，可是他却满脸惊慌的神色，两鬓头发湿漉漉的，由于过度紧张，全身颤抖着。至于他结结巴巴说出来的话，尽是他们听不明白的，或者说，是他们无法明白和不愿意明白的。他说，再也没有皇帝了，再也没有皇帝的军队！法兰西失败了……这时，所有的人都把他当成疯子，当成醉汉。然而他们终于渐渐地从他嘴里弄清了全部真相，听到了他那令人沮丧，甚至使人瘫痪的报告。格鲁希面色苍白，全身颤抖，用军刀支撑着自己的身体。他知道自己殉难成仁的时刻来临了。他决心承担起力不从心的任务，以弥补自己的全部过失。这个唯命是从、畏首畏尾的拿破仑部下，在那关键的一秒中没有看到决定性的战机，而现在，眼看危险迫在眉睫，却又成了一个男子汉，甚至像是一个英雄。他立刻召集所有的军官，发表了一通简短的讲话——眼眶里噙着愤怒和悲伤的泪水。他在讲话中既为自己的优柔寡断辩解，同时又自责自怨。那些昨天还怨恨他的军官们，此刻都默不作声地听他讲话。本来，现在谁都可以责怪他，谁都可以自夸自己当时意见的正确。但是没有一个人敢这样做，也不愿意这样做。他们只是沉默，沉默。突如其来的悲哀使他们都成了哑巴。

错过了那一秒钟的格鲁希，在现在这一小时内又表现出了军人的全部力量——可惜为时已晚！当他重新恢复了自信而不再拘泥于成文的命令之后，他的全部崇高美德——审慎、干练、周密、责任心，都表现得淋漓尽致。他虽然被五倍于自己的敌军包围，却能率领自己的部队突围而去，而不损失一兵一卒，个丢失一门大炮——堪称卓绝的指挥。他要去拯救法兰西，去解救拿破仑帝国的最后一支军队。可是当他回到那里时，皇帝已经不在了。没有人向他表示感激，在他面前也不再有任何敌人。他来得太晚了！一失足成千古恨！尽管从表面看，格鲁希以后又继续升迁，他被任命为总司令、法国贵族院议员，而且在每个职位上都表现出魄力和才干。可是这些都无法替他赎回被他贻误的那一瞬间。那一瞬间原本可以使他成为命运的主人，而他却错过了机缘。

那关键的一秒钟就这样进行了可怕的报复。在尘世的生活中，这样的一瞬间是很少降临的。当它无意之中降临到一个人身上时，他却不知如何利用它。在命运降临的伟大瞬间，市民的一切美德——小心、顺从、勤勉、谨慎，都无济于事，它始终只对天才人物提出要求，并且将他造就成不朽的形象。命运鄙视地把畏首畏尾的人拒之门外。命运——这世上的另一位神灵，只愿意用热烈的双臂把勇敢者高高举起，送上英雄们的天堂。

年老与爱情

时间：1823 年 9 月 5 日

事件：玛丽恩巴德哀歌

核心人物：歌德（从卡尔斯巴德至魏玛的途中）

　　茨威格所选择的 14 个历史性时刻，标准其实非常主观。不过通过它们，我们还是可以大致看出作家本人的知识结构与研究旨趣。他所关注的主要有政治事件与战争，有地理发现与探险，有技术发明，同时由于他本人也是作家的缘故，所以他对于艺术上的一些关键时刻也非常重视。而这其中就包括他的楷模，同时也是所有德语作家与诗人都会顶礼膜拜的大诗人歌德。

　　诗人创作与爱情之间的关系乃是文学史研究的永恒话题。歌德在他 82 年漫长的生涯里，每个阶段都有他为之激情燃烧的女性，从初恋弗里德莉克，到订婚又解约的莉莉，再到给他引领与教导的施泰因夫人，还有他的妻子克莉丝汀，他为每个女人都留下了关于爱情的创作。值得注意的是，歌德的爱情很大程度源于对女性的倾慕与欣赏，而与肉欲关系不是很大。一个明显的证据就是，根据心理分析专家艾斯勒（Kurt Eissler）以及歌德传记的作者波伊尔（Nicholas Boyle）的考证，歌德的第一次其实发生在意大利之行期间，那时歌德已经 39 岁了。对于歌德而言，女性象征着人类的美好与光明。这种对于女性的欣赏，一直延续到他生命的最后一刻。所以他在《浮士德》的最后，才会喊出振聋发聩的名句："永恒之女性，引领我们飞升！"

虽然倾慕没有界限，但是爱情总有终点。而撩动他心弦的最后一位，邂逅于诗人的暮年。74 岁的歌德与 19 岁的少女乌尔莉克之间的关系以及由此诞生的《玛丽恩巴德哀歌》乃是德国文学史上的一段公案。此事件因为诗人本人的名气、双方悬殊的年龄差距、诗人与女孩母亲之间的过往历史以及哀歌的极高艺术成就而受到广泛的关注。很多诗人、艺术家与学者均曾对此事件产生浓厚的创作或研究兴趣。最近的例子是 2008 年，德国文坛泰斗马丁·瓦尔泽（Martin Walser）还据此创作了一部在德国文坛引起强烈反响的长篇小说《恋爱中的男人》。

对于诗人而言，爱情的火焰终于燃烧殆尽，生命中残余的只剩"工作"而已。《玛丽恩巴德哀歌》是歌德爱情诗歌的绝响。他终于意识到自己的力不从心，从此专心创作，与男女之事绝缘。而乌尔莉克终身未嫁，临终前将所有信件付之一炬。

——译者

1823 年 9 月 5 日，一辆旅行马车沿着乡间公路从卡尔斯巴德[1]向埃格尔[2]缓缓驶去。秋天的清晨，寒意袭人，瑟瑟冷风掠过已收完庄稼的田野，但在辽阔的大地上仍然是一片湛蓝的天空。在这辆四轮大马车[3]里，坐着三个男人。萨克森—魏玛大公国[4]的枢密顾问封·歌德[5]（卡尔斯巴德的疗养登记表上是如此尊称他的）和他的两名随从：老仆人施塔德尔曼[6]和秘书约翰[7]——歌德在这新世纪里的全部著作几乎都是由这位秘书首次誊写的。他们两人谁都不说一句话，因为这位年迈的老人自从在少妇和姑娘们的簇拥下、在她们的祝愿和亲吻下告别卡尔斯巴德以来，一直都没有开过口。他纹丝不动地坐在车厢里，只有那全神贯注正在思索的目光显示出他的内心活动。在到达第一个驿站休息时，他下了车，两位同伴发现他用铅笔在一张顺手找到的纸上匆匆地写着字句。

---

1. 卡尔斯巴德：捷克西部城市"卡罗维发利"的旧称，著名矿泉疗养地。欧洲很多贵族与社会名流均曾来此休养。德语地名中凡是带"巴德"（Bad，沐浴之意）的地点，一般都是疗养休养胜地。下文的玛丽恩巴德也是如此。
2. 埃格尔：即今天捷克西部边境城市黑普，是当时卡尔斯巴德至魏玛的必经通道。1634年，捷克贵族、三十年战争中神圣罗马帝国的军事统帅华伦斯坦就是在此处遇害的。
3. 指后部带折叠车棚的轻便马车。
4. 萨克森—魏玛大公国：准确名称应当是萨克森—魏玛—艾森纳赫大公国，是神圣罗马帝国韦廷家族恩斯廷系诸邦国的一员，位于今天德国图林根州境内，首府是魏玛，1741年由萨克森—魏玛公国与萨克森—艾森纳赫公国合并而成，后在1815年维也纳和会上获得了大公国的地位。由萨克森—魏玛家族统治，1903年更名为萨克森大公国，后于1918年德国革命期间解体。歌德于1776年受当时的大公卡尔·奥古斯特的邀请前往魏玛出任公职。
5. 歌德：德语文学的杰出代表。"封"是德国贵族的称号，歌德原是市民出身，后在1782年受封成为贵族。
6. 卡尔·斯塔德尔曼：曾在1814—1815以及1817—1824年间担任歌德的仆人，性格诙谐，后因酗酒而被解雇。
7. 约翰：从1814年起直到歌德逝世一直担任他的贴身秘书，以忠诚和沉默寡言著称。

后来，在前往魏玛[1]的整个途中，无论是在车上还是在歇宿地，他都一直忙于此事。第二天，刚刚到达茨沃道[2]，他就在哈尔腾城堡[3]里埋头疾书起来，接下来在埃格尔和珀斯内克[4]也都是如此。他每到一处，要做的第一件事情，就是把在行驶的马车里斟酌好的诗句赶紧记下来。他在日记中只是非常简略地谈到此事：（9月6日）"斟酌诗句"，（9月7日）"星期日，继续写诗"，（9月12日）"途中把诗又修改润色一遍"。而到达目的地魏玛时，这篇诗作也就完成了。这首《玛丽恩巴德[5]哀歌[6]》不是一首无足轻重的诗，它是歌德晚年最重要、最发自内心深处的诗，因而也是他自己最喜爱的诗。这首诗标志着他勇敢地向过去诀别，毅然开始新的起点。

歌德曾在一次谈话中把这首哀歌的诗句称作是"内心状态的日记"，也许在他的生活日记中没有一页会像这些诗句那样把自己感情的迸发和形成如此坦率、如此清楚地呈现在我们面前。这是一份用悲怆的发问和哀诉记录了他内心情感产生与迸发的文献。他少年时代的那些宣泄自己情感的抒情诗都没有如此直接地发端于某一具体事件和机缘，这是一首"献给我们的奇妙的歌"，是

---

1. 魏玛：位于德国图林根州，是歌德从 1776 年开始直到去世一直工作与生活的城市，是德国历史文化名城，被列为世界文化遗产。
2. 茨沃道，即今天捷克境内的边镇小镇斯瓦塔瓦。
3. 哈尔腾堡，位于茨沃道的一座古堡，歌德曾在此庆祝自己的 72 岁生日。该堡经历多次毁坏与重建，后在 1980 年代之后成为废墟。
4. 珀斯内克：德国图林根州境内的小城，靠近魏玛。
5. 玛丽恩巴德：即今天捷克境内的玛丽亚温泉市，疗养胜地。歌德最早于 1820 年来此休养。
6. 哀歌：西方文学的一种诗歌体裁，源于古希腊的挽歌，形式上以对句（一句六音步，之后接一句五音步）为特点，多为哀婉悲伤的主题。

这位 74 岁的老人晚年最深沉、最成熟的诗作，恰似西下的夕阳散射出绚丽的光辉。我们也从未见过他的其他作品如同这首诗一样一气呵成，一节紧扣一节。正如他对爱克曼[1] 所说，这是"激情达到最高峰的产物"，同时在形式上它又和高尚的自我克制结合在一起，因而把他一生中这一最热烈的时刻写得既坦率又隐晦。这是他枝繁叶茂、簌簌作响的生命之树上最鲜丽的一叶，直至一百多年后的今天，它仍然没有凋谢和褪色。9 月 5 日这值得纪念的一天，将世世代代保存在未来德国人的记忆和感情之中。

是那颗使他获得新生的奇异的明星，照耀着这一页，照耀着这首诗，照耀着这个人和这一时刻。1822 年 2 月，歌德遭遇了一场重病。连日的高烧使他的身体难以支持，有时候甚至昏迷不醒。他自己也觉得病得不轻。医生们看不出明显的症状，只觉得情况危险，但又无计可施。不过，正如病得突然，康复得也很突然。这年六月，歌德到玛丽恩巴德去疗养，当时他完全像换了一个人似的，仿佛那一场暴病只是一种内心返老还童——"新青春期"的征兆。这个沉默寡言、态度严肃、咬文嚼字、满脑子几乎只有诗歌创作的人，在经过了数十年之后又一次完全听凭自己感情的摆布。正如他自己所说，音乐"使他心绪不宁"，每当他听到钢琴演奏，尤其是听到像斯琴玛诺夫斯卡[2] 那样漂亮的女人弹奏时，他总是泪水泫然。由于深埋的本能欲念不时冲动，他经常去和年轻

---

1. 爱克曼：德国作家，协助歌德整理手稿，编辑歌德的晚年作品及遗作，最著名的作品是《歌德晚年谈话录》(中译本一般称为《歌德谈话录》)。
2. 斯琴玛诺夫斯卡：当时著名的波兰女作曲家与钢琴演奏家，曾为歌德演奏，极大地抚慰了诗人的心灵。

人相聚。一起疗养的人惊奇地发现这个 74 岁的老人直至深夜还在和女人们一起溜达，看到他在多年没有涉足舞会之后又去参加跳舞。他自豪地说，"在女舞伴们变换位置时，大多数漂亮的姑娘都来拉我的手。"就在这一年夏天，他那种刻板的禀性神奇地消失了，而且心扉洞开，整个心灵被那古老的魔法师——永恒的爱情所攫住。从日记中可以看出，"好梦"、"昔日的维特"重又在他的心中复苏。就像半个世纪以前他遇到莉莉·舍内曼[1]那样，和女人亲近，促使他写出许多小诗、风趣的戏剧和诙谐小品，而现在究竟选择哪一个女性，仍未确定：起初是那位漂亮的波兰女子，后来他那复苏的热情又忽然倾注在了 19 岁的乌尔莉克·封·列维佐夫[2]身上。十五年前他曾爱慕过她的母亲[3]，而在一年前他还只是用父辈的口吻亲昵地称呼乌尔莉克为"小女儿"，可是现在喜爱突然变成了情欲，如同全身缠上了另一种疾病，使他在这火山般的感情世界中震颤；而多年以来他早已忘却这种经历了。这个 74 岁的老翁简直像一个情窦初开的男孩，刚一听到林荫道上的笑

---

1. 莉莉·舍内曼：本名为安娜·伊丽莎白·舍内曼，莉莉是歌德对她的昵称。她是歌德故乡法兰克福一个富有银行家的女儿，歌德与她在 1775 年订婚，后因双方父母的分歧而解除婚约。歌德在自传《诗与真》中对于这段感情有过非常生动的描写，她也激发了诗人很多创作灵感。
2. 乌尔莉克·封·列维佐夫：德国女贵族，歌德最后的爱情对象。终身未婚。此处记述似乎有误，事实上，1821 年歌德第一次见到她时就已经被她吸引，那时歌德 72 岁，而她 17 岁。
3. 指安玛莉·封·列维佐夫：女伯爵，1803 年嫁给了约阿希姆·封·列维佐夫，生了两个女儿，分别是乌尔莉克和安玛莉。后来两人离婚，她又嫁给了约阿希姆的堂兄弗里德里希·封·列维佐夫，生了一个女儿贝尔塔，弗里德里希不幸在滑铁卢阵亡，她之后一直守寡。从 1821 至 1823 年三年间，她都带着三个女儿来到玛丽恩巴德度假，在那里与歌德经常往来。

声，他就放下工作，不戴帽子也不拿手杖，急匆匆跑下台阶去迎接那个活泼可爱的女孩子，如同一个青涩少年、又像一个壮年男子似的向她大献殷勤。于是，一幕略带情色、结局悲哀的荒唐戏剧开场了。歌德在同医生秘密商量之后，就向自己同伴中的最年长者——大公爵[1]吐露衷肠，请他在列维佐夫太太面前替自己向她的女儿乌尔莉克求婚。这时，大公本人一边回想起五十年前他们一起和女人们寻欢作乐的那些疯狂的夜晚，一边或许在心里默默地、幸灾乐祸地窃笑这个被德国和欧洲誉为本世纪最有智慧、最成熟、最彻悟的哲人。不过，他还是郑重其事地佩戴上勋章绶带，为这位 74 岁的老翁向那个 19 岁的姑娘求婚一事去拜访她的母亲。关于她如何答复，不知其详——看来她是采取了拖延的办法。所以歌德也就成了一个没有把握的求婚者。当他愈来愈强烈地渴望着去再次占有那如此温柔的人儿的青春时，他所得到的仅仅是匆匆的亲吻和几句抚爱的言辞。这个始终急不可待的人想在最有利的时刻再作一次努力：他痴心地尾随着那个心爱的人儿，从玛丽恩巴德赶到卡尔斯巴德。然而到了卡尔斯巴德，他那热烈的愿望仍然看不到成功的希望。夏季快要过去了，他的痛苦与日俱增。终于到了该离去的时候了，还是没有得到任何许诺和任何暗示。现在，当马车滚滚向前时，这位善于预见的人感觉到，自己一生中一件非同寻常的事已经结束。不过，在这黯然神伤的时刻，上帝——这个古老的安慰者、内心最深痛苦的永远伴侣——来到他

---

1. 指卡尔·奥古斯特大公：1758—1815 年间为魏玛公爵，1815 年后成为大公，他与歌德的友谊使得魏玛与耶拿成为德国文化生活的中心。

的身边。因为这位天才已经悲不自胜，在人世间又得不到安慰，于是只得向上帝呼唤。就像以往歌德多次从现实世界逃遁到诗歌世界一样，这一次他又遁入诗歌之中——只不过这是最后一次罢了。为了对上帝的这最后一次恩赐表示无比的感谢，这位74岁的老人把四十年前他在《塔索》[1]中写过的两行诗作为现在这首诗的题诗冠在诗前，表示他令人惊异地又经历了这样的处境：

> 当一个人痛苦得难以言语时，
> 神灵让我倾诉我的烦恼。

此刻，年迈的老人坐在滚滚向前的马车里沉思默想，为心中一连串问题得不到确切的答复而烦闷。清晨，乌尔莉克还和妹妹一起匆匆向他迎来，在"喧闹的告别声"中为他送行，那充满青春气息、可爱的嘴唇还亲吻过他，难道这是一个柔情的吻？还是一个像女儿似的吻？她可能爱他吗？她不会将他忘记吗？正在焦急地盼望着继承他那丰厚遗产的儿子与儿媳会容忍这桩婚姻吗？难道世人不会嘲笑他吗？明年，他在她眼里不会显得更加老态龙钟吗？纵使他能再见到她，又能指望什么呢？

这些问题在他心中不安地翻滚。突然间，一个问题——一个最最本质的问题逐渐变成了一行诗、一节诗。是上帝让他"倾诉我的烦恼"的，于是，问题、痛苦都变成了诗歌。心灵的呼

1.《塔索》，是歌德于1790年以意大利著名诗人塔索为题材创作的诗剧，该剧事实上表达了歌德对于自己在魏玛宫廷的种种遭遇的反思。

唤——内心的强大冲动都直截了当地、不加掩饰地涌入这首诗
中：

> 如今，花儿还无意绽开，
>
> 再相逢，又有何可以期待？
>
> 在你面前是天堂，也是地狱；
>
> 内心呵，竟这样踌躇反复！ ——

此时此刻，痛苦又涌入水晶般明净的诗节，是诗歌使得本
来紊乱不堪的思绪奇妙地变得清澈。正当诗人心烦意乱，忍受着
"郁闷的心绪"时，他很偶然地举目远眺。从行驶的马车里，他看
到了波希米亚[1]早晨恬静的风光，一派和平景象恰好和他内心的不
安形成对比，刚刚看到的画面顷刻间又进入他的这首诗：

> 世界是否残存？悬崖峭壁
>
> 难道没有被神圣的暗影所笼罩？
>
> 庄稼不是已成熟？绿色的田野
>
> 难道不是在河畔延展，在灌木与牧场间穿行
>
> 笼罩大地的无涯天穹
>
> 难道不是时而无穷变幻，时而莫可名状？

但是这样一个世界对他来说显得太没有生气了。在如此热恋

---

1. 波希米亚：指今天中欧捷克共和国的中心地带。16 世纪之后，该地一直归属奥地利哈
   布斯堡王朝统治。

的时刻，他会把所见的一切都和那个可爱的倩影联系上。于是，记忆中的倩影又魔幻似地显现在眼前：

> 一个苗条的身形在碧空的薄雾里飘荡，
> 多么轻盈和优美，多么温柔和明净，
> 仿佛撒拉弗天使[1]拨开浓云，
> 在迷人香气中露出她的仙姿；
> 你看她，丽人中最可爱者
> 婆娑曼舞，多么欢快。
> 也许只有在某些短暂的瞬间，
> 你才敢用幻影将她本人代替；
> 回到内心深处去吧！那里你会得到更多的发现，
> 她会在你心里幻出变化无穷的姿影；
> 一个身体会变成许多形象，
> 千姿百态，越来越可爱。

他刚刚表示过这样的决心，可是乌尔莉克的玉体又那么诱人地浮现在眼前。于是他用诗描绘出她如何亲近他，如何"一步一步地使他沉浸在幸福之中"，她在最后一吻之后如何把"最终"的一吻贴在他的双唇上。不过，这位年迈的诗圣一边陶醉在这样极乐的回忆之中，一边却用最高尚的形式，写出一节在当时的德

1.撒拉弗：犹太神话中最高级的天使，六翼天使，或称炽天使，有时也会被称为"爱与想象力的精灵"。

语和任何一种语言中都属于最纯洁的诗篇：

> 我们纯洁的胸中有一股热情的冲动，
> 出于感激，心甘情愿把自己献给
> 一个更高贵、更纯洁、不熟悉的人，
> 向那永远难以称呼的人揭开自己的秘密；
> 我们把它称为：虔诚！ ——当我站在她面前
> 我觉得自己享受到了这种极乐的顶点。

　　然而，正是在这种极乐境界的回味之中，这个孤寂的人才饱尝现在这种分离的痛苦。于是痛苦迸发而出，这痛苦几乎破坏了这首杰作的那种哀歌诗体的崇高情调。这完全是一种内心情感的宣泄，在他多少年来的创作中，唯有这一次是直接的经历自发地转化为诗歌。这真是感人肺腑的悲诉：

> 如今我已经远离！眼前的时刻
> 我不知道该如何安排？
> 她给了我某些享受美的财产
> 但只能成为我的负担，我必须将它抛开

> 无法克制的热望使我坐立不安，
> 没有别的办法，除了流不尽的眼泪。

接着便是那最后的、极其忧伤的呼唤，这喊声越来越激昂，几乎到了不能再高亢的地步：

> 忠实的旅伴，让我留在这地方吧，
> 让我一个人留在这岩石边、沼泽里、青苔上！
> 你们去吧！世界已为你们开放，
> 大地辽阔；天空宏大而又崇高，
> 去观察、去研究、去归纳，
> 自然的秘密就会步步揭开。

> 我已经失去一切，也失去了我自己，
> 不久前我还是众神的宠儿；
> 他们考验我，赐予我潘多拉[1]，
> 她身上有无数珍宝，但也有更多的危险；
> 他们逼我去吻她的令人羡慕的嘴唇，
> 然后又将我拉开——把我抛进深渊。

　　这位平素善于克己的人还从未写出过类似这样的诗句。他少年时就懂得隐藏自己的感情，青年时代也知道节制，通常几乎只在写照和隐喻自己的作品中象征性地流露内心最深处的秘密。然而当他已是一个白发苍苍的老翁时，却第一次在自己的诗篇中率性坦陈自己的情感。五十年来，在这个多愁善感的人和伟大的抒

1.潘多拉：古希腊神话中的人物，传说是宙斯为了报复普罗米修斯将火盗给人类而创造出来的一个充满诱惑的美丽女人形象。

情诗人心中，也许从未有过比这难忘的更充满激情的时刻了，这是他一生中值得纪念的转折点。

歌德自己也觉得这首诗的产生十分神秘，仿佛是命运的一种珍贵恩赐。他刚一回到魏玛家中，在着手做其他工作或处理家庭事务之前，第一件事情就是亲手誊清这一艺术杰作——《玛丽恩巴德哀歌》的草稿。他用了三天的时间，像修道士一般深居自己的净修室里，用端正的大字体在精选的纸上把它抄写完毕，并将其作为一个秘密收藏起来，不让家中至亲和最信赖的人知道。为了不让容易引起非议的消息匆匆传开，他亲自把诗稿装订成册，配上红色的羊皮封面，用一根丝带捆好（后来他又改用精致的蓝色亚麻布封面，就像今天在歌德—席勒档案馆[1]里见到的那样）。那是几天令人易怒和闷闷不乐的日子，他的结婚计划在家里只招来嘲讽和儿子的公开敌视。他只能在自己的诗句中到那可爱的人儿身边流连。一直到那位漂亮的波兰女子斯琴玛诺夫斯卡再次来看望他时，才使他重温起在玛丽恩巴德那些晴朗的日子里产生的感情，才使他又变得健谈。10月27日，他终于把爱克曼叫到身边，用一种不同寻常的庄重语调向他朗读了这首诗的开头，这说明他对这首诗有着一种不同寻常的偏爱。仆人不得不在书桌上放两盏烛台，然后爱克曼才能在两支蜡烛前坐下来，阅读这首哀歌。此后，其他人也逐渐听到这首哀歌，当然，只限于那些最信赖的人，因为正如爱克曼所说，歌德像守护"圣物"那样守护着它。随后

---

1. 歌德–席勒档案馆：位于魏玛，始建于1885年，保存有两位诗人的诸多手稿以及其他一些诗人的手迹。

几个月的时间表明，这哀歌对他一生有着特殊的意义。在这个重返青春的老人健康状况一日好似一日以后不久，突然又出现了衰竭现象。看上去他又濒临死亡的边缘了。他一会儿从床上挪步到扶手椅上，一会儿又从扶手椅上挪步到床上，没有一刻安静。儿媳出门旅行去了，儿子心怀愤懑，因而没有人照顾他，也没有人替这个孤独的年迈老人出主意想办法。这时，歌德最知心的密友策尔特尔[1]从柏林来到——显然是朋友们把他召来的。他立刻觉察到歌德的内心正在燃烧。他惊讶地写道："我觉得，他看上去完全是一个正在热恋中的人，而这热恋使他内心备尝青春的一切痛苦。"为了医治歌德心灵的创伤，策尔特尔怀着"深切的同情"一遍又一遍地为他朗读这首不寻常的诗。歌德听这首诗的时候，从不觉得疲倦。歌德在痊愈后写信给策尔特尔说："这也真是奇怪，你那充满感情、柔和的嗓音使我多次领悟到我心中爱得多么深沉，尽管我自己不愿承认这一点。"他接着又写道："我对这首诗真是爱不释手，而我们恰好又在一起，所以你就得不停地念给我听，唱给我听，直至你能背诵为止。"

所以，事情就像策尔特尔说的那样："是这支刺伤他的梭枪本身治愈了他。"人们大概可以这样认为：歌德正是通过这首诗拯救了自己。他终于战胜了痛苦，抛弃了那最后一丝无望的希冀。和心爱的"小女儿"过夫妻生活的梦想从此结束了。他知道自己再也不适合去玛丽恩巴德，再也不会去卡尔斯巴德，永远不会再

---

1. 策尔特尔：德国作曲家，歌德的密友，于1809年建立了德国第一支男子合唱团。

去那个属于逍遥者的轻松愉快的游乐世界了。从此以后，他的生命只属于工作。这位经受了折磨的人对命运的新起点绝口不提了，而在自己的生活领域中则出现了另一个伟大的词：完成。他认真地回顾自己六十年来的作品，觉得它们破碎、零散，由于现在已不可能进行新的创作，于是决定至少要进行一番整理工作。他签订了出版《全集》的合同，获得了版权专利。他把刚刚荒废在19岁的少女身上的感情再次奉献给他青年时代的最古老伴侣——《威廉·迈斯特》和《浮士德》。他精力充沛地进行写作，在变黄的稿纸上重温上个世纪订下的计划。他在80岁以前完成了《威廉·迈斯特的漫游年代》，81岁时又以坚忍不拔的毅力继续他毕生的"主要事业"——《浮士德》的创作。在不幸的《哀歌》诞生七年以后，《浮士德》完成了。他怀着对《哀歌》同样的敬重与虔诚，把《浮士德》盖印封存起来，对世界秘而不宣。

在这样两种感情范畴，即最后的"欲念"和最后的"戒欲"之间，在起点和完成之间，9月5日告别卡尔斯巴德、告别爱情的那一天就是那令人难忘的内心转变时刻，那一天是分水岭，他经过悲痛欲绝的哀诉而进入永远宁静的境界。我们可以把那一天称为纪念日，因为从此以后，在德国的诗歌中，再也没有把情欲冲动的时刻描写得如此出色的诗歌了，因为歌德将他最亢奋的感情倾注进了这首充满力量的诗歌之中。

发现黄金国

时间：1848 年 1 月

事件：加利福尼亚的"淘金潮"

核心人物：约翰·奥古斯特·苏特尔

    "淘金潮"是 19 世纪一个典型的文化现象。如果说欧洲人对于黄金的执着直接导致了美洲地理大发现的话，那么到了 19 世纪中叶，虽然其发生地与行为主体主要集中在美国，但伴随着欧洲列强在全球的殖民化的加强以及交通与媒体通信的进步，这种对于财富的渴望已经具有了全球性的背景。茨威格在文章中介绍了世界各国都有人前来淘金，他其实遗漏了一个国家，那就是中国。事实上，从 1849 年到 1882 年，大约有 30 万华人从广东福建等地涌入美国西部。他们很直白地将圣弗朗西斯科称为"金山"，后来因为澳大利亚墨尔本也发现了黄金并引发了新的淘金潮，也有华人劳工去那里逐梦。两地都聚居了大量的华人，为了将两者区别开来，于是人们就把圣弗朗西斯科称为"旧金山"（这个名字沿用至今），而把墨尔本称为"新金山"。而这两个地点也是中国近代海外移民史上最重要的两个城市。尽管生存环境相对恶劣，而且受到各种不公正的待遇，华人依然顽强地在那里生存下来，代代繁衍生息，至今，加州仍是在美华人最大的聚居区。

在另一方面，"淘金潮"也揭开了美国西部开发的序幕。大量淘金者的涌入使得当地的人口激增。1849 年初，加利福尼亚约有人口 2.6 万人，到年底已达 11.5 万人。圣弗朗西斯科是当时世界上"发展最快的城市"，这座 1848 年 3 月只有 840 人的小镇，1849 年初已接近 5000 人，1850 年已经增至 2.5 万人。各行各业逐渐兴盛，城镇化得到了长足的发展。可以这样说，淘金潮对于美国现代化进程的推动作用，比南北战争更为关键，由此导致的自十字军东征以来最为震惊的巨大人口移动，开启了美国现代经济发展之进程。而更为重要的是，美国由原本的一个局限于大西洋一侧的欧洲移民国家，借此逐渐真正成为一个幅员辽阔、连接大西洋与太平洋的拥有全球视野的现代型移民帝国。来自世界各地的人才逐渐汇聚在这里，使得它最终得以成为世界的实际霸主。

而上述这一切，在茨威格看来，都源于马歇尔在苏特尔的锯木厂里用铁锹挖起的那一小捧金粒。不过很遗憾的是，作家的描写很多都是小说家言，并不可信。苏特尔虽然一直宣称自己是"淘金潮"的受害者，其实他的遭遇很大程度上也是自身问题造成的。他并没有像书中描述的那样成功。为了在加利福尼亚建立自己的帝国，他不得不大举借债，但他又不善经营，而且酗酒成性，在黄金未发现之前，他的经营事实上就已经陷入非常危险的境地。"淘金潮"更是给他的窘迫境地雪上加霜。而为了转移财产，他将剩余土地转让给自己刚刚来到美洲的大儿子小约翰·奥古斯特·苏特尔（John Augustus Sutter Jr.）。父子之间在经营上出现很大的分歧，再加上老苏特尔离家多年，父子之间其实并没有太多感情，小苏特尔最终选择在萨克拉门托建立属于自己的定居点，并因此成为加州首府的开拓者与建立者。而老苏特尔不得不卖掉新赫尔维蒂亚的土地来还债，然后回到自己的小农庄。他的太太并没有像茨威格所说的那样早逝，而是一直和他生活在一起。1855 年，有人对父子之间的转让提出质疑并起诉，而法官裁定转让有效，而并不是茨威格所谓的苏特尔对所有的圣弗朗西斯科的土地提出所有权的要求。不过，苏特尔确实认为，很多人在他的土地上（大约 200 平方公里）淘金，所以一直认为自己应该得到补偿，但是该诉讼请求一直没有得到支持。而他的农庄被毁是在十年之后，而且也不是因为有人感觉财产受到威胁而采取措施对付他，而是因为老苏特尔抓住了一个流浪士兵在自己家的农庄里偷窃而用鞭子抽打他，结果这个退伍士兵怀恨在心而放火烧了农场。苏特尔的大儿子根本没有死亡，而是在墨西哥成了一名美国领事。不过，这场大火确实让老苏特尔失去了仅有的财产，他不得不和自己的妻子搬到华盛顿附近。他最后也不是死在国会大厦的台阶上，而是华盛顿的一家宾馆里。

——译者

一个厌倦欧洲生活的人

　　1834 年，一艘美国蒸汽轮船从勒阿弗尔[1]驶向纽约。在数百名亡命者中有一个名叫约翰·奥古斯特·苏特尔[2]的人。他原籍在瑞士巴塞尔[3]附近的吕嫩伯格[4]，现年 31 岁。他正面临着欧洲几个法庭的审判，将被指控为破产者、窃贼、证券伪造者，于是他急急忙忙撂下自己的妻子和三个孩子，在巴黎用一张假身份证弄到一点钱，踏上了寻找新生活的旅程。7 月 7 日，他抵达纽约，在那里混了两年，几乎什么事都干过，例如包装工人、药剂师、牙医、药材商，还开过小酒馆，不管会干不会干，最后总算略微安定，开了一家客栈，可是不久又将它出售，跟随着时代的神奇脚步[5]搬到了密苏里州[6]，在那里经营农业，没有多久就积蓄了一小笔财产，可以过安安稳稳的日子，然而他的门前总是不断有人经过，皮货商、猎人、冒险家、士兵，他们有的从西部来，有的又到西部去，于是"西部"这个词就渐渐地拥有诱人的魅力，只知道到那里去，首先遇到的是茫茫的草原，成群的野牛，人烟稀少，在草原上走一天，甚至一星期，都见不到一点儿人影，只有红皮

---

1. 勒阿弗尔：法国北部的港口城市。
2. 约翰·奥古斯特·苏特尔，美洲殖民者，原为瑞士商人，后因破产而流亡美洲，从墨西哥人手中获得了大片的加利福尼亚州土地。
3. 巴塞尔：瑞士第三大城市，位于瑞士、法国与德国三国交界地带。属于德语区，当地人母语为瑞士德语。
4. 吕嫩伯格：瑞士北部小城。
5. 尤其是 1830 年《印第安人迁移法》颁布以后，美国的西进运动得以迅速发展。
6. 密苏里州：位于美国中西部，是马克·吐温的故乡。

肤的印第安人在那里追逐猎物，然后迎来的是无法攀登的高山峻岭，最后才是那"西部"的土地。关于这片土地的详细情况，谁也说不清楚，但它那神话般的富饶却已变得家喻户晓。当时的加利福尼亚还是相当神秘，据说在那一片土地上遍地流的是牛奶和蜂蜜[1]，人人可以随便取用。只不过那是一片遥远的地方，无比的遥远，要到那里去是有生命危险的。

但是约翰·奥古斯特·苏特尔浑身都是冒险家的血液，安居乐业并不能吸引他。1837年的一天，他变卖了自己的田地和家产，组织了一支远征队，带着车辆、马匹、牛群，从独立城[2]出发，去往那陌生的远方。

进军加利福尼亚

1838年，苏特尔带着两名军官、五名传教士、三名妇女坐着牛车向茫茫无际的远方驶去。他们穿过一片又一片的大草原，最后又翻过崇山峻岭，向着太平洋的方向进发。他们在路上走了三个月，十月底到达温哥华堡[3]。可是，两名军官在到达以前就离开了苏特尔，五名传教士也没有继续往前走，三名妇女在半途中因饥饿而死去。

---

1. 语出《旧约·出埃及记》第13章第5节。
2. 独立城：密苏里州西部城市，美国西进运动中著名的"俄勒冈小道"的起点。19世纪中叶，大批移民从这里开始了通向西部俄勒冈地区的征程，由于当时没有汽车与火车，所以这条小道完全是成千上万的人靠着步行与马车走出来的。
3. 温哥华堡：位于华盛顿州，是当时皮毛贸易的主要中转站。

现在只剩下苏特尔一个人了，有人留他在温哥华堡住下，并替他谋到一个职位，但都没有用，他拒绝了一切。加利福尼亚[1]——这个仿佛有着魔力的名字始终诱惑着他。他驾着一条破旧的帆船，渡过太平洋，先到达夏威夷群岛，然后沿着阿拉斯加的海岸，历尽千难万险，最终在一个名叫圣弗朗西斯科[2]的荒凉地方登陆。当时的圣弗朗西斯科可不是像今天这样一座在大地震[3]后以突飞猛进的速度发展起来的拥有数百万人口的大都市。当时的圣弗朗西斯科仅仅是一个贫穷的渔村，还尚未成为后来加利福尼亚（当时还是墨西哥的一个偏远省份）的主要城市，就连它的名字也还是跟着弗朗西斯会修士[4]的传教点叫起来的呢。当时的加利福尼亚无人管理，一片荒芜，是美洲新大陆最富庶的地区中一片未开垦的处女地。

西班牙人统治下的混乱局面由于缺乏有权威的人而加剧，暴乱四起，畜力人力匮乏，没有励精图治的力量。苏特尔租了一匹马，驱使它走进萨克拉门托[5]肥沃的山谷。只用了一天时间，他就

---

1. 加利福尼亚：美国联邦州。其名字的来源有多种说法，最普及的一种说法是1510年西班牙作家德蒙塔尔沃的一本小说中提到了一个满是黄金的岛屿，上面住着美丽的亚马逊女战士，她们的女王名叫加利菲亚。而当1535年，西班牙殖民者埃尔南·科尔特斯发现加州南部的下加利福尼亚半岛时，他以为发现了一个岛，就用这本书里的名字为该地命名。
2. 圣弗朗西斯科：即旧金山，或称"三藩市"，是加利福尼亚州太平洋沿岸的港口城市、旅游胜地，同时也是世界最为重要的高新技术研发基地。
3. 指的是1906年4月18日发生的里氏8.25级大地震，由于煤气管道爆裂，还在城中引起了多处大火。共有3200人丧生，25万人无家可归。但该市在地震后浴火重生，只花了不到六年的时间就重建了一个更现代化的城市。
4. 弗朗西斯会修士：中文通常译为方济各会修士，提倡过清贫生活，托钵行乞。
5. 萨克拉门托：位于加利福尼亚州中部，是该州的州府。

全明白了：在这片土地上不仅可以建立一座农庄、一个大农场，简直还可以建立一个王国。第二天他便骑马前往蒙特雷[1]，这是一座十分简陋的州府。他向阿尔瓦拉多总督[2]毛遂自荐，讲了自己要开垦这里一片土地的意图，他要从夏威夷群岛带来卡纳卡人[3]，并让这些勤劳的有色人种自己定期从那里迁到此地，而他则愿意承担起为他们建立移民区的责任，要建立一个名为新赫尔维蒂亚[4]的小王国。

"为什么要叫新赫尔维蒂亚呢？"总督问。"因为我是瑞士人，而且是一个共和主义者。"苏特尔回答说。

"好吧，你愿意怎么干就怎么干吧。我把这片土地租让给你，为期十年。"

你看，事情很快就在那里达成了协议。而在远离文明千里之遥的地方，一个人的能力会让他获得一种和在家里完全不同的报偿。

新赫尔维蒂亚

1839 年。一支用牲口驮着货物的队伍沿着萨克拉门托河[5]岸

---

1. 蒙特雷：加利福尼亚中部的一座海滨城市，位于圣弗朗西斯科以南 119 英里。
2. 阿尔瓦拉多：1838—1842 年间任墨西哥加利福尼亚地区总督。
3. 卡纳卡人：夏威夷土著，美国少数民族。
4. 赫尔维蒂亚：瑞士的拉丁语名字，至今仍是该国的正式称谓。
5. 萨克拉门托河：加利福尼亚州最长的河流，穿过加利福尼亚中央谷地，最后注入旧金山湾北部。全长 382 英里。

缓慢地向上游走去。苏特尔骑着马走在最前面，腰间别着一支枪，跟在他身后的是两三个欧洲人，接着是150名穿着短衫背心的卡纳卡人，然后是30辆装载着粮食、生活用品、种子和弹药的牛车，以及50匹马、75头骡和成群的奶牛、绵羊，末尾是一支小小的后卫部队——这就是要去征服新赫尔维蒂亚的全部人马。

在这些人面前滚起火的巨浪。他们焚毁树林，这是比砍伐更为简便的方法。巨大的火焰刚刚烧完这一片土地，树墩上、残干上还冒着余烟，他们就开始了自己的工作：建造仓库；挖掘水井，在无须耕犁的田地上撒种；为成群的牛羊筑起栏圈。渐渐地，从邻近传教点开辟的偏僻殖民地那里迁移来了大批的新人。

收获是丰硕的。播下去的种子获得了五倍的收成。粮食满仓。不久，牲畜就数以千计。尽管在这片土地上还存在不少困难，还需要对敢于不断侵犯这片欣欣向荣的殖民地的当地土著进行讨伐，但是新赫尔维蒂亚的疆域可以说已相当的幅员辽阔。河道水渠、磨坊工场、海外贸易代理点[1]，都纷纷兴建创办起来。船只在大河上来来往往。苏特尔不仅供应温哥华堡和夏威夷群岛的需要，而且还为所有停泊在加利福尼亚的帆船提供补给。他种植水果——这些加利福尼亚水果今天已誉满全球。你看，水果在那里长得多么繁茂！于是他又引进法国和莱茵河的葡萄。没几年工夫，遍地都是果实累累的葡萄藤。至于说到苏特尔本人，他建造了许多房屋和豪华的庄园，还不远万里，用180天的时间从巴黎运来一架

1.海外贸易代理点：指殖民时代欧洲商人在海外设立的贸易分公司。

普莱耶尔牌[1]钢琴，用60头牛横越整个新大陆，从纽约运来一台蒸汽机。他在英国和法国的那些最大的银行里都能得到信贷，并在那里存有巨款。现在，他已经45岁了，正处在事业胜利的顶峰。他想起了自己在14年前把妻子和三个孩子不知扔在了世界的何处，于是给他们写信，请他们到这里来，到他自己的领地上来。因为他觉得现在一切都掌握在自己的手中，他是新赫尔维蒂亚的主人，是世界上最有钱的一个人，而且将永远富裕下去。之后，美利坚合众国也终于把这块放任不管的殖民地从墨西哥手中夺走，并入了自己的版图，一切更有保障和安全了。又过了若干年，苏特尔确实成了世界上最富有的人。

带来厄运的一把铁锹

1948年1月。约翰·奥古斯特·苏特尔手下的一个木匠——詹姆斯·威尔逊·马歇尔[2]突然心情激动地冲进他的家里，说一定得同他谈一谈。苏特尔十分惊异，因为他昨天才刚刚把马歇尔派到克洛玛[3]自己的农庄去建立一个新的锯木场，而现在他却没有得到允许就返了回来。马歇尔站在苏特尔的面前，激动得直打哆嗦，然后将苏特尔推进房间，锁上房门，从口袋里掏出一把含有少许

---

1. 普莱耶尔牌钢琴：法国著名钢琴品牌。
2. 詹姆斯·威尔逊·马歇尔：出生于美国新泽西州，1848年1月19日，他在苏特尔的锯木厂附近发现少量黄金，从而引发了加利福尼亚淘金潮。他后来和苏特尔一样死于贫病。
3. 克洛玛：加利福尼亚州的一座小镇，建有历史公园，纪念马歇尔发现黄金。

黄色颗粒的沙土，他说他昨天掘地时突然注意到这种奇怪的金属，他认为这就是黄金，可是别人却嘲笑他。这时苏特尔变得严肃认真起来，拿着这些颗粒去做了分析试验，证明确是黄金。他决定第二天就和马歇尔一起骑马到那农庄去。然而这个木匠师傅在当天夜里就冒着暴风雨骑马回到了农庄，他也是急不可耐地想要得到证实。他是被那种可怕的狂热所攫住的第一个人，不久这种狂热席卷了整个世界。

第二天上午，苏特尔上校到达克洛玛。他们堵截水渠，检查那里的泥沙。人们只需用筛滤把泥沙稍微来回摇晃几下，亮晶晶的黄金小粒就留在黑色的筛网上了。苏特尔把自己身边的几个白人召集到一起，要他们发誓对此事保守秘密，直至锯木场建成。然后他骑马回到自己的农庄，虽然他神情坚毅严峻，内心却无比兴奋：世人都知道，迄今为止还没有人能如此轻而易举地得到黄金——黄金竟会完全暴露在地面上，而这片土地却是属于他的，是他苏特尔的财产。看来这一夜真好像胜似十年：他成了世界上最最富有的人。

淘金潮

世界上最最富有的人？不——，他后来成了地球上最贫穷、最可怜、最绝望的乞丐。八天以后，秘密被泄露，是一个女人——总是女人！——把这事对一个过路人讲了，还给了他几颗黄金细粒。接着发生的一切可真是史无前例。苏特尔手下的人一下子全都离开了自己的工作，铁匠们跑出工厂，牧羊人扔下羊群，种葡萄的离开葡萄园，士兵们撂下枪支，所有的人都像着了魔似地急急忙忙拿起筛网和煮锅，向锯木场飞奔而去，从泥沙里淘黄金。一夜之间，整片土地就被人弃置不顾了。奶牛没有人去挤奶，在那里大声哞叫，有的倒在地上死去；围起来的一群群野牛冲破了栏圈，践踏着农田；成熟的庄稼全烂在茎秆上；奶酪工场停了工，谷仓倒塌，大工厂的轮盘联动装置静静地待在那里。而电报却不停地传播着发现黄金的好消息，跨过陆地，越过海洋，于是从各城市、各海港络绎不绝地有人来，水手们离开自己的船只，政府的公务员离开自己的职守，他们排成长长的、没有尽头的纵队，从四面八方涌来，有的步行，有的骑马，有的坐车，掀起一股疯狂的淘金热。这些挖金者简直像一群蝗虫。他们不承认任何法律，只相信拳头；他们不承认任何法令，只相信自己的左轮手枪。在这片欣欣向荣的殖民地上，到处都是这样一群放荡不羁、冷酷无情的乌合之众。在他们看来，这里的一切都是没有主人的；也没有人敢对这群亡命之徒说一个不字。他们屠宰苏特尔的奶牛，拆掉苏特尔的谷仓，盖起自己的房子，踩烂苏特尔的耕地，盗窃苏特尔的机器。一夜之间，约翰·奥古斯特·苏特尔就穷得像个乞丐，恰似迈达斯国王[1]一样，最后被自己点化的黄金活活憋死。

---

1. 迈达斯国王：希腊神话中的国王，因盛情款待神灵而获得祝福，可以实现一个愿望，而他的选择是希望自己双手所碰到的所有东西都会变成黄金，但最后却险些饿死，因为他的食物都变成了金子。

而这股追逐黄金的空前风暴却愈演愈烈；消息传遍整个世界，仅从纽约一地，驶来的船只就有一百艘，在 1848、1849、1850、1851 的那四年里，大批大批的冒险家从德国、英国、法国、西班牙蜂拥而至。有些人甚至绕道合恩角[1]而来，但对那些最急不可耐的人来说，这条路线无疑是太远了，于是他们选择了一条更危险的道路：通过巴拿马地峡。一家办事果断的公司迅速在地峡兴建起一条铁路，为了铺设这条铁路，数以千计的工人死于寒热病，而这仅仅是为了使那些心情急躁的人能节省三四个星期的路程，以便早日得到黄金。无数支庞大的队伍横越过美洲大陆，世界上不同种族的人、讲各种不同语言的人从四面八方源源不断地涌来。他们都在约翰·奥古斯特·苏特尔的地产上挖掘黄金，就像在自己的地里一样。一座城市以梦幻般的速度在圣弗朗西斯科的土地上矗立起来，互不相识的人彼此出售自己的土地和田产——而这一片土地本来是属于苏特尔的，并有政府签署的公文证明。尽管如此，他自己的王国——新赫尔维蒂亚的名字终于在另一个迷人的字眼——黄金国[2]、加利福尼亚面前消失了。

约翰·奥古斯特·苏特尔再次破产，他眼睁睁地看着这种强取豪夺，木然无神。起初，他还想同他们争夺，他想同自己的仆人和伙伴们一起敛取这份财富，可是所有的人都离开了他。于是他只好从淘金区彻底退出来，回到一座与世隔绝的山麓农庄，远离这条该诅咒的河流和可憎的河沙。他回到自己的农庄隐居起来

---

1. 合恩角：位于南美洲最南端，是太平洋和大西洋的分界线。
2. 黄金国：参见第一章"不朽的逃亡者"中的相关脚注。

了。他的妻子带着三个已成年的孩子终于在那里同他相会，但妻子到达不久就因旅途过于疲劳而死去。三个儿子现在总算在身边了，他们加在一起是八条胳膊。苏特尔和儿子们一起重新开始经营农业；他再次振作精神，带着三个儿子发愤劳动，默默地、坚韧地干着，充分利用这块肥沃得出奇的土地。在他的内心又孕育着一项宏伟的计划。

诉　讼

　　1850年，加利福尼亚已并入美利坚合众国的版图。在美国的严格治理下，秩序也终于跟随财富一起来到这块被黄金迷住了的土地上。无政府状态被制止住，法律重新获得了权力。

　　于是约翰·奥古斯特·苏特尔突然提出了自己的权益要求。他说，他有充分、合法的理由要求圣弗朗西斯科城所在的全部土地归属于他；州政府有责任赔偿他因盗窃所造成的财产损失；对所有从他的土地上挖掘出来的黄金，他都要求得到他应得的一份。一桩诉讼开始了，而此案所涉及的范围之广是人类历史上闻所未闻的。约翰·奥古斯特·苏特尔控告了17221名在他的种植区安家落户的农民，要求他们从私自强占的土地上撤走，他还要求加利福尼亚州政府支付给他2500万美元，作为对他私人兴建的那些道路、水渠、桥梁、堰堤、磨坊等的赎买金，要求联邦政府支付给他2500万美元，作为对他的农田遭受破坏的赔偿。此外，他还要求从挖掘出来的全部黄金中得到他的份额。为了打这场官司，他把自己的二儿子埃米尔送到华盛顿去学法律，并且把自己从几个新农庄中所获得的全部收入统统花在这场耗资无数的官司上。他用了四年之久才办完所有上诉的法律程序。

1855 年 3 月 15 日，审判的时候终于到了。廉洁公正的法官汤普森——这位加利福尼亚州专员裁定：约翰·奥古斯特·苏特尔对这片土地的权益要求是完全合法和不可侵犯的。

到这一天，约翰·奥古斯特·苏特尔总算达到了目的。他成了世界上最最富有的人。

结　局

难道他果真成了世界上最富有的人吗？不——根本没有，他后来成了一个最贫穷的乞丐，一个最最不幸和最为失败的人。命运又一次同他作对，给了他致命的打击，而这是使他永世不能翻身的一击。判决的消息传开之后，圣弗朗西斯科和整个加利福尼亚席卷起一场大风暴。数以万计的人成群结伙举行暴动。所有感到自己财产遭到威胁的人、街上的无赖歹徒和一贯以抢劫为乐事的流氓一起冲进法院大厦，把它付之一炬。他们到处寻找那位法官，要将他私刑处死。他们集结成一支声势浩大的队伍，前去洗劫约翰·奥古斯特·苏特尔的全部财产。苏特尔的长子在匪徒们的围困下开枪自尽了；第二个儿子被人杀害；第三个儿子虽然逃了出来，但在回家的路上淹死了。新赫尔维蒂亚的土地上一片火海，苏特尔的农庄全被烧毁，葡萄藤被践踏得乱七八糟，家具器什、珍贵收藏、金银钱财均被抢劫一空，万贯家财在毫无怜悯的愤怒之下统统化为乌有。苏特尔自己好不容易捡了一条命。

经过这一次打击，约翰·奥古斯特·苏特尔再也不可能东山再起了。他的事业全完了，他的妻儿都已死去，他的神志已混乱不清。在他已变得十分糊涂的脑子里，只有一个念头还在不时地闪烁：法律，诉讼。

一个衣衫褴褛、精神萎靡的老人在华盛顿的最高法院大楼周围游荡了25年。法院里所有办公室的人都认识这个穿着肮脏外套和一双破鞋的"将军"。他要求得到他的几十亿美元。而且也真有一些律师、冒险家和骗子不断地怂恿他去重新打一场官司，为的是想捞走他最后一点养老金。其实，苏特尔自己并不想要钱，他已十分憎恨金钱，是黄金使得他一贫如洗，是黄金杀害了他的三个孩子，是黄金毁了他的一生。他只是想要得到自己的权利。他像一个偏狂症患者似的，怀着愤愤不平的激怒，为捍卫自己的权利而斗争。他到参议院去申诉，到国会去申诉，他信赖形形色色帮他忙的人，而这些人却像寻开心似地给他穿上可笑的将军制服，牵着这个傀儡似的不幸者，从这个官署走到那个官署，从这个国会议员走向那个国会议员，一直奔波了二十年。这就是从1860到1880那可怜凄惨、行乞似的二十年。他日复一日地围绕着国会大厦踯躅，所有的官吏都嘲笑他，所有的街头少年都拿他开心。而他，就是地球上那片最富饶的土地的所有者，这个富饶之国的第二座大城市正屹立在他的土地上，并且日益发展壮大。但是人们却让这个讨嫌的家伙一直等待着。1880年6月17日下午，他终于因心脏病突发倒在了国会大厦的台阶上——人们随后把这个死了的乞丐抬走。这是一个死亡的乞丐，但在他的衣袋里却藏着一份申辩书，它要求按照世间的一切法律保证给他和他的继承人一笔世界历史上最丰厚的财产。

可是时至今日，并没有人要求得到苏特尔的这笔遗产，没有一个后裔来提出这样的要求。圣弗朗西斯科依然屹立着，那一大片土地还始终属于别人，在这里还从未谈论过什么权利问题。只有一个名叫布莱斯·桑德拉[1]的作家给了这个被人忘却了的约翰·奥古斯特·苏特尔一点点权利——这是一生命运给他的唯一权利，后世对他莫名惊诧的回忆。

---

1. 布莱斯·桑德拉：瑞士法语作家和冒险家，他的冒险生涯为其创作提供了大量灵感和素材，创作有多部小说及诗歌。其中写于 1925 年的作品《黄金》描述了苏特尔的传奇一生。

英雄的时刻

时间：1849 年 12 月 22 日

事件：诗人临刑

核心人物：陀思妥耶夫斯基

　　陀思妥耶夫斯基（1821—1881）是茨威格最为推崇的小说家。早在 1920 年，他就出版了著名的传记作品《三大师》，对 19 世纪三位最为重要的小说家巴尔扎克、狄更斯与陀思妥耶夫斯基进行了细致的分析，认为他们各自通过大量的人物形象"如此统一地展示出一个生活法则、一个人生观，以致借助它而成为世界的一种新的形式"。他们每个人都有各自的领域。"巴尔扎克是社会的世界，狄更斯是家庭的世界，陀思妥耶夫斯基是关于'一'和'万有'的世界"。而在《三大师》中，他对陀思妥耶夫斯基着墨最多，他曾在给黑塞的信中说，这部传记凝聚了他三年的劳动和心血。

　　到了 1927 年，当茨威格出版《人类群星闪耀时》之际，在最初撰写的五个故事里，他又想起了自己最为推崇的小说家。他认为，在陀思妥耶夫斯基跌宕起伏的一生中，对于其艺术成就而言，最为关键的时刻应该就是 1849 年 12 月 22 日。此前，陀思妥耶夫斯基正经历着人生的第一次高潮，他的《穷人》等作品得到了别林斯基与涅克拉索夫的推崇，而成为俄罗斯文坛一颗冉冉升起的新星。但是命运却跟他开了一个恶劣的玩笑：1849 年 2 月，28 岁的陀思妥耶夫斯基只不过参与了一些情绪比较激昂的同学的讨论，就被夸大为参与了空想社会主义者彼得拉舍夫斯基的阴谋活动，遭到逮捕并被褫夺贵族身份，后又被判处死刑。

1849 年 12 月 22 日，他们被带到圣彼得堡的谢苗诺夫斯基广场执行枪决。命运把陀思妥耶夫斯基推进了一个新的瞬间。"这是一个极为狭小又极为丰富的瞬间。这是死亡与生命伸长嘴唇进行狂吻的一个无限的瞬间"。士兵们已在枪膛里推上子弹，只等开枪的命令了。"于是他的全部命运就被压缩进那么一瞬间的等待中，无限的绝望和无限的生活贪欲都被压缩进了那么一丁点儿的时间里"。不料就在这关键时刻，一个军官骑着快马，一边挥舞着白布一边横穿广场疾驰而来，宣读了沙皇尼古拉一世的圣谕，陀思妥耶夫斯基被改为流放西伯利亚。

这一经历无疑是他一生创作和思想的转折点。他从文坛新星跌进了无底的深渊。终日与罪犯为伍，人生的苦难与个人的命运紧紧抓住了作家的心，从此陀思妥耶夫斯基的作品不再寻求主人公与现实世界的关系，而是从一开始就准备超越自身，进入无限。"他们要在自身中感觉到永恒和无限，把人间世界抛在一边。他们既不要学会生活，也不要征服生活。他们只需要感觉到生活是赤裸裸的，只需要感觉到生活是存在的极度兴奋。"正是从这个意义上来讲，才会有人将陀思妥耶夫斯基看作是存在主义的先驱。而这一切都源于那个最关键的时刻——刑场。

——译者

深夜里，他们把他从睡梦中拽醒，

地牢里，只听见军刀的声音，

生硬的命令；影影绰绰

幽灵似的晃动着令人恐怖的黑影。

他们推着他朝前走，长长的过道

又深又暗，又暗又深。

铁门闩发出尖厉的声响，铁车门里锒铛铿锵；

他霎时感觉到天空和冰凉的空气。

一辆马车已在那里等候，仿似一座滚动的墓室，

他被急急忙忙推进了车厢。

身旁是九个同志，

全都带着脚链手铐，

一个个默不作声，脸色苍白；

无人说话，

因为谁都清楚，

这辆车要把他们送往何方，

只觉得自己的生命正维系在

脚底下滚滚车轮的

轮辐上。

吱嘎吱嘎的马车已停住，

车门发出刺耳的声响打开；

一角昏暗的世界

用朦胧困倦的目光

从打开的栅栏凝望着他们。

房屋围着广场形成四方形，

一层冰霜覆盖着低矮、肮脏的屋顶，

广场上到处都是积雪，到处都是黑影。

灰蒙蒙的雾气，

笼罩着刑场，

只是在金色的教堂周围

黎明投来清冷的好似流着鲜血的红光。

他们默默地排列在一起。

一名少尉前来宣读判词：

因武装谋反处以死刑，

死刑！

"死"这个字犹如一块巨石

掉进静寂的冰面，

砰然巨响

仿佛要把什么东西击得粉碎，

然后是空虚的回声

消逝在这冰冷的、黎明的、寂静的

无声坟茔之中。

他觉得眼前发生的一切

都像做梦，

只知道自己现在要告别人生。

一个士兵走到他的跟前，不声不响地

给他披上白色的、寒风中颤抖的死囚衣衫。

他向同伴们作最后的诀别，

用的是灼热的目光、无声的呼喊，

牧师神情严肃地给他递上十字架，一边示意，

他吻了吻上面的耶稣受难像；

接着，他们一共十人，三人一组，

被捆绑在各自的刑柱上。

一个哥萨克 [1] 士兵快步上前，

要给他蒙上对着步枪的双眼。

这时他赶紧用目光贪婪地

望着蒙蒙天色所展示的一角小小世界——

---

1. 哥萨克：15 世纪以来生活在乌克兰和俄罗斯境内的自由武装游牧团体，以骁勇善战和
精湛的骑术而著称。

他知道：这是永眠前的最后一眼。

他看到教堂在晨曦中红光四射：

好像为了天国的最后晚餐

神圣的朝霞

染红了教堂外观。

他望着教堂，突然有一股幸福的感觉

仿佛看到了在死的后面是神的生活……

这时他们已蒙住了他的眼睛，只觉一片漆黑。

可是在他心中

热血开始翻腾。

眼前像多棱镜似的变幻

生活的形象

从热血中纷纷浮现。

他觉得，

这临死的一秒钟

又把一切往事冲上他的心头：

整个一生又像一幅幅的画面

出现在眼前；

孤独、无趣、单调的童年，

父母、兄长、妻子，

三段友谊，两杯欢娱，

一场富贵梦，一堆屈辱；
逝去的青春时代
恰似画卷顺着血管急遽地展开。
在他们将他绑上刑柱
那一秒钟以前，
他内心深处还一直感觉到自己完全存在。
只是现在，思念
才把自己沉重的黑影占据他的灵魂。

这时
他觉得有个人向他走来，
那是可怕的、不声不响的脚步，
走得很近很近，
只觉得那人用手按在他的心口，
心越跳越弱……越跳越弱……甚至不再
跳动——
再过一分钟——心脏也就永息
哥萨克士兵
在对面排成射击的队形……
背枪的皮带甩到一边……推上子弹……
急促的鼓点想要把空气震碎。
而这一秒钟却长似千年。

突然，一声长喊：

住手！

一名军官走上前，

把手中的白纸一闪，

他那清晰响亮的声音

划破静候的沉寂：

沙皇圣意

仁慈为怀

撤销原判

改成发配。

这些话听上去

有点蹊跷：他无法想出其中的奥妙，

但血管里的血

又变得鲜红，

开始流动，开始轻轻歌唱。

死神

迟疑着爬出了已经发僵的四肢关节，

蒙住的双眼虽然还觉得一片黑暗，

但已感到永远的光明正在迎来。

执行官

默默地替他解开绑绳

双手从他灼痛的太阳穴上
撕下白色的绷带
恰似撕下皲裂的白桦树皮。
两眼好像刚刚从墓穴出来，恍恍惚惚
只觉得光亮刺目，视线游移
迷迷糊糊重新见到了
这个已经要永别的世界。

这时他又看见
刚才那座教堂上的金色屋顶
在升起的朝阳中
神秘地发出红光。
朝霞红似成熟的玫瑰
好像带着虔诚的祈祷攀缘教堂屋顶，
闪烁发亮的耶稣塑像
一只曾钉在十字架上的手
宛如一把神圣的剑，高高直指
红艳艳的云端。
仿佛就在这教堂上方，
上帝的殿堂在辉煌的曙光中升起。
光的巨流
把彩霞的波浪
涌向乐声缠绕的九天。

一团团雾霭

滚滚升起，好像带走了

压在世间的全部黑暗，

溶入神的黎明光辉。

仿佛有无数的声音从深渊冲向霄汉，

成千人在一起悲诉。

他好像平生第一次听到

人间的全部苦难，

悲诉自己不堪痛苦的哀号

越过大地，疾呼苍天

他听到的是弱小者们的声音：

以身相许错了的妇女们的声音、

自嘲自叹的妓女们的声音、

始终受人欺凌者的内心怨怒声、

从来没有笑容的孤独者的悲哀声，

他听到的是孩子们的抽噎声、哭诉声，

那些被偷偷诱奸的弱女子的悲怆叫喊声。

他听到了一切被遗弃、被侮辱、麻木不仁、

受苦受难者的声音，

那些名不见经传的殉难者的声音，

他听到他们的声音

英雄的时刻

以高亢的音调

冲上寥廓的苍穹。

而他仿佛看见

只有痛苦向上帝飘然飞去，

幸运极少的沉重生活

依然把他们拽留在地。

然而，在倾诉地上苦难的齐声哀号的

阵阵袭击下，

无垠的天空已愈来愈亮；

他知道，

上帝将会听到他们所有人的声音，

他的天空中已响起慈悲之声！

上帝不会审判可怜的人，

只有无垠的怜悯永照他的天庭。

人间处处是瘟疫、战争、死亡、饥馑，

于是这个死里得生的人竟觉得

受苦受难倒是乐事，而幸运却成了痛苦。

闪闪的发光天使

已降临大地

把痛苦中产生的圣洁之爱的光辉

深深的照亮大地的正在寒颤的心扉。

这使他好像跌倒似的，
跪下双膝。
他这才真切地感觉
充满苦难的整个世界。
他的身体在哆嗦，
满口白沫，
面部抽搐，
幸福的泪水
滴湿了死囚服。
因为他感到，
只有在触到了死神苦涩的嘴唇之后
他的心才感受到生的甜蜜。
他的灵魂渴望着去受刑和受折磨，
他清楚地意识到，
这一秒钟里的他
正如千年前钉在十字架上的耶稣一样，
在同死神痛苦地一吻之后
又不得不为受难去爱生活。

士兵们把他从刑柱上拉开。
他的脸苍白得死人一般。
他们粗暴地
把他推回到囚犯的行列。

英雄的时刻

他深深地陷入沉思

因而目光奇异，

在他颤抖的双唇旁

挂着一丝卡拉马佐夫[1]的苦笑。

1.出自陀思妥耶夫斯基的小说《卡拉马佐夫兄弟》。

人类群星闪耀时

跨越大洋的第一句话

时间：1858 年 7 月 28 日

事件：大西洋海底电缆的铺设

核心人物：赛勒斯·韦斯特·菲尔德[1]

　　钱锺书先生曾经转引美国诗人庞德的一句话："诗人乃是时代的触须。"他认为，哲学思想往往先露头角于文艺作品，形象思维导逻辑思维之先路。此言甚善。在 14 篇历史速写里，本篇是唯一一篇涉及技术发明的随笔，茨威格将通信技术的发展与电缆的铺设作为本文的主题和人类历史的关键性时刻，其文章背后的深意其实值得深入挖掘。

　　茨威格以一个诗人的敏感注意到了技术进步对于人类世界的改变，尤其是通信技术或信息技术可能会给世界造成的影响。于是他开篇就探讨技术进步与社会生活之间的关系，尤其是关注科

---

1. 赛勒斯·韦斯特·菲尔德：美国商人。1853 年开始致力于跨大西洋海底电报电缆的铺设工作。他从加拿大纽芬兰政府得到许可，铺设一条从美国经由纽芬兰，再至欧洲的电报电缆。期间，他多次参与考察航行。

技发展所引起的人类时间感觉与生活节奏的提速问题。他指出，19世纪，世界发展速度从范围和节奏上发生了根本性改变。"在该世纪前十年，前二十年，人与人，国与国，彼此相互联系的速度，就已经超过了过去的几个世纪。"特别是电报的发明，具有改变世界历史的重大意义。而在这一发展过程中，异常关键的事件就是大西洋海底电缆的铺设。原本电报还只是一个局限于欧洲内部的小规模技术发明，而横跨大洋的电缆铺设则使得这一发明最终走向了全世界。而最终，世界被连接成为一个整体，"现在，从地球的一端到另一端，生活在此的人类同倾听，同观察，同理解，通过自己的创造力让神奇无处不在。值得欢呼的是，人类成功超越了时间空间，现在被永远地联结在了一起"。地球村、全球化以及现代信息社会其实都已先兆于此。

当然，茨威格撰写此篇的意义还在于，他要告诉世人，世界的改变不仅是由于技术的进步和学者的发明，更为重要的还在于人的意志、坚持与勇气。正如他在文中所言，"能创造奇迹的电的力量由此和生命中最强大的动力元素——人类的意志结合了起来。一个人找到了自己的人生使命，一个使命也找到了它所需要的人。"菲尔德先后三十余次跨越大西洋，为了梦想赌上了一生的精力，历经多次失败而毫不气馁，甚至还经历了从英雄到被人骂为骗子的巨大落差，遭遇美国内战爆发、世界经济萧条、自己的公司濒临倒闭等一系列事件，最困难的时候，他将自己在教堂的席位都做了抵押，但他一天也没停止为大西洋电缆奔忙。传说，最后成功的时刻，菲尔德钻进自己的船舱里号啕大哭。其中甘苦，不由让人感慨。

新节奏

千百年乃至数万年的时间里，自从被称作人类的特殊生物踏上这个地球，除了马儿的奔跑、转动的车轮、划动或扬帆的船以外，地球上就再也没有别的更高速度的连续运动。在我们称之为世界历史的这一人类意识所及的狭隘范围内的一切技术进步，都未能使运动节奏获得明显加快。瓦伦施泰因[1]军队的前进速度并不比恺撒[2]军团的快，拿破仑的军队也并不比成吉思汗[3]的部落早到前线，而纳尔逊[4]的护卫舰在穿越大海时，也只比诺曼人[5]的海盗船和腓尼基人[6]的商船快了那么一点点。拜伦[7]勋爵在他的恰尔

---

1. 瓦伦施泰因：波西米亚民族英雄、政治家。三十年战争期间，两次担任德皇军队统帅。其助皇帝抵抗新教势力，最后被谋杀。
2. 恺撒：即恺撒大帝，罗马共和国末期政治家、军事家、民族英雄兼作家。他在罗马共和国的灭亡和罗马帝国的崛起中起了重要作用。
3. 成吉思汗：蒙古帝国可汗，杰出的政治家、军事家，建立了大蒙古国。
4. 纳尔逊：18世纪末19世纪初英国著名海军将领，为多场海战的胜利作出重要贡献，如1798年阿布吉尔湾战役、1801年哥本哈根战役等。
5. 诺曼人：中世纪早期海盗时代对好战的航海人群的称呼，他们大多来自北欧、北海和波罗的海地区，以海上掠夺为生。
6. 腓尼基人：古代闪米特人，主要生活在地中海古国腓尼基，今地中海沿岸黎巴嫩、叙利亚地区。
7. 拜伦：也称拜伦勋爵，英国19世纪浪漫主义诗人，代表作《恰尔德·哈洛尔德游记》《唐璜》等。他同时也是希腊民族解放运动的重要参与者。

德—哈洛尔德之行中一天行走的路程，不比奥维迪斯[1]荒原流放路上行走的多；歌德[2]18世纪的出游并不比耶稣使徒保罗[3]在世纪初的游历轻松和快速多少。拿破仑时代[4]和罗马帝国[5]统治时代相比，国与国之间在时空上的遥远分离状态并没有改变；物质的抵抗[6]还是战胜了人类的意识。

直至19世纪，世界发展速度才从范围和节奏上发生了根本性改变。在该世纪前十年，前二十年，人与人，国与国，彼此相互联系的速度，就已经超过了过去的几个世纪；借由铁路和汽船，原来的一日旅行真的要耗费一天时间，而如今，只需几刻钟甚至几分钟就可以完成漫漫旅行。虽然当时人们认为这种由铁路和汽船带来的新的速度的提升是如此具有胜利意义，但这些发明毕竟还只是停留在可以理解的范围内。因为这些运输工具只是使人们迄今所熟悉的速度提高了五倍、十倍、二十倍，它们的外观和内容还是能够捉摸的，它们创造的所谓奇迹也是能够解释的。然而，

---

1. 奥维迪斯：简称奥维德，古罗马诗人，与贺拉斯、维吉尔并称罗马文学史古典主义时期三大诗人，晚期由于得罪执政当局，遭流放。早期作品多为爱情诗，代表作《爱的艺术》；中期作品多为神话，代表作《变形记》；晚期多作哀歌。奥维迪斯的作品对中世纪及巴洛克时期的文学、美术及音乐有重要影响。
2. 歌德：德国著名思想家、作家、科学家，德语文学最重要的代表作家之一。代表作品《少年维特的烦恼》《浮士德》等。1786至1788年前往意大利考察旅行。
3. 保罗：根据《新约》记载，保罗是早期基督教贡献十分突出的传教士以及基督教历史上第一批神学家之一。作为希腊犹太人以及守法的法利赛人，保罗具有罗马公民的身份，改信耶稣后曾多次前往地中海地区传教，并建立许多基督教社区。其写作的书信成为后来《新约》的主要组成部分。
4. 拿破仑时代：1805—1815。
5. 罗马帝国：公元前27—395年，古罗马文明的一个阶段，395年分裂为东罗马帝国（1453年灭亡）和西罗马帝国（476年灭亡）。
6. 物质的抵抗：宇宙进化论的一种说法。

第一批电气设备出现时，它所产生的效果是人们完全没有预料到的。电，这个赫克勒斯[1]，当它还在摇篮之中时，就已将以前所有的定律都推翻，将所有量度标准都打破。作为后世之人的我们，永远也不可能感受到当初那代人对电报的最初效果产生的惊叹之情。就是那很小又几乎感觉不到的电火花——昨天还只能在莱顿瓶[2]中发出噼里啪啦的声音，产生一节手指关节那么长的电火花，突然间竟拥有了巨大的魔力，越过陆地、高山和所有大洲。一个几乎还未思考完的想法，一个刚刚写好、墨迹未干的字，就能在同一秒之内，被几千里远的地方被接收、读到和理解。在微小的伏打电堆[3]的两极之间摇摆的、看不见的电流能够绕着地球从一端传到另一端。物理实验室的玩具般的仪器昨天还只能通过玻璃板的摩擦吸引一些小纸片，现在却获得了比人类肌肉力量和速度强大几百万倍甚而几亿倍的力量，它能传递信息，驱动有轨电车，照明街道和房屋，并且像精灵一样在空中无形穿过。自从创世以来，由于电的发现，时间和空间的关系才经历了具有决定意义的转变。

具有世界历史意义的 1837 年，电报第一次使以往相互隔绝的人类能够同时获悉信息。然而，我们的教科书却很少提到这一年，

---

1. 赫克勒斯：古希腊罗马神话中的大力神。
2. 莱顿瓶：最早的电容器结构，具有极强的抗电强度，常被用作高压电容器。是一个玻璃瓶，瓶内外贴有金属层，玻璃充当电介质。由于在荷兰莱顿城被发现，因而被命名为莱顿瓶。
3. 伏打电堆：意大利物理学家亚历山大罗·伏特于 1799 或 1800 年发明的装置，是如今电池的先驱。

遗憾的是，我们的教科书总是觉得讲述个别英雄人物的胜利和国家的战争更重要，而不去记述真实的、整个人类的共同胜利。的确，就广泛的心理影响而言，人类新历史上没有哪个日期可与电报发明所带来的划时代变化的时间价值相比拟。自从巴黎的人们可以同时得知阿姆斯特丹、莫斯科、那不勒斯、里斯本在同一分钟内发生何事，世界就发生了根本的改变。只需再迈出最后一步，就能将世界其他部分囊括进这伟大的联系中，从而创造一种整个人类的共同意识。

但是，自然仍在反抗着这最后的统一，这最后的统一还面临着一个障碍：二十年来，那些被海洋分隔开的国家仍处于信息隔绝状态。因为，电线杆上的电报电线由于包有绝缘的瓷瓶，电流便能毫无阻碍地向前传送，而海水却能导散电流。在人们还没有发明出能够将铜线和铁线在水中完全绝缘的物质以前，架设越洋的电报电线是完全不可能的。

幸运的是，由于时代的进步，一项发明正向人们伸出了援助之手。在陆地上使用跨国电报之后没几年，人们便发现了古塔橡胶[1]，它可以作为合适的材料，将电报线与水隔绝开来。这时候人们才可以将大陆两侧最重要的国家英国与欧洲大陆的电报网络联结起来。一个名叫布雷特[2]的工程师铺设了第一条海底电缆——不久的将来，布莱里奥[3]在同样的地方首次驾驶飞机穿越海峡——然

---

1. 古塔橡胶：马来树种古塔橡胶树汁液制成的橡胶。
2. 布雷特：英国电报工程师，在英吉利海峡成功铺设了第一条海底电缆。
3. 布莱里奥：法国飞行家，1909 年 7 月 25 日驾驶布莱里奥 XI 号飞机成功飞越英吉利海峡，这在历史上尚属首次。

而一个意外事故却使即将到来的成功付诸东流，在布伦[1]，一个渔民误以为自己发现了一条硕大的海鳗，而将已经铺设好的电缆从海中拽了出来。1851年11月13日，第二次铺设海底电缆的实验终于成功。至此，英国终于和欧洲大陆联系，欧洲也才成为真正意义上的欧洲，它像一个人一样，用同一个大脑、同一个心脏，同时经历着时代发生的一切。

在短短几年时间之内取得的如此非凡的成就——因为在人类历史上，十年时间无异于一次眨眼——必然可以唤起那一代人无穷的勇气。人们尝试的一切都成功了，而且像梦一般快。仅仅几年时间，英格兰和它那边的爱尔兰、丹麦和瑞典、科西嘉岛[2]和欧洲大陆就通过电报相互联系在了一起，人们也开始探索，尝试将埃及和印度纳入到这一电报网络中。然而有一个大洲，恰恰是最重要的一个大洲，却一直被排除在这一世界电报网之外：也就是美洲。因为不管是大西洋还是太平洋，它们都是那么广阔无边，根本无法在洋面上建立中转站，一条电线又怎么才能跨越这浩瀚的大洋呢？在电的童年阶段，所有因素都是未知项。海洋的深度尚未测量，人们对大洋的地质结构也只是有模糊的了解，从未完全测验过，在这样的海水深度铺设的电线究竟能否承受无限翻腾的海浪的压力。即使在这样的深度可以铺设一条长的几乎没有尽头的电缆——在技术上有实现的可能，但是，哪里能找得到足够大的船运载这两千英里长的、由铁和铜制成的电缆呢？哪里又能

---

1. 布伦：法国北部港口城市。
2. 科西嘉岛：地中海东面的岛屿，属于法国。

找得到拥有足够动力的发动机，不间断地将电流输送一段人们乘坐轮船横渡至少需要两到三个星期时间的距离呢？所有前提条件都不具备。况且人们还不知道大洋深处的磁场是否会导致电流失散；人们也没有充足的绝缘材料，没有准确的测量仪器，而人们知道的，只有电学的初级定律，这些定律将人们从千百年无意识的沉睡中唤醒。当人们仅仅提及这样一个铺设跨洋电缆的计划时，学者们就严厉反对，并说道："不可能！荒谬！"而那些最勇敢的技术专家也只是说："也许以后有可能办到吧。"连莫尔斯[1]本人，这个迄今为止为电报事业发展做出最大贡献的人，都觉得这一计划是一次无法估量的冒险行动。但他预言，如果铺设跨大西洋电缆这一计划成功，那么它将成为"这个世纪最伟大的壮举"。

为了使奇迹或壮举圆满实现，个人对这一奇迹的信仰总是其中的第一步准备。在那些学者们犹豫不决的时候，正是那些并非学者出身的人的单纯勇气，为这一计划注入了创造性的推动力，并正如大多数情况一样，这一次也是因为偶然的巧合才成就了这一宏伟的计划。1854年，一位名叫吉斯伯恩[2]的英国工程师想铺设一条从纽约到美洲最东端纽芬兰的海底电缆，以便能提前数天接收船舶航行的消息，但由于资金耗尽，他的项目被迫中断。为此，他出游纽约，以期寻找投资人。在那里，偶然之下——偶然，常常是很多重大事件之父——他碰到了一个名叫赛勒斯·韦

---

1. 莫尔斯：美国发明家、画家、电报之父。他发明了莫尔斯码，为电报的发展创造了实践基础。
2. 吉斯伯恩：英国电报代理商、工程师、发明家，跨大西洋海底电报电缆的初期推动者。

　　　　　　　　　　　　　　人类群星闪耀时

斯特·菲尔德的年轻人。菲尔德是一个传教士的儿子，年纪轻轻就在商业领域迅速取得了巨大的成功，积累了大量个人财富。他已隐居在家，长久无事可做，年轻而又精力充沛，吉斯伯恩正要寻找这样一个人的支持，以完成从纽约到纽芬兰的电缆铺设项目。但是，菲尔德既不是技术工程师，也不是专家——可以说，幸亏他不是！——他对电一窍不通，也从来没见过什么电缆。但是这个传教士之子，这个果断而具冒险精神的美国人，天生就有一种充满激情的信念。当工程师吉斯伯恩还只着眼于连接纽约和纽芬兰这一直接目标时，菲尔德这个满怀激情的年轻人却看得更远。为什么不铺设海底电缆，直接将纽芬兰和爱尔兰联系起来呢？带着一种排除万难的决心和干劲，菲尔德立刻投入到这一项目中，并从此刻开始下定决心，将自己拥有的一切，付诸到这一行动中去——在那几年时间里，菲尔德横渡大西洋往返两大洲的次数多达 31 次。于是，决定性的火苗就这样被点燃了，他的这一想法也在现实中获得了爆炸性的力量。这新的、能创造奇迹的电的力量由此和生命中最强大的动力元素——人类的意志结合了起来。一个人找到了自己的人生使命，一个使命也找到了它所需要的人。

准　备

怀着不可思议的精力，菲尔德投入到了这一项目中。他和所有的专家建立了联系，恳求政府给予许可，并在欧美两大洲发起了集资运动，以获取必需的资金支持。而这个完全名不见经传的人身上所发出的冲击力是如此强大，其内心的信念是如此执着，他对电作为一种新的神奇力量所怀有的信心是如此坚定，以至于在短短几天时间之内，他就在英国筹得了 35 万英镑原始启动资金。其实，为了创办这家电报建设与维护公司，只要将利物浦、曼彻斯特和伦敦最富有的商人召集起来就足够了，资金便会随之涌入。人们甚至可以在认购股份者的名单上找到萨克雷[1]和拜伦夫人的名字，但他们完全没有任何商业目的，纯粹出于道义上的热情推动这个项目。仅仅一声号召，就能为一项完全幻想的冒险行动筹集到一大笔资金，除此之外，没有什么能更形象地说明这种笼罩在英国的、对所有技术和机器怀有的乐观主义，这种在史蒂文森[2]、布鲁内尔[3]以及其他伟大工程师时代鼓舞了英国的乐观主义。

但是，在开始阶段，唯一能确定的大概就只有这铺设电缆所需的花费。至于根本上的技术实施问题，却完全无前例可效仿。在 19 世纪，人们还从未想过或计划过类似的工程。而铺设横跨整个大西洋电缆的工程又怎么能和在多弗尔[4]和加来[5]之间铺设的那条水下电线相比呢？后者只需在一艘普通明轮汽船的露天甲板上放出 30 到 40 英里长的电线，电线缓慢滚动下沉，就像从绞盘

---

1. 萨克雷：19 世纪英国维多利亚时代小说家，以讽刺小说著称，代表作是《名利场》。
2. 史蒂文森：苏格兰土木工程师、著名的灯塔设计师和建筑家。
3. 布鲁内尔：英国机械和土木工程师，被视为"19 世纪最伟大的工程师之一"，设计建造了许多造船厂、汽船、桥梁、隧道以及著名的大西部铁路。
4. 多弗尔：英国东南部港口。
5. 加来：法国北部城市，与英国多弗尔隔海峡相望。

上放下锚索一样。在海峡铺设水下电线，人们可以不急不躁地等待风平浪静的一天，人们也清楚知道海面到海底的深度，也总是能够看见一侧或另一侧海岸，这样，也就能规避任何危险的意外。一天之内，就能轻轻松松地架设起两岸间的联系。而在铺设跨大西洋电缆时，却需要不间断地航行三个星期的时间，比水下电线长一百倍、重一百倍的线圈也不能放置在露天甲板上，还要考虑到可能出现的各种恶劣天气。此外，当时的船也不足够大，船舱根本放不下这由铁、铜和古塔橡胶制成的巨大的"茧"，而且，一艘船的载重根本不足以承载如此大的重量，所以至少需要两艘船，这两艘主船还必须有其他船只跟随，以便能遵循最短航线，并在发生意外事故时，为主船提供协助。为此，英国政府出动了其最大军舰之一——曾在塞瓦斯托波尔战役中充当旗舰的"阿伽门农号"；美国政府出动了一艘载重 5000 吨的驱逐舰（这在当时是最大的载重量）——"尼亚加拉号"。但这两艘船首先必须要进行特殊的改造，以使每艘船各能承载这连接大陆两端的、无限长的电缆的一半。可是，最主要的问题还是电缆本身。现实技术对这条连接世界两大洲的巨大"脐带"提出了难以想象的要求。因为，电缆本身既要如钢绳般坚固不易断，又要具有弹性，以便容易铺设；它既要能承受各种压力，又要能承载各种负重，并能如蚕丝般光滑易卷；它必须是实心，但又不能塞得太满；一方面要质地坚硬，另一方面要十分精密，以保证最微弱的电流能传输到两千多英里的距离外。这一庞然大物任一位置上的一个最小裂口或者一个最小凹凸，都能摧毁这航程需要 14 天的线路上的传输工作。

但是，人们勇敢尝试了！工厂的机器日夜运转以制造这种电缆，人们以魔鬼般的意志推动着所有齿轮向前。为了制作这条电缆，整座铁矿铜矿山都被开挖殆尽；为了制造如此长距离的古塔橡胶外壳，整片橡胶树林也都流汁奉献。为制造这样一条电缆，耗费了36.7万英里长的金属线，这长度可以绕地球13圈，拉成一根线，也可以将地球和月亮连接起来——除此之外，没有什么比喻能更形象地描述这一任务的艰巨性。自巴别塔[1]建立以来，人类在技术意义上还从未冒过比这更大的风险。

第一次尝试

一年的时间里，机器不停运转，工厂生产出来的电缆像细而流畅的丝一样不间断地被卷成卷状，运到两艘主船里，最终，经过千万次的旋转，电缆的二分之一被分别卷起，并分别放置在了两艘主船的卷轴上。铺设电缆用的笨重的新机器也已造好架起，配备有刹车和倒转装置，可以连续工作一周，两周，甚至三周长的时间，不断将电缆下沉到大洋底部。最杰出的电气专家和技术人员，包括莫尔斯在内，都聚集在船上，利用仪器持续不断地监控着整个铺设过程中电流是否突然中断；新闻记者和画家们挤在

---

1. 巴别塔：《圣经·旧约·创世纪》第11章称，当时人类联合起来兴建希望能通往天堂的高塔。为了阻止人类的计划，上帝让人说不同的语言，使人类相互之间不能沟通，计划因此失败，人类自此各散东西。此故事试图为世界上出现不同语言和种族提供解释。

船上，为的是用语言和画笔记载这一自哥伦布和麦哲伦以来，最激动人心的远航。

最终，出航所需的一切都准备就绪了，时至今日，尽管持怀疑论者占据上风，但全英国的公众的兴趣还是热烈地转移到了这次冒险行动上。1857 年 8 月 5 日，数以百计的小船和小汽艇聚集在爱尔兰瓦伦西亚[1]岛上的小港口，围着装载有电缆的船舰绕行，以亲自见证这具有世界意义的历史性的一刻：要看看电缆的一端是如何从船上搭到海岸上，固定在欧洲大陆坚实的土地上的。出航前的告别仪式变成了一场盛大的狂欢。政府派来代表致辞，神父在一场动人的祷告中，请求上帝保佑此次勇敢的冒险。"哦！永恒的上帝！"他开口说道，"您使天空放晴，您控制着大海的潮汐，风浪听从您的召唤，请您慈爱地望望您下界的仆人……请您为我们排除所有妨碍我们圆满完成此次重要行动的困难和阻力。"紧接着，海岸和船上数以千计的人们挥舞起双手和帽子。慢慢地，大陆逐渐消失在眼前。人类最勇敢的一大梦想期待着成为现实。

失　败

最初的计划是，两艘主船，"阿伽门农号"和"尼亚加拉号"各承载电缆的一半，一起驶到大西洋中部约定好的地点，在那里先将电缆的两部分连接起来。之后，一艘船向西朝着纽芬兰岛的

1.瓦伦西亚：爱尔兰东北部岛屿。

方向行驶，另一艘朝东向着爱尔兰的方向行驶。但在首次尝试中，就将整条造价昂贵的电缆投入使用，似乎太过鲁莽；所以人们宁可先从大陆出发，铺设到大洋中部的第一段线路，因为还不能确定，经过如此漫长的距离，从海底传来的电报讯号能否保持正常。

"尼亚加拉号"承担起了铺设第一段线路的任务。这艘美国驱逐舰慢慢地、小心翼翼地放下电缆，像蜘蛛一样从其庞大的身躯里持续不断地吐出电线向前驶去。甲板上负责铺设的机器缓慢地发出有规律的嘎嘎声——这是所有船员都很熟悉的锚索从绞锚机向下滚动时发出的声响。几个小时过后，这种有规律的打转声在甲板上的人们看来，就像自己的心跳声一样自然了。

向前，再向前驶向大海深处，不断，持续不断地将电缆沉向船后的深海里。这个冒险行动貌似一点也不惊险。电学专家们坐在一间特别舱室里仔细倾听，并与陆地上的爱尔兰交换着讯号。结果让人欣喜：尽管船上的人们距离海岸已经很远，但海底电缆的传输却十分正常，讯号也十分清晰，就像从欧洲大陆上的一个城市传到另一个城市一样。船早已离开了浅水海域，也已驶过隆起在爱尔兰后方的一片深海高原，金属线像沙漏里的沙一样，仍在船后有规律地下沉到水里，同时通过它发出和接收讯号。

至此，电缆已铺设了335英里，比多弗尔与加来之间水下电线的十倍还长；最初紧张不安的五天五夜也已平静度过。在第六个晚上，也就是8月11日，菲尔德经过许多个小时的工作和紧张心情后，也安然上床入睡，享受平静。就在这时，突然——到底发生了什么？——嘎嘎作响的声音停止了。就像火车毫无预兆地停下，在行驶的车厢中沉睡的人突然惊醒；就像磨坊水轮刹那停止不动，磨坊主从床上惊起；就这么一眨眼的时间，船上的一切都清醒了，急匆匆地冲到甲板上。看到机器的第一眼人们就明白是怎么一回事了：机器在空转。电缆突然从绞锚机上滑脱了，再去及时抓住滑脱的电缆线端头是不可能的，现在更不可能的是，在深海中找到丢失的电缆端头，从海里重新捞上来。可怕的事情就这样发生了。一个小小的技术失误就这样毁掉了数年的心血。当初勇敢大胆的出航人只能以失败者的身份重返英国，在那里，一切讯号突然沉寂的消息也早已传开。

再次失败

　　赛勒斯·菲尔德，这个唯一坚定的人，既是英雄又是商人，正在算一笔账。有哪些损失呢？三百多英里长的电缆，数十万英镑的股金，而使他心情更沉重的是，损失了无法弥补的、整整一年的时间。而且，只有夏天才具备远航所需的良好天气条件，而今年的夏天已过去很久。但从另一方面来讲，还是有所收获的。从第一次尝试中，人们获得了非常好的实践经验。事实证明，电缆本身是可用的，可以卷起来存放，待下次远航时使用。需要改进的只是负责铺设电缆的机器——正是它导致了电缆灾难性的断裂。

　　在等待与准备工作中，一年时间又过去了。直到1858年6月10日这一天，还是同样的两艘船，装载着旧电缆，怀着新的勇气，再次出航。由于在首次航行中，电信号传输顺畅正常，人们决定还是采用最初的计划，也就是从大洋中部开始向两端铺设电缆。新航行的最初几天，日子平平淡淡地就过去了。第七天，到了事先计划好的地点，电缆的铺设工作也就开始了。在这之前，一切都是，或者似乎是一场乘船散心之行：机器不用工作，水手们可以安安静静地休息，享受美好的天气——天空万里无云，大海安安静静，但也许太过安静。

　　但是第三天，"阿伽门农号"船长隐约感到了不安。气压计上的水银柱在以惊人的速度往下降。一场可怕的风雨正在酝酿中，实际上，在第四天，风暴骤起，是像他这样久经考验的船员在大西洋上都鲜少经历的风暴。最致命的是，负责铺设电缆的英国船舰"阿伽门农号"正遭遇了这场风暴。这样一艘坚固的船——英国海军的司令舰，曾遍历世界大洋，也曾经历战争，经受住最艰难的挑战，本来也一定能应付这种糟糕的天气。但不幸的是，为了铺设电缆，这艘船被彻底改装了，以便承载货物的巨大重量。在货船上，人们一般会把重量向四面均匀分散在各个货舱，而与此不同，在这艘经过改装的船上，船中部承载了全部电缆的重量，船头只吃到了一部分重量，这也就带来了更恼人的后果：船在每次上下起伏中，摆动的幅度就会增加。这样，暴风雨就和这些牺牲者们玩起了最危险的游戏：向右，向左，向前，再向后，船摇摇晃晃，甚而被抬起至 45 度角。大浪淹没了甲板，船上所有的东西都被打碎了。还有新的不幸——风浪的撞击使船从龙骨到桅杆都摇晃，在最可怕的一次撞击中，甲板上堆放大量煤炭的棚屋坍塌了。似碎石一样，所有煤炭汇成黑色的洪流，向本来已受伤又疲惫的水手们涌去。混乱中，一些水手失踪了，另一些在厨房的人则被滚烫的锅炉烫伤。一名水手，在这样一场持续了十天的风暴中，变得精神错乱，而人们也已有了最极端的想法：将这似乎带来灾难的电缆的一部分从甲板扔到海里。幸运的是，船长反对这么做，他不想承担这责任。事实证明，他是对的。经过那么多次可怕的考验，这次，"阿伽门农号"成功地经受住了这长达十天的风暴。尽管比预计的时间晚了很多，但它还是在约定好的地方与其他船只会合，开始铺设电缆。

但直到这时人们才发现，这些昂贵又易坏的货物，这些混乱交织的金属线，在持续不断的滑移中受到了严重的损害。金属线团在一些位置都乱了，古塔橡胶外壳也碎了或者裂开。尽管如此，人们还是将信将疑地做了一些尝试，将电缆铺设到水下，但是，最终又白白损失了两百英里长的电缆，他们像废物一样在海中消失不见。这是第二次，人们降下旗子，默默无闻地返回，没有成功。

第三次航行

伦敦的股东们已经得知这个不幸的消息，他们正面色苍白地等着自己的经理和诱骗者赛勒斯·韦斯特·菲尔德。两次失败的航行耗费了一半的资金，却什么都无法证明，什么收获都没有。大多数人说"已经够了"，也是情有可原。公司董事长建议，应该挽救那些还可以挽救的。他主张将剩下还未使用的电缆从船上取下来，在不得已时，即使有亏损，也要将其卖出，但随后也就打乱了本已糟糕的跨洋计划。紧接着，副董事长也发出了书面辞职报告，表示自己与这一荒谬的公司不想再有任何瓜葛。但赛勒斯·韦斯特·菲尔德的坚韧与理想主义却从未动摇。他解释道，什么都没有失去。电缆本身已经出色地通过了考验，长度也足够接至岸上，完全可以进行新的尝试，船队被集结起来，船员也都招雇到了。虽然上一次航行遇到了恶劣的风暴天气，但现在，却是可以期待有更晴朗，更风平浪静天气的时节。勇气，再次需要勇气！机不可失，失不再来，要勇于做最后一次尝试！

股东们面面相觑，愈发犹豫不决：他们真的应该把已经投入的资金的最后一部分交付给这个傻瓜吗？但是，坚定的意志总是能推动着那些犹豫的人向前，所以在赛勒斯·韦斯特·菲尔德的促使下，船队再次出航。1858 年 7 月 17 日，第二次失败航行五周后，船队第三次驶离英国港口。

现在，前人的经验再次应验：最关键的事件几乎总是在不受关注的情况下成功。这次启航没有受到任何关注；没有汽艇，没有小船绕行在舰队周围，给予其美好祝福；没有人群聚集在沙滩上，也没有举办盛大的饯行晚宴，没有致辞，也没有神父祈求上帝的帮助。像是要去开展一次海盗行动，船队胆怯而又沉默地出发了。但是他们却很快乐地期待着见到大海。就在约定的那一天，7 月 28 日，船队驶离昆士敦[1]11 天后，"阿伽门农号"和"尼亚加

1.昆士敦：爱尔兰南部港口。

拉号"得以在大洋中部约定的地点开展重要工作。

　　一幅奇特的景象出现——两艘船转了个方向，船尾对船尾。在两艘船之间，将电缆的端头连接在一起。没有任何仪式，甚至船上的人对整个过程都没有投以太多兴趣（经过数次失败的尝试，他们都已处于十分厌倦的状态），由铁和铜制成的粗电缆就在两艘船之间慢慢下沉，直至最深处，直至尚未经过测探锤勘探过的大洋底部。然后人们在甲板间、旗子间传递问候，英国的船舰向英国行驶，美国的船舰则驶向美国。在两艘船像无穷大海中两个移动的点一样驶离对方的时候，电缆却使其始终处于联系状态中——这是有史以来第一次，两艘船跨过风浪，超越时间和空间，在各自看不见的情况下仍能保持相互联系。每过几个小时，其中的一艘船都会通过从大洋深处传来的电讯号报告自己已驶离的英里数；同时，另一艘船每次都会确认，得益于好天气，它也同样行驶了相同的距离。就这样，一天过去了，第二天，第三天，第四天也过去了。8月5日，铺设了一千零三十多英里的电缆后，"尼亚加拉号"终于可以报告说，他们已经到了纽芬兰的三圣湾，美国海岸近在眼前，同时，"阿伽门农号"也欢呼，他们同样确定已在海底铺设了一千多英里的电缆，现在，也看到了爱尔兰海岸。第一次，人类的话语可以在国与国之间传递，可以从美国传递到欧洲。但只有这两艘船，只有船上在各自木屋中的几百个人知道，他们成功了。那早已将这一冒险行动遗忘的世界，却还不知道。在沙滩上，在纽芬兰，在爱尔兰，没有人期待着船队的到来；但就在那一秒钟，在新的跨洋电缆与陆上电缆连接起来的那一秒钟，

跨越大洋的第一句话

整个人类都将得知他们这一伟大的共同胜利。

胜利的欢呼

正是因为喜悦如晴天霹雳一样降临，才更加令人振奋。在八月初，新大陆与旧大陆几乎是在同一时间内，就得知了这一计划已取得成功的消息；计划取得的成果是无法言喻的。在英国，平时十分谨慎的《泰晤士报》发表了一篇社评："自从哥伦布发现新大陆以来，从未有任何事件能与这一事件相比——它是如此显著地扩大了人类的活动范围。"城市沸腾了。但是与美国国内风暴般的欢腾相比，英国人自豪的欢愉似乎显得不那么明显，好像这消息几乎没有传达到国内一样。不过，商店里马上就挤满了人，大街上也都是好奇而又吵闹的人群，议论纷纷。赛勒斯·韦斯特·菲尔德，一个名不见经传的人物，一夜之间就成了民族英雄。人们甚至将他和富兰克林与哥伦布并列在一起。整座城市，还有其他几百个城市，怀着期待、战栗而又憧憬着，想要一睹英雄的风采，因了他的坚决果敢，才促成了"年轻的美洲与旧世界的欧洲大陆的完美结合"。但这时，人们的激动情绪还未达到顶点，因为暂时得知的短消息只是电缆已经铺设完成。但是，电缆真的能传来讯号吗？这一根本目标真的成功实现了吗？这是一出宏伟的戏剧——整座城市、整个国家都在静静等待着倾听那一句独一无二的话，那漂洋过海而来的第一句话。人们知道，英国女王会在第一时间对所有人发布消息，表达美好祝愿，每时每刻人们都在焦急地期盼着。但时间就这么过去了，一天又一天，还是没有消息，由于一次不幸的偶然事件，通往纽芬兰的电缆受到了干扰，直到 8 月 16 日，维多利亚女王的消息才在纽约当地时间傍晚时分到达。

人们期盼已久的消息终于到了，但是却太晚了，以致报纸无法进行正式报道；这消息只能在电报局和编辑部张贴宣布，没过多久，大量的消息涌入。带着擦伤，穿着破旧衣服的报童不得不在混乱中奋力穿行。消息在剧院、在饭店被广而告之。电报传送消息的速度，比最快的船还要提前数天，那些对此还无法理解的成百上千的人，涌到布鲁克林[1]的港口，迎接这艘取得和平胜利的英雄船舰——"尼亚加拉号"的归来。第二天，也就是 8 月 17 日，各大报刊都用了硕大的标题来表达欢呼："电缆运转非常完美"，"大家都高兴疯了"，"整个城市都轰动了"，"这是世界佳节的纪念时刻"。这是空前的胜利：自从思维开始存在于地球上以来，一个想法以自身的速度跨越了海洋。炮兵队轰隆隆地放射了几百枚礼炮，为了向众人宣布，美国总统已向英国女王回电。现在没有人敢再怀疑了；夜晚的纽约城灯火辉煌，其他城市也处在一片灯火光明中。每扇窗户都被照亮，尽管市政厅的穹顶发生了火灾，这也几乎丝毫不影响人们欢愉的情绪。紧接着第二天，又开始了新一轮的庆祝活动。"尼亚加拉号"终于到了，伟大的英雄赛勒斯·韦斯特·菲尔德，他也来了！在一片胜利的喜悦中，剩下的

---

1. 布鲁克林：位于美国东北部，是美国纽约州纽约市五大区中人口最多的一区。

电缆在城中铺设，船员们也受到了热情款待。日复一日，从太平洋到墨西哥湾的每座城市都在不断举办庆祝活动，好像第二次庆祝美洲大陆被发现一样。

　　但是这还远远不够！真正的凯旋队伍的声势应该还要再浩大才对，应该是新大陆所见过的最盛大的凯旋队伍才对。准备工作持续了两个星期，然后，8 月 31 日，整座城市只为一人欢呼，那就是赛勒斯·韦斯特·菲尔德，自从君主和领袖时代以来，几乎没有哪一个胜利者以此种方式受到过民众的赞美与欢呼。在这明媚的秋日，一支游行队伍已经做好了准备，队伍是如此之长，以至于从城市一头移动到城市另一头就需要花费 6 个小时。游行领队举着各种旗帜在插满彩旗的大街上向前行进，风琴乐队、合唱团、歌咏队、消防队、全体师生、退伍老兵们跟随在后，长长的队伍看不到尽头。一切能够跟着队伍行进的都在行进，每个会唱歌的人都在高歌，每个能欢呼的人都在欢呼。赛勒斯·韦斯特·菲尔德像古希腊罗马凯旋的将军一样，坐在一辆四匹马拉着的马车中。另一辆马车坐着"尼亚加拉号"的指挥官，第三辆马车坐着美国总统。马车队被引导向前行进；市长、政府官员、大学教授则跟在后面。紧接着不间断的就是各种讲话、宴会、队伍游行，教堂里的钟被敲响，礼炮轰鸣、欢呼声一次又一次地围绕这位新的"哥伦布"响起，这个将两个世界联合起来的人，这个克服了空间距离的人，这个在此刻成为美国最负盛名最受崇拜的人——赛勒斯·韦斯特·菲尔德。

沉重的十字架

在这一天，成千上万的声音欢呼喧闹，但唯一最重要的东西却在庆祝期间保持着异乎寻常的沉默——电报。赛勒斯·韦斯特·菲尔德也许已在欢呼声中意识到了这一可怕的真相，对他来讲糟糕的是，他是唯一一个刚好在这一天得知，在过去几天更多的只是传来模糊不清几乎无法读取的信号的大西洋电缆已经停止了工作，最终，电线彻底断了气，像死人一样发出了最后一声垂死的叹息。全美国还没有人得知或预料到电报的渐渐失灵，除了那几个在纽芬兰监控讯号接收工作的人。一天天过去，面对着民众们高涨的热情，这些人越来越犹豫，是否要向欢呼的人群宣布这一悲伤的消息。但不久之后，人们渐渐察觉到了异样，接收到的信息真是少得可怜。全美国本来期盼着，现在信息提示灯能不停闪烁，连续接收到大洋彼岸传来的消息——但事实反而是，偶尔才能传来一个模糊而又无法核实的讯号。不久，就有谣言在私底下传开：人们太过匆忙，缺乏耐心去改善传输性能，发送的电荷太强，以至于把那些本就不通畅的电缆完全烧坏了。但人们还是希望干扰能最终被排除。但不久之后，无法否认的是，传来的信号越来越断断续续，越来越无法理解。就在那一个令人沮丧的早晨之后，9月1日，再也没有清楚的声音传来，海面上也再也没有震动。

现在，人们从一种真实的激动情绪中被唤醒，私下里对菲尔德这个被赋予了万众期待的人感到失望。这一谣言几乎还未得到证实，那被过度赞誉的电报就失灵了，之前猛烈如风暴般的欢呼逆转成了恶意愤恨，喷向无罪的罪人——赛勒斯·韦斯特·菲尔德。他欺骗了整座城市，整个国家，整个世界；这座城市的人们宣称，他早就知道了电报失灵这一事实，但出于自私，他仍旧享受着人们的欢呼，并利用这段时间，将属于自己的股份廉价卖出，获取巨额利润。甚至开始出现了恶意诽谤，其中最引人注目的说法是，大西洋电缆根本就没有真正运转过，所有的消息都是骗局和无稽之谈，英国女王发来的电报也早就事先拟好，从未经过跨海电缆传送。谣言继续传播——这段时间以来，从未有任何一条能够被人理解的消息跨过大海传送过来，这些负责的人们只是通过猜测和并不连贯的信息制造了虚构的电报信息。一个真正的丑闻爆发了。正是那些在昨天还欢呼得最大声的人，现在却怀着最多的盛怒。整座城市，整个国家都为自己过于高涨、过于急切的热情感到羞愧。赛勒斯·韦斯特·菲尔德成为这一愤怒情绪的牺牲者；昨天还是民族英雄，是富兰克林[1]的兄弟，哥伦布的后裔，现在不得不像罪犯一样在之前的愉快和崇拜面前将自己隐藏。一天时间成就了一切，一天时间同样也毁了一切。计划失败，资金亏损，信任辜负，这些都是无法预见的，无用的电缆像传说中的尘世巨蟒[2]一样，静静躺在深不可测的大洋底部。

---

1. 富兰克林：美国印刷商、出版商、作家、自然科学家、发明家、政治家、美国独立战争重要领导人之一，参与了《独立宣言》的起草工作，并成为签署者之一，同时也参与了美国宪法的制定工作。
2. 尘世巨蟒：北欧神话中的怪物，破坏及灾难之神洛基和女巨人安格尔伯达的次子，这条巨蟒头尾相衔，环绕着整个北欧世界，象征永恒。

六年的沉默

被遗忘的电缆毫无用处地在大洋底部闲置了六年，彼此脉搏共同跳动了一个小时之久的两个大陆间古老而冰凉的沉默再次持续了六年，美洲与欧洲，他们曾经靠在一起，交谈了几百句话，如今又如千年前一样，被无法逾越的距离分隔。19世纪最勇敢的计划，昨日差点成为现实，却又再次成为传奇和神话。当然，没有人想要重新开展已取得一半成功的项目；可怕的失败耗尽了所有气力，扑灭了所有热情。在美国，南北战争转移了所有人的注意力；在英国，委员会还会偶尔召开会议，但他们需要两年时间以坚定其论断——原则上讲，海底电缆是有可能成功运转的。但是从学术意见转变成实际操作，是一段人们不曾想去行走的路；六年时间，所有工作完全停止了，就像那条被遗忘在海底的电缆。

六年时间，虽然在浩瀚的历史长河里也不过是短暂一瞬，但在像电学一样的新生科学中，却意味着千年。在这个领域，每年，每月都会有新发现。发电机越来越有力，越来越精确，其应用也越来越多样化，机器越来越精密。每个大洲内部的电报网络已十分密集，人们已经横越了地中海，非洲与欧洲也建立了联系；就这样，一年又一年，横跨大西洋的计划渐渐从其最初的幻想中脱离，再次进行尝试的时刻终将来临；现在缺少的只是那个可以为旧计划注入新鲜能量的人。

突然间，这个人就出现了，正是年老的赛勒斯·韦斯特·菲尔德，怀着同样的信仰与信任，从默默无闻的放逐和恶意蔑视中重新站起来的赛勒斯·韦斯特·菲尔德。结束了第三十次横越大洋之行后，他现身伦敦；他成功地筹集到了六十万英镑的新资金，也获得了旧的经营权。而且现在终于拥有了人们长久以来梦想的巨型船舰，可以独自负载沉重的货物——"大东方号"：两万两千吨载重量，配有四个烟囱，由布鲁内尔公司制造。奇迹一个接一个到来：1865年，由于比预先计划的使用时间提早完工，该艘船还未投入使用；两天之内就买下了这艘船，并为远航进行了必要的装备。

之前特别困难的一切事情，现在都变得容易了。1865年7月23日，这艘猛犸象船载着新的电缆，驶离了泰晤士河。尽管第一次尝试又失败了——由于电缆断裂，在达到铺设地点两天前，计划又不幸夭折，尽管贪婪的大海吞噬了六十万英镑的资金，但是现在的技术对完成这一事业是确有把握的，因而没有让人丧失信心。1866年7月13日，当"大东方号"第二次出航的时候，这趟航行真的是驶向胜利了。这次，电缆明确而又清晰地向欧洲传递了讯号。几天后，丢失的旧电缆被找到，两条线路将新旧世界联结成了一个共同的世界。昨日的奇迹变成了今日的必然，此刻起，地球好似在用一颗心脏跳动。现在，从地球的一端到另一端，生活在此的人类同倾听，同观察，同理解，通过自己的创造力让神奇无处不在。值得欢呼的是，人类成功超越了时间空间，现在被永远地联结在了一起，不再反复被灾难性的幻想所迷惑，而去破坏这意义重大的联结，利用那些赋予了人类超自然力量的东西去自我摧毁。

人类群星闪耀时

向上帝逃亡

时间：1910 年 10 月底

事件：托尔斯泰之死

核心人物：列夫·托尔斯泰[1]

1928 年，茨威格撰写了另外一部传记作品，名为《三个各自生活的诗人——卡萨诺瓦、司汤达与托尔斯泰》，中译本也译作《三作家》。他认为，这三者都是描写各自生活的真正诗人，他们是在自我写照方面的共同天才，他们都把自己所塑造的人物当作自己的化身和代言人。不同的是，卡萨诺瓦注重对自身肉体享乐的记录，司汤达注重对自我心理状态的分析，而托尔斯泰则注重对自我道德精神的反省。

在茨威格看来，托尔斯泰是个天才的道德家，他以"残忍的狂热与无情的冷峻，对自己的灵魂进行发掘。他一辈子都在努力

---

1. 列夫·托尔斯泰：19 世纪中期俄国批判现实主义作家，主要作品有《战争与和平》《安娜·卡列尼娜》《复活》，二十多岁时，即凭借半自传式三部曲《童年》《少年》《青年》及《塞瓦斯托波尔纪事》获得文学赞誉。

通过自我写照达到自我完善，从不停歇，从不满足，从不让艺术流于形式。"而这样一种近乎自我折磨的自我审视与描摹，从他19岁就已开始，一直持续到83岁为止。他在50岁左右经历精神危机之后，一直尝试将身上的小我投入到全人类中去，找寻真正的信仰，于是，奔向上帝就成了他必然的选择。然而，事实上，托尔斯泰一直生活在自我与家庭的张力之间，他一方面渴望跟从自己的内心和理念，摒弃自己和周围的贵族生活，像农民一样生活；但另一方面，他在家庭那里又得不到理解和支持，家庭的牵扯与纠纷让他愤恨不已，却又不忍割舍。虽然他多次尝试离家出走，但都没有成功。但对于现状的不满又不停地受到自身高度道德感的催逼，他的心愿变得难以遏制。1910年7月，他在日记中写道："我除了逃走之外，别无选择。我对自己说，现在正是表现你基督精神的时候！此时不走，永远别想走。这里没人需要我。帮帮我吧，上帝，给我指条路吧。"

最终，当他发现妻子又一次搜查他的文稿时，他终于狠下决心，在1910年10月28日清晨，毅然决然地离家出走，奔向上帝，奔向真正属于自己的任何地方，奔向注定要去的死亡。最终在一个小站站长的简陋卧室里，他度过了自己的最后光阴，那里的简陋恰恰符合他的最大心愿，因为这意味着他死得高尚纯洁，不带杂质。

——译者

序　言

　　1890 年，列夫·托尔斯泰开始写作一本自传体戏剧，这是他未完成的遗作，之后以《光在黑暗中发亮》为名出版并上演。此部未完成的作品（第一幕就已揭示此点）是对其家庭悲剧最详尽的描写，是对自己有意的逃离所作的公开辩白，同时也是对妻子的致歉，是一部在内心极端矛盾的状态下想要获得完美道德平衡的作品。

　　托尔斯泰在剧本中塑造的主人公尼古拉·米海伊维奇·萨林采夫这一形象正是他的自我写照，因此可以这样认为：这一形象是此部悲剧中虚构成分最少的一个。列夫·托尔斯泰之所以塑造这样一个形象只是为了预先表白，他要摆脱这样的家庭生活。但是，不管是在作品还是生活中，不管是在当时的 1890 年，还是十年后的 1900 年，托尔斯泰都没有找到做决定和决裂的勇气和方式。正是由于缺乏这种意志，这部未完成的作品就这样遗留下来，以主人公完全不知所措结尾，乞求着向上帝伸出双手，上帝或许能帮助他，终结其内心的矛盾。

　　这部悲剧缺少最后一幕，即使到了日后，托尔斯泰也没再继续写，更重要的是：他在自己的生活中演出了这一幕。1910 年 10 月末，25 年的漂泊生活终于结束了，危机解除：在几次充满戏剧性的争论过后，托尔斯泰逃脱了，为了寻找那被其视为榜样的伟大死神，那塑造了其庄严命运的死神，他以恰当的方式逃脱了。

　　为这部未完成的作品补写经真实生活演绎过的悲剧结尾，对我来讲，没有什么比这更必然的事了。在此，我以尽可能忠于历史，并尊重事实与文献的方式进行这样唯一的一次尝试。我深深明白自己并没有什么傲气，想要以此种方式补充和代替托尔斯泰的自白；我不会将自己和这部作品本身联系起来，我只想为作品尽我自己的力量。我在此尝试追求的，可能并不是作品的完美结局，而只是为一部未完成的作品和悬而未决的矛盾而做的独立尾声，唯一确定的是，赋予这部没有结局的悲剧一个悲壮的结尾，这样，也就实现了这篇尾声的意义，我满怀崇敬的努力也就有了回报。

需要强调的是，如果要演出这尾声，值得注意的是，尾声中的情节比《光在黑暗中发亮》晚 16 年，因此，这点必须要在托尔斯泰的外在扮相上体现出来。其晚年精美的肖像画可以作为化妆的范本，特别是那些记录他和姐姐一起住在沙马尔京诺修道院时期的照片，以及临终时垂于卧榻的照片。他的书房十分简朴，也应如历史记载的一样去布置。从纯粹的场景角度考虑，我希望尾声部分（主人公以托尔斯泰之名命名，不再是代表自身的人物萨林采夫）能与这部未完成作品《光在黑暗中发亮》的第四幕衔接，但幕间需要隔较长一段时间。脱离原作品单独演绎这一尾声并非我的意图。

尾声中的人物

列夫·尼古拉耶维奇·托尔斯泰（83 岁时）

索菲亚·安德烈耶芙娜·托尔斯塔娅（伯爵夫人），托尔斯泰妻子

亚历山德拉·利沃夫纳（也被称为萨莎），托尔斯泰女儿

杜尚·彼得洛维奇，托尔斯泰的家庭医生和朋友，男秘书

伊万·伊万诺维奇·欧索林，阿斯塔波沃车站站长

西里尔·格雷戈尔维奇，阿斯塔波沃警长

大学生一

大学生二

三位旅客

前两幕发生在 1910 年 10 月末的最后几天，亚斯纳亚·波利尔纳的托尔斯泰书房，最后一幕发生在 1910 年 10 月 31 日，阿斯塔波沃火车站候车室。

第一幕

1910 年 10 月末，在亚斯纳亚·波利尔纳

托尔斯泰的书房，简单朴素，正如那幅著名画作所展示的一样。

男秘书将两名大学生带进来。他们是典型的俄式装扮，穿着高领黑色衬衫，都是年轻人，面庞棱角分明，举止十分谨慎，与其说是腼腆，倒不如说是自负。

男 秘 书 请坐，列夫·托尔斯泰不会让两位等太久，我只想请求你们，顾虑一下他的年龄吧！列夫·托尔斯泰十分热爱这样的讨论，以至于常常忘记自己的疲惫。

大学生一 我们没有太多问题要问列夫·托尔斯泰——只有一个问题，当然了，是一个于我们于他都十分重要的问题。我向您保证，只待一会儿——但前提是，我们可以自由交谈。

男 秘 书 当然，越不拘泥越好。最重要的一点，请不要用"老爷"这个称呼——他不喜欢这样。

大学生二 （大笑）这一点完全不用担心，唯独这点不需要担心。

男 秘 书 他已经走楼梯上来了。

（尽管年事已高，托尔斯泰仍迈着迅速而又轻松的步伐走了进来，敏捷又激动。他说话的时候，经常转动手中的铅笔，或将纸张揉碎，甚至急不可耐地抢话。他快步走向两名学生，向其伸出手，以敏锐而具洞察力的目光依次审视两名学生片刻，然后面对两名大学生，坐在蜡皮革扶手椅上。）

托尔斯泰 你们就是委员会派到我这里的两位学生，不是吗……（他在自己的信件中翻找）请原谅，我忘记了你们两位的名字……

大学生一 我们请求您，不要将我们的名字看得那么重要。我们只是作为成千上万人的代表，来到这里见您。

托尔斯泰 (目光敏锐地看着大学生一) 您有什么问题要问我吗？

大学生一 我有一个问题。

托尔斯泰 (转向第二个学生) 那您呢？

大学生二 我的问题和他一样。我们所有人都只有一个问题要问您，列夫·尼古拉耶维奇·托尔斯泰，我们所有人，俄国所有的革命青年——都只有一个问题：您为什么不和我们站在一起呢？

托尔斯泰 (十分平静地) 我已经按照我所希望的，在我的书籍，此外还有少量在此期间被公开的信件中提及了这一点。——我不知道，您本人是否亲自读过我的书？

大学生一 (十分激动地) 我们到底有没有读过您的书，列夫·托尔斯泰？您这样问真是太奇怪了。仅仅读过——那是远远不够的。从儿童时期开始，我们就以您的书籍为生了；当我们成年后，是您将我们的灵魂从身体里唤醒。如果不是您，还能有谁教导我们去看清人类财富分配的不公正？您的书，只有您，让我们的心挣脱了国家、教会和不维护人类只维护不公的统治者。您，只有您，指导我们将全部生命投入到摧毁这虚伪的秩序当中去……

托尔斯泰 (想要打断其谈话并说道) 但并不是通过暴力的方式……

大学生一 (毫无顾忌地插话道) 自从我们会说话以来，从来没有人像您一样，值得我们如此信任。当我们自问，谁将结束这一切不公呢？我们会说：是他！当我们有疑问，谁将站起来摧毁这一切卑鄙行径呢？我们会说：是他，列夫·托尔斯泰！我们是您的学生，是您的仆人，是您的雇农，我觉得，当时只要您一挥手，我就可以按照您的旨意去死，如果几年前我能被允许进入这间房子，我还愿意俯身在您脚下，就像面对着一位圣人一样。这就是我们心目中的您，列夫·托尔斯泰，是我们千千万万的人心目中的您，是所有俄国青年心目中的您，直至几年前，我感到十分悲痛，我们所有人都感到十分悲痛，自从那时，您离我们越来越疏远，几乎成了我们的敌人。

托尔斯泰 (温和下来) 那您觉得，我必须要做些什么，才能和你们永远联结在一起呢？

大学生一 我并没有自负到要去教导您应该怎样做。您自己知道，是什么让您与我们，与所有俄国青年变得疏远。

大学生二 现在，为什么不说呢，我们的事业太重要了，已经顾不得礼貌：您必须要睁开眼睛看一下，面对政府施予人民的罪行，不要再袖手旁观。您必须要从书桌旁站起来，坦然、坚定、全心全意地站在革命的一边。您知道，列夫·托尔斯泰，政府是用何种暴行镇压了我们的运动，如今，比您的花园里树叶还多的人被送入监狱。您呢，您亲眼见证了一切，正如人们所说，您或许偶尔也在英文报刊上写一些关于人类生命神圣性的文章。但是，您知道，如今，想要反抗这血腥的恐怖统治，文字无法再起作用，您和我们一样知道得清清楚楚，一场彻底的革命是十分必要的，单单您的话就能为这场革命召唤组建一个军队。您促使我们变成了革命者，而现在，对您来讲时机已经成熟，您却准备小心翼翼地回避，您这样做，实际是在赞同强权！

托尔斯泰 我从未赞同强权，从来没有！三十年前开始，我就放弃了我的工作，只是为了同所有当权者的罪行做斗争。三十年前开始——那时你们还没有出生——我就用比你们更加激进的方式，不仅仅争取现状的改善，而且为实现社会关系的彻底改革进行不懈努力。

大学生二 (打断了他的讲话) 那现在呢？三十年来，您得到了什么呢？我们又得到了什么呢？ ——挥在传播您的言论的自由者身上的皮鞭，还有胸腔内的六颗子弹。通过您如此温和的催逼以及您的书、您的宣传册，俄国又有什么改善呢？您让人民宽容忍耐这存在了千年的帝国，用空话敷衍人民，其实是在帮助那些压迫者啊，您还没明白吗？不，列夫·托尔斯泰，以爱的名义感召这群横行霸道的人，完全没有任何作用，即使您有天使般的口才，也只是徒劳！如果我们不举起拳头挥向他们的喉咙，那些沙皇的奴仆是不会因为您的耶稣而从自己的口袋里拿出哪怕是一个卢布，他们不会退让一寸。人民等待您的博爱已经太久了，现在，我们不再等待，现在，行动的时刻已经到来了。

托尔斯泰 (非常激动地) 我知道，你们甚至在宣言中将这激起仇恨的行动称之为一场"神圣的行动"。但我不了解什么是憎恨，我也不想了解，即便是憎恨那些对人类犯下罪行的人，我也反对，因为，作恶的人，比那个承受这恶行带来的痛苦的人，其灵魂会更受煎熬——我怜悯作恶的人，但我不憎恨他。

大学生一 (十分恼怒地) 但是我却憎恨所有施予人类不公的人——冷酷无情，如嗜血的野兽，我憎恨这些人中的每一个人！不，列夫·托尔斯泰，您不用对我说教，我永远也不会去怜悯这些罪人。

托尔斯泰 但这些罪人也是我的兄弟。

大学生一 就算他是我的兄弟，是我母亲的孩子，如果他为人类带来痛苦，我还是会像打死一只疯狗一样击毙他。不，我不会再同情这群无情的人！沙皇和男爵的尸体不埋在泥土里，俄国这片土地就永无安宁可言；如果我们不用暴力逼迫他们，就永远也不会建立符合人性和道德的秩序。

托尔斯泰 没有什么道德秩序是可以通过暴力强行建立的，因为，每种暴力都必然会再次孕育新的暴力。一旦你们拿起武器，你们也就创造了新的专制主义。你们这不是在摧毁专制，而是使专制永存。

大学生一 但是除了摧毁现有政权，我们没有其他办法对抗那些强大的掌权者。

托尔斯泰　我承认这点。但是，人们绝不应该使用那些自己内心并不认同的手段。真正的强大，请您相信我，并不是以暴制暴，而是通过柔和的方式削弱暴力，《福音书》[1]中就是这样记载的……

大学生二　*(打断了他的讲话)* 啊，您还是别提《福音书》了，东正教教士们早就用《福音书》酿成了一杯烈酒，麻痹人民，使人民沉默不语。这一手段两千年前就有人用过，但当时已经毫无用处，否则如今的世界也不会有如此多的痛苦与流血事件。不，列夫·托尔斯泰，如今，《圣经》上的话再也不能弥合被剥削者与剥削者、地主与农奴之间的深深鸿沟：他们之间发生太多痛苦和不幸了。今天，数以千计，不，数以万计虔诚而热心的人们在西伯利亚，在监狱里受苦受难，明天，这个数字就会增至几十万。那么我就要问您了，难道这数百万的无辜者就真的应该因为这少数罪人继续受难吗？

托尔斯泰　*(克制着自己)* 他们受难，总比再次付出血的代价要好。正是这无辜的痛苦，才是抵抗不公的有效良方。

大学生二　*(愤怒地)* 您是说俄国人民承受的那延续了数千年之久的、永无尽头的苦难是好的？现在，您就这样去监狱

1.《福音书》：以记述耶稣生平与复活事迹为主的文件、书信与书籍。基督教传统中，它常指《新约》中的内容，狭义专指四福音书，即《马太福音》《马可福音》《路加福音》和《约翰福音》。

里，列夫·托尔斯泰，您去监狱里问问那些被鞭笞的人，问问那些在城市和乡村忍饥挨饿的人，是不是这苦难真的如您所说的那么好？！

托尔斯泰 (恼怒地) 但一定比你们的暴力好。你们真的认为，用你们的炸弹和手枪就能把那些恶魔从这个世界永久铲除吗？不可能，你们自己身上也正孕育着恶魔，而且我要再次提醒你们，为了一个信念而受难，比为了一个信念而杀人要好一百倍。

大学生一 (同样恼怒地) 那么，如果受难是如此舒适又好，列夫·托尔斯泰，现在，您自己为什么不去受难呢？您为什么总是赞扬别人所受的苦难，可当您的农民——我曾亲眼见到过——穿着破布衣服，饿得半死，快被冻僵在茅舍里的时候，而您却坐在自己温暖的房子里，用银质餐具享用着精美的饭食？您为什么不自己代替那些人去承受鞭笞，那些因为您的理论而备受折磨的杜霍波尔派[1]教徒？为什么您不离开这幢豪华的房子，走到街上，在严寒中，在风雨中亲身感受这所谓的珍贵的穷困呢？为什么您总是只停留在口头上，而不真正按照您的理论行动呢？为什么您自己不亲身示范一下呢？

---

1. 杜霍波尔派：产生于18世纪，是与俄国东正教相背离的一个基督教分支，他们拒绝承认现实意义上的政府，除了上帝之外，他们不承认任何权威。此外，他们还是严格的和平主义者，将反对服兵役作为誓言。

（托尔斯泰退缩了，男秘书快步走到大学生面前，想要愤怒地斥责他，但托尔斯泰已经镇静下来，将男秘书轻轻推到一边。）

托尔斯泰 （对秘书说）你不要管！这个年轻人提出的拷问我良心的问题，非常好……这是一个特别出色、真的很有必要的一个好问题，我会努力坦率地回答它。（他向前迈进了一小步，踌躇着，振作精神，他的声音变得沙哑而低沉。）您是问我，为什么我不按照自己的理论和说法去承受苦难？那么，我就怀着最深的惭愧回答您这个问题：受难的前提是，如果直到现在，我已经逃避了我最神圣的职责的话，就是这样……对，就是这样……因为我……太胆怯了，太懦弱了，或者说太不坦率了，我是一个低贱、微不足道而又罪孽深重的人……因为时至今日，上帝都没有赐予我力量，最终去做那些刻不容缓之事。而您，一个年轻的陌生人，您的话是如此拷问我的良心。我知道，对于那些急需解决的事情，我所做的连其中的千分之一都不到，我万分羞愧地承认，很久以来，我就有职责舍弃这奢侈的房子和可耻的生活方式，这种生活在我看来也是一种罪过，并且，正如您所说，以一个朝圣者的身份走到街上，除了在灵魂最深处自我羞愧，并屈服于自己的可耻行为之外，我别无行动。（两名大学生朝后退了一步，缄默不语。停顿了一会儿，然后托尔斯泰用更轻的声音继续说。）但是，也许……也许我还是在承受……也许我也刚好在承受痛苦，因为我并不能做到足够坚强和诚实，在人们面前履行我的诺言。也许我在良心上所受的煎熬比肉体承受的痛苦更深。也许上帝正是为我铸造了这个十字架，并借这幢房子让我承受更严厉的折磨，而不是让我脚上戴着镣铐躺在监狱里……但是您说得对，这种痛苦是无用的，因为这只是我个人承受的痛苦，而我又自负了，想要借此自我夸耀。

大学生一 （感到些许惭愧）请您原谅，如果我在情急中将矛头转向您个人……

托尔斯泰 不，不，正相反，我要感谢您！那些用拳头撼动我们内心的人，恰恰是对我们行善之人。（一阵沉默之后，托尔斯泰再次用平静的语气问道）您两位还有问题要问我吗？

大学生一 没有了，刚刚那是我们唯一要问的问题。我认为，您拒绝帮助我们，对俄国和全人类来讲，都是一种不幸。因为没有人会再阻止这场颠覆与革命，而我觉得，这场革命将变得十分可怕，比世界上的一切革命都可怕。那些决心要实施这场革命的人，将是钢铁般的人，怀有冷酷坚毅意志的人，毫无宽容之心的人。如果您能够领导我们，那么您的典范将赢得数百万人的支持，这样，牺牲者肯定会更少。

托尔斯泰 但是就算仅仅是一条生命，若导致其死亡的过错在于我，我都不能对此担负道义上的责任。

（房间楼下的时钟在报时。）

男 秘 书 (转向托尔斯泰，想要打断谈话) 已经中午了。

托尔斯泰 (十分不高兴地) 对，吃饭，闲聊，吃饭，睡觉，休息，
闲聊——我们就是这么懒散地生活着，而这时别的人
却在工作，为上帝服务。

（他再次转向两名年轻人。）

大学生二 那么，除了您的拒绝，我们就没有其他的可以带回给
我们的朋友了吗？您难道不想给我们一些鼓励的话语
吗？

托尔斯泰 (以敏锐的目光看着他，做思考状) 请以我的名义，将这些话
转达给你们的朋友：我热爱你们，我敬佩你们，俄国
的年轻人，因为你们是如此深切地共同感受着你们兄
弟所受之苦，并愿意奉献自己的生命以改善这一切。
(他的语气变得严厉，坚定，不留情面。) 但其他方面，我并
不赞同你们，而且，一旦你们否定这对所有人的人道
之爱和兄弟之爱，我便拒绝和你们站在一起。

（大学生们沉默着，然后大学生二下定决心，向前迈了一步，
强硬地说道。）

大学生二 感谢您招待我们，感谢您的坦率。以后，我可能永远
不会再站在您的面前——那么请您允许我这个陌生的，
对您来讲什么都不是的人，再讲几句坦率的告别的话。
我告诉您，列夫·托尔斯泰，当您认为仅仅通过爱就

能改善人与人之间的关系时，你就已经错了：对富人和无忧无虑的人来讲，这可能会奏效。但是对另外一些人来讲，他们从小时候开始就挨饿，一辈子都在农奴主的统治下受罪，他们很疲惫，期盼着那来自基督天堂的兄弟之爱的到来，然而，他们等待了太久，所以他们还是更加相信自己的拳头。我还想在您临死前夜告诉您，列夫·尼古拉耶维奇·托尔斯泰：这世界还是将陷入血腥中，人们不但会杀死地主，还会杀死他们的孩子，将其分尸，撕成碎片，这样，土壤也就不再会从他们身上吸收恶的元素。祝愿您能够避免成为您自己错误的见证人——这是我对您发自内心的祝福！上帝会允许您安宁地离世！

（托尔斯泰向后退了一下，对这个充满激情的年轻人的愤怒十分震惊。稍后，他恢复了平静，走向他，直截了当地说。）

托尔斯泰　我特别感谢您最后说的一席话：您对我的祝福，正是我从 30 年前开始就渴望的——与上帝和全人类同在，平静地死去。（两名大学生鞠了躬，转身离开，托尔斯泰目送他们好久，然后他就开始激动地来来回回地走，兴奋地对男秘书说。）

这是多么出色的年轻人啊，冷静、自豪、坚强，这些年轻的俄国人！好极了，这些虔诚又充满激情的青年们！　　60 年前，我在塞瓦斯托波尔[1]也曾见识过；带

---

1. 塞瓦斯托波尔：克里米亚半岛西南岸港口城市。

着同样自由而又狂妄的目光，他们走向危险，走向死亡——固执地准备着，为了一种虚无，微笑着去死；为了一个空壳，为了空洞无意义的话语，为了一个并不真实的观点，只是出于对献身的热爱，就投注他们的生命，他们那宝贵的年轻生命。永远都是这样的俄国青年们，真的是好极了！怀着这一腔炽热与力量，服务于仇恨和谋杀，正如服务于一件神圣之物！是啊，他们这是在对我行善！他们唤醒了我，这两个年轻人，真的，他们说得确实有道理，现在是时候了，我要脱离懦弱，振作起来，实践我的诺言！离死神只有两步之遥，我却总还是在犹豫！真的是这样，人们只能从青年人身上才能学到正确的东西，只能从青年人身上！

（门开了，伯爵夫人像一阵疾风一样闯了进来，紧张又烦躁。她的动作显得很不安，眼睛总是慌张地从一个东西转向另一个。人们可以感觉到，当她说话的时候，心里想的却是别的事情，承受着一种内心涌动的不安带来的精神折磨。她的目光故意扫过男秘书，好像他是空气一样，只和她丈夫说话。紧随其后来的是她的女儿萨沙，人们会觉得，她好像是在跟踪她的母亲，以便监视她。）

伯爵夫人 都已经到了吃午饭的时间了，半个小时前，《每日电讯报》的编辑就在楼下等，想要你的一篇反对死刑的文章，而你竟然因为这两个家伙让他等了那么久。真是没教养又粗鲁的家伙！就在楼下，刚刚仆人问他们，是否跟伯爵预约过，其中一个竟然说：没有，我们没有提前预约；是列夫·托尔斯泰约请了我们。你竟然对这样一个冒失的纨绔子弟听之任之，他们觉得这个世界最好混乱不堪，像他们自己的头脑一样！(她焦躁地环视房间。) 就像这里摆放的一切一样，书放在地上，一切都这么混乱，布满灰尘，真的，要是有比较高级的客人来访，这一切真是太丢脸了！(她走向扶椅，用手摸了摸。) 油布破烂到不行，真应该感到羞愧啊，不，这样都别想再获得威望了。不过庆幸的是，来自图拉图拉的裱糊师明天就要来了，他到了以后必须要马上把这扶椅修好。(没人回答她，她急躁地来回张望。) 哎呀，快点，你现在就来！不能再让他等了。

托尔斯泰 (突然脸色苍白，十分焦躁地) 我马上来，这里我还要……有些东西需要整理……萨沙会帮我一起……在此期间，你就陪一下这位先生，并替我道歉，我马上就来。

(向整个房间东张西望一遍后，伯爵夫人走了。她刚迈出房间，托尔斯泰就跳到门边，快速转动钥匙，锁上了门。)

萨　沙 (对他的激动行为十分吃惊) 你在干吗？

托尔斯泰 (特别激动，把手按着胸口，结巴着说道) 裱糊师明天……谢天谢地……那么还有时间……谢天谢地……

萨　沙 但是这究竟是要……

托尔斯泰 (激动地) 刀，快拿来一把刀或者剪刀……(男秘书带着诧异的眼神从书桌上拿起了一把裁纸剪刀递给他。托尔斯泰紧张又匆忙，偶尔害怕地望向锁起来的门，他开始用剪刀将破掉的扶椅上的裂口剪得更大，然后不安地用手在鼓起的马鬃毛里摸索，直到最后掏出了一封密封的信）哈，难道不是吗？ ……真是可笑……可笑又难以置信，像是一本糟糕的法国低级趣味小说中的情节一样……真是不停丢脸……那么我不得不，作为一个有着清醒意识的男人，在我83岁的时候把我最重要的文件藏在我自己的房子里，因为我的一切都会被寻根究底地翻出，因为人们紧紧跟随着我，想要探知我的每一句话，每一个秘密！啊，在这幢房子里，我的生活是多么的耻辱，如同在地狱中，是个谎言！

（他慢慢变得平静，打开信件开始读起来，转向萨沙。）我13年前写了这封信，当时，我就应该离开你的母亲，离开这幢地狱般的房子。这是一封给她的告别信，但我最终却没有找到告别的勇气。（信件在他微微颤抖的手中发出沙沙声，他自顾自地低声读了出来）……然而，我已没有办法再继续这已经过了16年的生活，一方面既要和你们做斗争，另一方面还必须要给你们鼓励。所以，我现在决定去做那些我本来早就应该做的事情，也就是——逃离……如果我一直犹豫不决，反而会十分艰难。我可能变得懦弱，恰恰在必须要将这个决定付诸行动的时候，却不去实行我的决定。那么，我请求你们的原谅，如果我的决定给你们带来伤害，特别是你，索菲亚，在你的心里忘掉我，不要找我，不要怨我，不要谴责我。（呼吸沉重地）啊，到现在已经过了13年了，从那时开始，我又自我折磨了13年，每一句话都真实如曾经，我如今的生活也是仍旧懦弱胆怯。一直都没有，我一直都没有逃离，一直，我一直在等待，在等待，却不知道到底在等待什么。我一直都清醒地知道一切，却总是做错。我一直都这么懦弱，一直没有决心反抗她！我就这么一直把这封信藏在这里，就像一个男学生在老师面前隐藏一本淫秽的书。而我请求她将我的作品产权赠送给全人类的那份遗嘱，也交到了她的手里，只是为了换取这幢房子里的和平，而不是为了我良心的宁静。

（稍隔一段时间）

男 秘 书 那么您认为，列夫·尼古拉耶维奇·托尔斯泰——请您允许我提这个问题，因为这种情况未曾预料……那么您认为……如果……如果您百年之后……那么……那么……那么您这个最后的最迫切的愿望，也就是放弃您的作品版权，也将真正地实现吗？

托尔斯泰 （震惊地）当然……也就是说……（不安地）不，我不知道……萨沙，你觉得呢？

（萨沙选择了回避，沉默着。）

托尔斯泰 天啊，我从来没有想过这点。或者不，我只是又一次不够诚实：——不，我只是不愿意去想它，我又再一次逃避了，就像我总是逃避每一个清楚而坦率的决定一样。（他目光敏锐地盯着男秘书）不，我知道，我确切地知道，我的夫人和我的儿子们，他们不会重视我最后的意愿，就像他们如今不尊重我的信仰和我的道义义务一样。他们会利用我的作品进行交易，那么我死后，我将在众人面前成为一个违背我自己诺言的骗子。（他做了一个下定决心的动作）但是这一切不应该，也不允许变成这样！最后，就这一次，一定要清清楚楚！今天这个大学生，这个真诚的坦率的人，是怎么说的来着？世界需要我的行动，最终需要我的诚实，一个清楚的、纯粹的、明确的决定——这是一个信号！当一个人 83 岁的时候，不应该再在死亡面前紧闭双眼，他应该要直面死亡，简单扼要地做出自己的决定。是的，这些陌生人真的是对我行善了：一切不作为的背后总是隐藏着一个胆怯的灵魂。人们必须要清楚而真诚，而这也是我最终想要成为的样子，就是现在，在我迟暮之际，在我 83 岁之际。（他转向男秘书和他的女儿）萨沙，弗拉基米尔·乔治戈维奇，明天我要立下遗嘱，清清楚楚地，坚定地，毫无疑问地，无可争辩地，我要将我所有作品所获的收益，所有肮脏的金钱，以及在此基础上滋生的钱财，赠给所有人，赠给全人类——我绝不允许别人利用我所说及所写的关乎人类，发自我良心困境的话语而从事肮脏的交易。请您明天上午过来，

带着另一个见证人——我不能再犹豫了，否则死神将
阻碍我完成这一切。

萨　　沙　再等一下，父亲——我并不是想要劝服阻止你，只是，
如果母亲作为第四人在这里注视着我们，我害怕会有
困难。她会立刻表示怀疑，并还有可能在最后一刻动
摇你的意志。

托尔斯泰　（思考状）你说得对！不，在这幢房子里，我是不可能完
成什么纯粹的、恰当的事情：在这里，整个生活都会
成为一个谎言。（转向男秘书）请您这样安排，明天上午
11 点，你们在格鲁蒙德森林左边的大树旁和我碰面，
就在黑麦地后面。我会去那里，就像我平时散步那样。
请你们准备好一切，我希望，上帝可以在那里给予我
坚强，将我从最后的束缚中拯救出来。

（午间的时钟再一次更激烈地敲响。）

男 秘 书　但是您现在千万不要让夫人注意到什么，不然一切计
划都将付诸东流。

托尔斯泰　（呼吸沉重地）真是可怕，总是要反反复复地自我伪装，
总是要反反复复地自我隐藏。人们想对这个世界保持
真诚，人们想对上帝保持真诚，人们想对自己保持真
诚，但却不能对他的夫人和孩子们保持真诚！不，人
们不能这样生活，人们不能这样生活！

萨　　沙　是母亲！

（男秘书快速将门锁打开，托尔斯泰走向书桌，转过身，背对

着进来的人，以隐藏自己的激动情绪）

托尔斯泰 （悲叹道）这幢房子里的谎言真的是要毒杀我了——啊！
如果能有一次机会，能够保持完全真诚就好了，至少
在死神面前保持真诚！

伯爵夫人 （匆忙地走进来）为什么你们就是不下楼呢？你总是需要
这么长的时间。

托尔斯泰 （转向她，他的面部表情已经完全平静下来，他慢慢地，用另外在场
的人才能理解的重音说道）是的，你说得对，我总是需要很
长时间，并且做一切事情都需要很长的时间，但重要
的却只有一点：时间留给人们及时去做恰当的事。

第二幕

同一个房间，第二天深夜。

男 秘 书 您今天应该早点躺下休息，列夫·尼古拉耶维奇，经
过这么长时间的骑行和奔波，您一定累了。

托尔斯泰 不，我一点也不累，劳累带给人们的东西只有犹豫与
不定。每一个行动都会带来解脱，甚至差的行动都比
无所作为好得多。（他在房间里来回走动）我不知道我今天
所做的是否正确，我必须要先问问自己的良心。我将
自己的作品回赠给所有人，这使我的灵魂获得解放，
但是我觉得，我不应该在暗地里秘密立下这个遗嘱，

而应该坦率地在所有人面前，怀着说服众人的勇气立下遗嘱。也许我这样做有失身份，我本应该为了真相而坦率地做这件事——但是，谢天谢地，现在它已经发生了，生命又向前迈了一步，同时也离死神近了一步。现在只剩下最难的一件事了，最后的一件事：当一切都将结束之时，在正确的时刻，像动物一样在灌木丛中匍匐爬行，因为在这幢房子里，我的死亡也会像我的生活一样毫无真实可言。我已经83岁了，但是我却始终、始终找不到力量，将自己从尘世中解脱，然而，或许我正是错过了正确的时刻。

男 秘 书　谁又能知道何时是正确的时刻呢！如果人们知道了，那一切就美好了。

托尔斯泰　不，弗拉基米尔·乔治戈维奇，不会变得美好的。您难道不知道那个古老的传说吗？有次一个农民向我讲述的上帝是如何从人们身边收回预知死亡能力的这一传说。从前，每个人都知道自己死亡的时刻，有一次，当上帝来到人间，他注意到有些农民不再耕种田地，生活得像罪人一样。所以，他责备其中一个人的懒散，但是这个人却只是咕哝道：如果他自己不再能活到收获的时刻，他又应该为谁辛勤耕种呢？上帝这才意识到，如果人们能提前预知自己的死亡，这是一件多么不好的事，所以，上帝收回了人们预知死亡的能力。从那时开始，农民们就必须耕种自己的田地，直至最

　　　　　　　　　　　　　　　　人类群星闪耀时

后一刻，就像他们会永远活下去一样，并且这也是正确的，只有通过劳作，人们才能成为永恒的一部分。所以，我今天还是要（他指了指自己的日记本）在我日常的田地上耕耘。

（外面响起了急促的脚步声，伯爵夫人穿着睡衣走了进来，恼怒地看了一眼男秘书）

伯爵夫人 原来如此……我还想，你终于是一个人了呢……我要和你谈谈……

男 秘 书 （鞠了个躬）我这就走。

托尔斯泰 祝您愉快，亲爱的弗拉基米尔·乔治戈维奇。

伯爵夫人 （男秘书走后，门还没有关上）他总是在你旁边，像一根链条一样挂在你身上……而我呢，他恨我，他想让我远离你，这个阴险的坏人。

托尔斯泰 你这样对他不公平，索菲亚。

伯爵夫人 我不想做一个公平的人！他插手我们的事，将你从我身边偷走，离间你的孩子们。自从他到了这里，到了这幢房子以后，我就一点地位没有了，现在，你自己属于全世界，只有我们，你最亲近的家人，什么都不是。

托尔斯泰 要真是这样就好了！只有上帝才会想让一个人归属于所有人，却为自己，为他，毫无保留。

伯爵夫人 好吧，我知道了，是他这么说服你的，这个伤害我的孩子们的小偷，我知道，他让你更加强硬地对抗我们所有人。所以，我不会再容忍他继续留在这幢房子里，这个可恶的挑拨者，我不要再让他留在这里！

托尔斯泰 但是，索菲亚，你是知道的，我需要他协助我工作。

伯爵夫人 你能另外找到几百个可以协助你工作的人！(暴躁地) 我再也受不了他待在我附近，我不想这个人挡在你我之间。

托尔斯泰 索菲亚，你是个和善的人，我求求你，不要生气。来，你过来坐下，让我们平静地谈谈话——就像过去一样，就像我们的生活刚开始的时候一样——你想想，索菲亚，我们所能拥有的和善的言语和美好的日子不多了！(伯爵夫人忧虑地环顾四周，颤抖着坐下) 你看，索菲亚，我需要这个人——或许只是因为我的信仰太虚弱，我才需要他，因为，索菲亚，我没有自己希望的那样强大。虽然每一天都在向我证明，在世界上某个遥远的地方，成千上万的人都在宣扬我的信仰，但是你要明白，这是我们世俗的心；为了保持自我肯定，至少需要从一个人身上获得亲近的，鲜活的，可见可感的，近在咫尺的爱。或许圣人可以在没有帮手的情况下，独自在自己的房间里有所作为，就算没有见证人也不会沮丧气馁，但是，你看，索菲亚，我根本就不是圣人——我只是一个虚弱的老人。所以我必须要有个人在旁边，他可以宣扬我的信仰，这信仰是我现在年迈孤单生命中最珍贵的东西。如果你，48 年来我一直感激的你，如果你能理解我的宗教觉悟，这无疑会是我最大的幸福。但是，索菲亚，你却从来没这样想过，面对我灵魂中最珍贵的东西，你只是冷漠地注视着，而且我害怕，你甚至是怀着恨意看待它。(伯爵夫人动了一下) 不，索菲亚，不要对我有误解，我并没有指责你，你已经给了我，给了这个世界你所能给的一切，慈祥的母爱和令人愉快的关怀；你又怎么能为了自己在灵魂上无法认同的信念而做出牺牲呢。我又怎么能因为你不理解我内心最深处的想法而责怪你呢——一个人的精神生活，他最后的想法，永远是他和他的上帝之间的一个秘密。但是你看，一个人到来了，终于有个人来到了我的房子，从前，他因自己的信念在西伯利亚受难，而现在，他追随着我的信念，是我的帮手，是我亲爱的客人，在我的精神生活上帮助我，让我更坚强——为什么你不愿意让这个人留在我身边呢？

伯爵夫人　因为他让你疏远了我，这正是我不能忍受的，这是我不能忍受的。这让我变得疯狂，让我变得忧郁，因为我恰恰能感觉到，你们所做的一切都是反对我的。今天也是，中午的时候，我逮住了他，当时他正把一张纸匆忙地藏起来，而且你们两个都不敢直视我的眼睛：他不敢，你也不敢，萨沙也不敢！你们所有人都在瞒着我什么，是的，我知道，我知道，你们背着我做了坏事。

托尔斯泰　我希望，在我现在离死神只有寸步之遥的时候，上帝能够阻止我故意去做坏事。

伯爵夫人　(激动地) 那么你并不否认，你们已经在暗地里做了一些事……反对我的事……啊，你要知道，在我面前，你并不能像在其他人面前一样撒谎。

托尔斯泰　(恼怒地快跳了起来) 我在其他人面前撒谎？你也这么说我，因为你，我在所有人面前看起来是一个说谎者。(努力克制着自己) 现在，我向上帝保证，我并没有故意犯下说谎的罪行。或许对于我这样一个虚弱的人来说，总是很难将所有真相毫无保留地说出来，但是我认为，这样并不证明我就是欺骗他人的说谎者，是骗子。

伯爵夫人　那你告诉我，你们到底做了什么——那是什么样的一封信，是什么样的一张纸……不要再继续折磨我了……

托尔斯泰　(走近她，十分温柔地) 索菲亚·安德烈耶芙娜，不是我在折磨你，而是你自己在折磨自己，因为你不再爱我。要是你对我还有爱，对我还有信任——在你所不能理解的方面给予我信任，那该多好！索菲亚·安德烈耶芙娜，我请求你，问问你自己的心吧：我们在一起生活了 48 年啊！也许你还能从过去这些年，从那些被遗忘的某处时光，在你的某道皱纹中找到对我的一点点爱：那么，我请求你，捧起这小小的爱的火花，把它扇旺，再尝试一次去改变，改变成像你以前一直对我的那样，充满爱意，充满信任，温柔而又无私；因为，索菲亚，有时候想到你现在是如何对待我，这会让我感到十分害怕。

伯爵夫人 (十分震惊而激动) 我不知道我究竟变成什么样了。对，你说得对，我变得可憎又凶恶。但是看着你这样折磨你自己，折磨得不像个人样，谁能忍受得了呢。这简直是种罪孽，是的，罪孽就是，傲慢，自大，不愿顺从，而且愿意就这样急不可待地去见上帝，去寻找一种对我们毫无用处的真理。以前，以前，那时候一切都很美好，很真诚，人们像其他所有人一样生活，正直而纯粹，有自己的工作，自己的幸福，孩子们健康地长大，人们期待着变老。但是，突然，这可怕的幻想，这使你和我们所有人都不幸福的信仰，就都落到了你的肩上，那是 30 年前。对此我能做的，我到现在还是不能理解，你自己刷锅挑水补脏靴，究竟有什么意义呢，就是你，这个被全世界视为他们最伟大艺术家的你。不，我总是不能理解，为什么我们纯粹的生活、勤奋而俭朴、平静而简单的生活，为什么这样的生活就成了对其他人犯下的一种罪行。不，我对此不能理解，我不能，我不能理解。

托尔斯泰 (十分温柔地) 你看，索菲亚，我要告诉你的正是这点：我们不能理解的方面，正是我们需要用爱的力量去信任的方面。人类是这样，上帝也是这样。您会认为，我是真的妄称自己了解正义吗？不，我只相信人们的正当之所为，人们痛苦地自我折磨以达成的所为，这在上帝和人类面前不可能完全没有意义和价值。所以，请你，索菲亚，请你也尝试着去稍稍相信你对我所不能理解的方面，至少要信任我追求正义的决心，然后，一切，一切都会变好的。

伯爵夫人　(焦躁地) 但你得把一切告诉我啊……你要告诉我你们今天所做的一切。

托尔斯泰　(十分平静地) 我会告诉你一切，在我有限的余生，我不想再隐藏什么，也不想背地里做什么。我只是在等，等谢列日卡和安德烈回来，然后我想要走到你们所有人面前，坦白地说出，我几天来所做的决定。但是，在这之前的短暂时间内，索菲亚，请放下你的猜疑，不要跟踪我——这是我唯一的、内心最深处的请求。索菲亚·安德烈耶芙娜，你愿意满足我的这个请求吗？

伯爵夫人　是的……是的……肯定的……肯定的……

托尔斯泰　谢谢你！看啊，有了坦诚和信心，一切是多么的简单啊！我们能这样以一种和平和友好的方式谈话，是多么好啊！你再次温暖了我的心，看吧，你刚刚进来的时候，脸上布满了猜疑，以至于不安和恨意让我对你感到十分陌生，我都已经认不出从前的你了。现在，你的前额又明亮了，我也再次认出了你的眼睛，索菲亚·安德烈耶芙娜，你少女般的眼睛还是和从前一样，美丽而充满爱意。但现在，你该去休息了，我亲爱的，天色不早了！我从心底里感谢你。

（他吻了她的额头，伯爵夫人离开了，在门旁又再次兴奋地转过身）

伯爵夫人 但是你会告诉我一切对吗？一切？

托尔斯泰 （还是十分平静地）一切，索菲亚。你也要记着你的承诺。

（伯爵夫人不安地望了一眼书桌，慢慢走开了）

托尔斯泰 （在房间里来来回回走了好几次，然后坐到书桌旁，在日记本中写下几句话。一会儿，他站起身来，来回踱步，再次回到书桌旁，小声读刚刚写下的文字）"面对索菲亚·安德烈耶夫娜的时候，我努力让自己尽可能保持平静和坚定，而且我相信，我会或多或少达成目标：使她平静下来……今天，我第一次有机会，用善与爱使她让步……啊，要是……"

（他把日记本放下，沉重地呼吸着，走到旁边房间，把蜡烛点起来。然后他再次走回来，艰难地脱下那双沉重的农鞋，再脱掉上衣，然后熄灭灯，仅仅穿着宽大的裤子和工作衬衫，走进了旁边的卧室）

（半晌，房间完全保持着安静和黑暗。什么都没有发生。静得连呼吸声都听不到。突然，书房的门被小心翼翼地打开了。有人光着脚在漆黑的房间里摸索行走，手上提着一盏遮光提灯，至少暂时在地板上投下短短一束锥形光。是伯爵夫人。她害怕地四处环望，先是在卧室的门外静静偷听，然后蹑手蹑脚地，明显放心了许多，走向书桌。现在，点亮的遮光提灯在黑暗中投下白色光圈，只照亮了书桌周围的区域。伯爵夫人，在光圈中颤抖着双手，先是拿起留在桌上的手稿，怀着紧张和不安，开始读日记，然后，她小心地，一个接一个地打开书桌的抽屉，越来越匆忙地在文件中翻寻，却什么也没有找到。最后，她颤抖着把提灯再次提在手里，蹑手蹑脚地走了出去。她的表情惘然若失，像个梦游人一样。她身后的门一关上，托尔斯泰就猛地一拉，打开了卧室的门。他手里拿着一支蜡烛，烛火摇摇摆摆，愤怒使这个年迈的老人全身抖动：他刚刚在偷听夫人的一举一动。他已经准备在匆忙中追出去，已经握住了门把手，但突然，他强迫自己转过身，让自己平静下来，像是做出了决定，将蜡烛放在书桌上，走向另一边的门，轻轻地，小心翼翼地敲门。)

托尔斯泰 (轻轻地) 杜尚……杜尚……

（杜尚的声音从旁边房间传来）

杜　尚 是您吗，列夫·尼古拉耶维奇？

托尔斯泰 小点声，小点声，杜尚！马上出来……

（杜尚从旁边房间走了出来，但只穿了很少的衣服）

托尔斯泰 去叫醒我的女儿亚历山德拉·利沃夫纳，要她马上来这边。然后你快点跑去马厩，命令格里戈尔套马，但叮嘱他，一定要小声行动，不要让房子里的人注意到。你也要给我小声点！不要穿鞋，注意点，门会嘎嘎响的。我们必须要走，马上——没有时间可以浪费了。

（杜尚匆忙离开了。托尔斯泰坐了下来，果断脱下靴子，拿起上衣，匆匆忙忙地走了进去，然后找了一些文件，快速收好。他的动作十分有力，但有时又比较急切。现在，在书桌旁，他在一张纸上写下了几句话，肩膀颤抖着）

萨　沙　(轻轻走了进来) 发生什么事了，父亲？

托尔斯泰　我要走了，我要逃离……终于……我终于决定了。一个小时之前，她还向我许诺，会信任我，但现在，凌晨三点，她竟然偷偷地闯进我的房间，乱翻我的文件……但这很好，这真的很好……那不是她的意愿，那是别人的意愿。我曾经多次祈求上帝，如果时机成熟，但愿他能赐予我启示——现在我是被赋予祈求的那个人，因为现在，我有了权利，留下她一个人，这个背弃我灵魂的人。

萨　沙　但是，父亲，你要去哪里呢？

托尔斯泰　我不知道，我不想知道……随便去什么地方，只要离开，远离这生活的虚假……随便去什么地方……这世界上有这么多条街道，总有一个地方，有一堆稻草，或者有一张床，能够容一个苍老的男人安静地死去。

萨　沙　我要陪你一起……

托尔斯泰　不，你还要待在这里，安慰她……她一定会大发脾气……啊，她将遭受怎样的痛苦啊，这个可怜的人！……而我就是她的痛苦之源……但我别无选择，我再也承受不了了……再这样下去，我就要在这里窒息了。你要待在这里，一直到安德烈和谢列日卡到达。

	然后你再来找我，我会先去沙马尔京诺修道院，去和我的姐姐告别，我觉得，对我来说，告别的时刻到了。
杜　尚	(急匆匆地回来) 车夫已经套好车了。
托尔斯泰	那么，杜尚，你快去做好准备，来，这些文件放在你这里……
萨　沙	但是，父亲，你一定要带着这件皮大衣，夜晚太冷了，我要再快点去给你打包些保暖的衣服……
托尔斯泰	不，不，不需要了。我的天，我们不能再磨蹭了……我不想再等了……我等这一刻，等这一启示，已经等了 26 年了……快点，杜尚……可能还会有人耽误阻碍我们。来，拿好这些文件、日记本、铅笔……
萨　沙	还有乘火车的钱，我去拿……
托尔斯泰	不，不要再拿钱了！我不要再打扰任何人，他们会在火车上认出我来，他们会给我火车票，以后，上帝会帮助我的。杜尚，快点准备好，来。(转向萨沙) 你把这封信给她：这是我的告别信，也许她会原谅我。到时候写信给我，告诉我她是如何承受这一切的。
萨　沙	但是，父亲，我要怎样给你写信呢？一旦我在信上写了名字，她会立刻就得知你的所在地，然后去追踪你。你必须要用一个假名字。
托尔斯泰	啊，总是有谎言！总是有谎言，总是要用秘密将灵魂的姿态降低……但你说得对……快点来啊，杜尚！……按你的想法做吧，萨沙……这只会有益无

害……那么，我应该叫什么名字呢？

萨　　沙　(想了一会儿) 我会在每封信上签弗罗洛娃的名字，你就
　　　　　叫托·尼古拉耶夫。

托尔斯泰　(已经是十万火急状) 托·尼古拉耶夫，好……好……现
　　　　　在，保重！(他拥抱了她) 托·尼古拉耶夫，如你所说，
　　　　　我会这样称呼我自己。就只再说这一次谎，就这一
　　　　　次！现在——我向上帝保证，这是我最后一次不那么
　　　　　真实。

(他就这样急匆匆地离开了)

第三幕

　　三天后（1910 年 10 月 31 日）。阿斯塔波沃火车站候车室。
右侧有一扇装有玻璃的大门通向站台，左侧有一扇小门通向火车
站站长伊万·伊万诺维奇·欧索林的起居室。候车室的木长椅上，
一张桌子边，坐着几名旅客，等待着自丹洛夫开来的快车：戴着
头巾的农妇们在睡觉，穿着皮大衣的小商贩，另外还有几个来自
大城市的人，显然是官员或者商人。

旅 客 一　(正在读报纸，突然大声地) 他做得真是太好了！这真是这
　　　　　个老头的一项壮举！这谁也没有料到！

旅 客 二　有什么新闻？

旅 客 一　列夫·托尔斯泰，他从家里逃出来了，没有人知道他

去了哪里。他是夜里动身启程的，穿上了靴子、皮大衣，就这样，没带任何行李，没做任何告别，他就这么离开了，只有他的医生杜尚·彼得洛维奇陪着他一起走了。

旅 客 二 他就这样把那个老太婆留在家里了，这对索菲亚·安德烈耶芙娜肯定不是什么愉快的事。他现在得有 83 岁了吧，谁又能想得到他会做这种事呢？你说，他会去哪里呢？

旅 客 一 他家里的人，那些读报纸的人，他们肯定也想知道这一点。现在，他们正在满世界发电报传播消息呢，有人在保加利亚边境附近见到了他，另一个人又说是在西伯利亚，但没有一个人知道真相。这个老头，做得真是太好了！

旅 客 三 (年轻的大学生) 报上怎么说？列夫·托尔斯泰从家里逃出来了，请把报纸给我，让我自己看看。(朝报纸看了一眼) 哦，这真是好，这真是好，他终于振作起来了。

旅 客 一 这有什么好的？

旅 客 三 因为他的活法是对自己所说的话的一种侮辱。他们已经强迫他扮演伯爵的角色足够久了，用阿谀奉承扼杀了他的声音。现在，列夫·托尔斯泰终于可以自由地从自己的灵魂深处向人类发声，并且祈愿，通过他，世界可以了解在俄国这片土地上的人民究竟遭受了什么。是的，这真是好，这个神圣的人终于拯救了自己，这真是俄国的福音，是俄国痊愈的良方。

旅 客 二　也有可能在这里闲谈的一切都不是真的，可能——(他
转了个身，确保没人能听到，低声说) 也许他们只是把这消息
硬写到报纸上，以混淆视听，实际上，他们把他带走
了……

旅 客 一　但是，谁会有兴趣，想要把列夫·托尔斯泰带走
呢……

旅 客 二　他们，他们所有人，那些视他为绊脚石的人，他们所
有人，东正教会最高当局、警察、军队，那些害怕他
的所有的人。已经有些人就这么失踪了——而人们却
说，他们去了国外。但是我们知道，他们所说的国外
是什么意思……

旅 客 一　(也小声说) 那么说，他有可能已经被干……

旅 客 三　不，他们不敢这样。这个说着勇敢话语的人，他一个
人比他们所有人都要强大，他们不敢这么做，因为他
们知道，我们会用我们的拳头把他救出来。

旅 客 一　(急促地) 小心……注意……西里尔·格雷戈尔维奇来
了……快把报纸拿走……

　　警长西里尔·格雷戈尔维奇穿着整齐的制服，从月台走了过
来，出现在玻璃门后面。他马上走向车站站长的房间，敲门。

站　　长　(从自己的房间里走了出来，头上戴着站长帽) 啊，是您啊，西
里尔·格雷戈尔维奇……

警　　长　我得马上和你谈谈，你夫人在房间里吗？

站　　长　是的。

警　　长　那就在这里谈吧！(转向旅客们，用严厉而命令式的语气说道)
从丹洛夫开来的快车马上就要到站了。请马上把候车
室清理好，然后马上去站台。(所有人都站了起来，急匆匆
往外面跑去。警长再次转向车站站长) 同样重要的还有加密电
报也到了。已经证实了，列夫·托尔斯泰逃走后，前
天到了沙马尔京诺修道院他的姐姐那里。确定迹象显
示，他计划从那里出发去别的地方。前天开始，每辆
从沙马尔京诺开向所有其他地方的火车都配备了警力。

站　　长　但是，尊敬的西里尔·格雷戈尔维奇，请您和我说一
说，究竟为什么要这样呢？然而列夫·托尔斯泰并不
是煽动者啊，他是我们的荣光，这个伟大的人，他是
我们国家真正的珍宝。

警　　长　但是，他却比那帮革命者制造了更多的混乱和危险。
另外，我所关心的事，我只是接到了任务，要监视每
一辆火车。莫斯科方面要求我们监视的时候完全不被
人察觉。所以我请求您，伊万·伊万诺维奇，请您替
我去站台，因为我穿着警察制服，所有人都会认出我
来。火车一到站，马上就会有一位秘密警察从车上下
来，通知您在这段行程观察中得到的信息。接着，我
会马上把这一信息发送出去。

站　　长　我会妥善处理，您放心！
　　　　信号钟响起，火车慢慢驶进站台。

警　　长　您能做到像老熟人一样迎接这些警务代表，完全不引人注目，对吗？不许让乘客们注意到此次监视行动；如果我们麻利地执行好此次行动，对我们两个有益无害，因为每个报告都会传送到彼得堡高层，直至最高机构：也许我们还能捞到一个乔治十字勋章呢。

后方，火车轰鸣着驶进车站。车站站长马上穿过玻璃门，冲了出去。几分钟后，第一批乘客到来，农民和农妇拿着沉重的篮子，喧闹着大声穿过玻璃门。一些人在候车室里坐了下来，或休息，或泡茶。

站　　长　(突然穿过门，激动地朝坐着的人们大喊) 马上离开候车室！所有人！马上……

人　　们　(吃惊地，发着牢骚) 但这又是为什么啊……我们是付了钱的啊……为什么不许在候车室里坐着呢……我们只是在等车啊……

站　　长　(大喊) 马上，听到没有，所有人马上出去！(他急促地将人们赶了出去，再匆忙走向门边，把门大大地打开) 这边请，请您把伯爵老爷引进来吧。

左边是杜尚，右边是他的女儿萨沙，托尔斯泰由他们带着，疲惫地走了进来。他把羊皮大衣的领子拉得高高的，脖子上围了一条围巾，但还是可以注意到，这具包裹严实的躯体冻得发抖。在他后面，五六个人跟着挤了进来。

站　　长　(对后面挤进来的人说) 待在外面！

人　　们　您就让我们待在这里吧……我们只是想帮助列夫·托

尔斯泰……为他奉上白兰地或者茶……

站　　长　（十分激动）不允许任何人进来这里！（他用力把他们推了出去，将通往站台的玻璃门锁了起来，但透过玻璃门，整个过程中，人们还是可以看到好奇的面孔，在玻璃门后面走过，向里面偷看。站长快速拿了把椅子，安置在桌子旁边。）老爷不想坐下休息休息吗？

托尔斯泰　不要叫我老爷……谢天谢地，不要再这样叫我……不要再这样了，这已经结束了。（他激动地环顾四周，注意到了玻璃门后的人们）走，让这些人走……我想一个人待着……总是有人在周围……就这一次，我想一个人……

　　　　　萨沙快步走向玻璃门，匆忙用大衣把门遮上。

杜　　尚　（和站长轻声说着话）我们必须马上把他扶上床，在火车上，他突然就发烧了，体温超过 40 度，我觉得，他的情况不太乐观。这附近有房间不错的旅馆吗？

站　　长　不，根本没有！在整个阿斯塔波沃根本就没有一家旅馆。

杜　　尚　但他现在必须要躺到床上，您也看到了，他烧得多么严重，这样会很危险。

站　　长　如果能将隔壁我的房间提供给列夫·托尔斯泰使用，我将感到非常荣幸……但是，请您原谅……我的房间非常寒酸，而且如此俭朴……就是一间职工办公室，在底层，非常狭窄……我怎么敢将列夫·托尔斯泰安顿在那里呢……

杜　尚　这没关系，我们首先得不计一切代价把他扶到床上躺下。（转向托尔斯泰，他正坐在桌子旁，身子时不时因为突然的寒战而抖动）车站站长先生非常友好，愿意把他的房间提供给我们。您现在必须马上躺下休息，明天就会痊愈，我们就可以继续上路了。

托尔斯泰　继续上路？……不，不，我觉得，我不会再继续旅行了……这是我最后一段旅程……我已经到达终点了。

杜　尚　（鼓励道）千万不要因为这几条体温刻度线而担心，这没什么特殊的含义。您只是稍微有点感冒——明天您就会感觉完全正常了。

托尔斯泰　我现在也感觉完全正常……完全，完全正常……只是今晚，真是太可怕了，我意识到，他们可能从家里开始就追踪我，他们可能会追上我，再把我带回那可怕的地狱……然后我就起来，把你们叫醒，这对我的刺激真是太大了。这一路上，这种恐惧，发热，从来没有离开过我，我的牙齿磕得直响……但现在，自从我到了这里……但我究竟是在哪里？……我从来没有见到过这个地方……现在，突然一切都不一样了……现在我完全没有恐惧了……他们再也追不上我了。

杜　尚　肯定不会，肯定不会了。您可以安心躺到床上了，在这里，谁也找不到您。

　　两个人扶着托尔斯泰站了起来。

站　　长 (与他面对面) 我请求您原谅……我只能提供一间非常俭朴的房间……我自己的房间……床可能也不太舒服……只是一张铁床……但是我会把一切都安排好，我会马上发电报，让下趟火车运来一张别的床……

托尔斯泰 不，不，不需要别的床……太久了，我已经比别人拥有更好的东西太久了！现在的条件越差，于我而言越好！那些农民们究竟是在何种条件下死去的呢？……但他们死得也很安详……

萨　　沙 (继续扶着他) 来，父亲，来，你太累了。

托尔斯泰 (再次站住) 我不知道，我累了，你说得对，所有关节就像散了架，我太累了，但是我还在期待着什么……这就像，当人们困倦的时候却睡不着，因为人们还在想着一些美好的事情，那些即将发生在人们身上的美好事情，而且人们不愿意在睡眠中丢弃这种想法……真是太特别了，我还从来没有过这种体验……也许这是死亡的先兆……数年，数年来，你们是知道的，我一直对死亡怀有恐惧，一种我永远也不会再在我自己的床上躺着的恐惧，一种我本可以像一只动物一样吼叫，然后把自己藏起来的恐惧。而现在，或许他已经在房间里了，死神，他在等着我。然而，我却会向他迎面走去，毫无恐惧。

萨沙和杜尚把他扶到了门旁。

托尔斯泰 (在门旁站住，向里面看) 这里很好，很好。狭窄，拥挤，没有阳光，寒酸……我好像想象过这样的情景，这样一张陌生的床，在某处陌生的房子里，一个人躺在一张这样的床上……一个苍老而疲惫的人……等等，只是他叫什么名字，这个老人叫什么名字？……这个曾经富有，但最终回归贫穷的人，没有人认识他，他只能在炉边那张床上慢慢爬……啊，我的脑袋，我这愚蠢的脑袋！……他叫什么名字来着，这个老人？……他，曾经富有，而今却只有衬衫蔽体……而那个女人，那个让他感到痛苦的女人，并不在他身边，他是怎么死的……是的，是的，我知道了，我知道，在我的小说里，这个老人，我曾经称呼他为科纳·瓦斯尔耶维。而他死去的那个夜晚，上帝唤醒了他夫人的心，她来了，玛尔法，最后看他一眼……但她来得太晚了，他闭着眼睛躺在这张陌生的床上，早已僵硬，而她不知道，他究竟还在生她的气，还是已经原谅了她。她再也不会知道了，索菲亚·安德烈耶芙娜……(像刚睡醒一样) 不，她叫玛尔法……我已经糊涂了……是的，我想躺下。(萨沙和站长将他引入房间，托尔斯泰面对站长) 我感谢你，陌生的人，你将你的房子让给我，给我庇护，你给我了一只动物在丛林中才能拥有的东西……对此，我，科纳·瓦斯尔耶维，由上帝派来……(突然十分惊恐) 关上门，不要让任何人进来，我不想再见任何人……

让他自己一个人待着，比生命中以往任何时候都更加深刻而美好……萨沙和杜尚将他扶到了睡房，站长在他们身后小心地关上了门，恍惚地站着。

外面玻璃门传来激烈的敲门声。站长打开了门，警长急匆匆进来。

警　　长　　他跟您说了什么？我必须要报告一切，一切！他最后想待在这里吗，待多久？

站　　长　　他不知道，任何人都不知道。只有上帝知道。

警　　长　　但您怎么能在一所国有建筑里给他提供住处呢？那是您的职员住所，怎么能随便给一个陌生人呢！

站　　长　　在我心里，列夫·托尔斯泰并不是陌生人。从来没有哪个兄弟比他离我更亲近。

警　　长　　但您的职责是，要事先询问。

站　　长　　我已经问过了我的良心。

警　　长　　现在，您要承担责任。我马上就去发报告……真是可怕，突然就有了这么一份责任落到了头上！要是能知道最高层对列夫·托尔斯泰什么态度就好了……

站　　长　　(十分平静) 我觉得，一直以来，最高层对列夫·托尔斯泰是怀有好意的……

警长不知所措地看着他。

杜尚和萨沙小心地关上了门，从房间里走了出来。

警长快速走开。

站　　长　　你们怎么安置的伯爵老爷？

杜　　尚　　他平静地躺着呢——我从来没有看到他的面容如此

安详。他终于在这里找到了人们所不能给予他的东西——和平。第一次，他单独与他的上帝同在。

站　　长　请您原谅我这个头脑简单的人，但是我倍感惶恐，我不理解您的话。上帝怎么会将如此多的痛苦堆积在列夫·托尔斯泰的身上，以至于他必须要从家里逃走，而在我这张寒酸又有失体面的床上死去……人们，俄国人们怎么能打扰这个神圣的灵魂呢，他们怎么才能充满敬畏地去热爱他呢……

杜　　尚　正是这些热爱着这样一个伟大的人的人们，经常横亘在他和他的使命之间，而他也必须要尽可能远地逃离那些人，那些站得离他最近的人。这一时刻到了，正如它应该到来的一样：死亡使他的生命变得圆满和神圣。

站　　长　但是……我的心不能也不愿意相信，这样一个人，这件俄国土地上的珍宝，竟然不得不因为我们这些人而受苦，而人们却无忧无虑地混日子……这样的话，人们真是应该为自己的每一次呼吸感到耻辱……

杜　　尚　您不要为他感到惋惜，不要这样，好人；他这样一位伟大的人并不适合平淡而卑微的命运。如果他没有因我们这些人而受苦，他就不会成为列夫·托尔斯泰，成为人类如今所拥有的他。

壮志未酬

时间：1912 年 1 月 16 日

事件：南极点之争[1]

核心人物：海军上尉斯科特[2]

在 20 世纪初，欧洲人对于这个世界的征服与地理发现终于接近尾声。在 1909 年美国人成功到达北极点之后，地球上只剩下最后一个标志性的地点没有被征服，那就是南极点。陆续有很多支队伍都试图完成这一壮举，然而终因太过恶劣的天气与自然条件而无法成功。挪威人阿蒙森与英国人斯科特分别带领两支队伍几乎同时展开了争夺。最终，1911 年 12 月 14 日，阿蒙森率先到达南极点。而英国人的五人队伍最终于 1912 年 1 月 18 日到达，成为第二支征服南极点的队伍。不过，这也严重挫伤了英国探险队

---

1. 南极点之争：1911 年，由挪威的阿蒙森、德国的菲尔吸纳、英国的斯科特、澳大利亚的莫森等领导的探险队，分别在南极大陆展开探险，他们都以到达南极点为目标。阿蒙森是第一位到达南极点的人。
2. 罗伯特·福尔肯·斯科特，英国海军军官和极地探险家。1911 年开始目标为南极点的探险，1912 年 1 月 18 日终于到达，1912 年 3 月 29 日死于归途。

员的士气。在归途中，由于供给不足，在饥寒交迫中，五名队员相继不幸罹难。斯科特本人最后一个去世，那一天是1912年3月29日。而搜寻队最终在1912年11月12日发现了斯科特、鲍尔斯与威尔逊的遗体。人们用帐篷覆盖了他们的遗体，然后在上面铺上厚厚的白雪，竖好十字架，让他们永远长眠于那处土地。

1913年6月，远征队退守大本营的其余队员重返英国，他们的科学成就获得了很多关注。当时正值一战前夕，日不落帝国内部因为自身的日益衰落而不断有追求往日荣光的民族主义呼声出现，于是，在很短的时间内，斯科特的队伍就被尊奉为民族英雄。尤其是领队劳伦斯·奥兹，他为了不拖累其他三位同伴，主动求死，他在离开帐篷时说的最后一句话成为传奇："我想出去走走，可能要在外面待一会儿。"(I am just going outside and may be sometime) 在英国，这样一句深得绅士精神的话语，足以让人不朽。而曾参加此次远征的另一位极地探险家艾普斯雷·薛瑞-葛拉德（Apsley Cherry-Garrard）在1922年出版了《世界最险恶之旅》（*The Worst Journey in the World*）对此次探险做了详尽的描述，成为极地探险文学的经典名著。斯科特队伍的悲剧从此在全世界引起了广泛的反响，甚至让阿蒙森的胜利都显得黯然失色。

然而时至今日，尤其是20世纪60年代以后，英国本土对于斯科特的批评声音开始不断出现，很多研究者都认为，整个远征的失败主要是因为斯科特本人的一系列错误导致：既缺乏有效的运输策略，也缺乏识人之明，没有选择好合适的伙伴，而且在后勤保障与具体执行中犯下了一连串致命的错误，再加上斯科特本人性格上的弱点，都被认为是造成这场悲剧的原因。尤其是与他的探险活动形成鲜明对比的是，1914年前往南极探险的英国萨克里顿爵士（生平见270面脚注）虽然没能到达南极，而且被困在浮冰里达22个月之久，但在萨克里顿的卓越领导下，他手下的队伍全部获救，无人遇难。这让很多人都对斯科特产生怀疑。不过，近年来也陆续有一些书籍出版，认为斯科特的失败与当时突变的气象以及留守人员的无能有关。

——译者

地球之争

20世纪的世界已无秘密可言。所有的陆地均已被勘探，最遥远的海洋上都泛着轮船驶过留下的波纹。那些前一个时代的人还一无所知，在极度自由状态下蒙蒙显露曙光的风景，如今却谦卑地满足着欧洲的需求。轮船径直驶向经过长期寻找的尼罗河源头。维多利亚瀑布[1]，半个世纪以前才由第一个欧洲人远眺所见，现在已经顺从地碾磨发电；最后一片荒芜之地，亚马孙河流域雨林，也被砍伐得日益衡疏；唯一一块处女之地——西藏，也跃入人们的视野；古老地图及地球仪上标注的"未知之地"也已被已知之手描绘出来；20世纪的人类已经了解自己生存的星球。探索的意

---

1. 维多利亚瀑布：位于非洲赞比西河中游，赞比亚和津巴布韦接壤处，宽1700多米，最高处108米，世界著名瀑布奇观之一。1855年，由欧洲探险家戴维·利文斯顿第一次发现，并以英国女王的名字为其命名。1989年被列入《世界遗产目录》。

愿已经在找寻新的出路，或下潜至深海的奇异动物，或上升至无尽的苍穹。自从人类好奇心的版图一点点扩大，地球便变得不再神秘，只有在天空中，才能找到还未被踩踏的区域；在速度比赛中，如钢铁飞燕一般的飞机已经冲上云端，去征服新的高度和新的远方。

但直至 20 世纪，仍有最后一个谜团将其面容隐藏在人类眼前。地球被撕裂的和受尽折磨的躯体上的两个极小的点，被它从自己造物的贪婪中拯救出来。南极和北极，串成了地球身体的脊柱，这两个几乎空洞的、无实质意义的点，围绕着地球的轴线旋转了千年，这轴线保存着地球的纯洁，避免其被玷污。为守住这最后的秘密，它将冰块堆积到一起，创造了永久的冬季，以挡住贪婪者的来路。严寒和风暴将这块土地围住，粗暴地把守着入口，恐惧和危险以死亡的威胁警告着那些冒险者，只有太阳能匆匆瞥一眼这一封闭领域，从来没有人类的目光曾到达过这里。

几十年来，探险队接二连三地来到这里，却从未有人到达目的地。如今人们才发现，在某个地方，在冰结成的玻璃棺椁中安息着冒险者中最勇敢的冒险者的尸体，安德烈[1]，这位曾想乘坐氢气球飞越北极点的冒险家，再也没有回来过。自千年前至今日，地球一直蒙着一层神秘的面纱，最后一次，它战胜了由自己创造出来的人类的激情。地球的羞报单纯而拘谨地抵抗着世界的好奇心。

但年轻的 20 世纪早已不耐烦地伸出了双手。它在实验室里

---

1. 所罗门·奥古斯特·安德烈，瑞典工程师、极地探险家，曾尝试乘坐氢气球飞越北极点，但以失败告终，探险队三名成员全部遇难。

锻造出了新的武器，找到了抵御危险的最新盔甲，所有的阻拦只会助长其贪婪之心。它想知道一切真相，它已经想要征服它的第一个十年，而这在其之前的几千年里，从来没有哪个世纪做到过。国家间的对抗开始摆在个人勇气面前。他们想要争夺的不仅仅是南极点，还有旗帜，究竟哪面国旗应该最先在这块未被开垦过的处女地上空飘扬：一支不同种族和民族组成的十字军开始在这块因渴慕而变得神圣的地方行进。人群从世界各地重新蜂拥而来，人类等得已经没有了耐心，他们知道，这是我们生活的这片土地的最后一个秘密。皮尔里[1]和库克[2]从美洲开始，准备向北极点进发，两组舰队驶向南极：其中一组由挪威人阿蒙森[3]指挥，另一组由英国人斯科特上尉指挥。

斯科特

斯科特：一名英国皇家海军上尉。一个普普通通的人。其传记记载与军官名册相符。其上级对其服役期间的表现十分满意，

---

1. 罗伯特·皮尔里，美国探险家，宣称与自己的探险队于 1909 年 4 月 6 日成功到达北极点，这一说法在 20 世纪被广泛接受。目前被大众广泛接受的说法来自英国极地探险家瓦利·赫伯特，其在一本书中总结道，皮尔里并未真正到达北极点，其到达的地点距离北极点 97 公里。
2. 弗雷德里克·库克，他宣称自己比皮尔里早一年到达北极点，即 1908 年 4 月 21 日，此说法一直存有争议，在 20 世纪也引起广泛讨论，但现代史学家普遍认为，他并没有真正到达北极点。
3. 罗阿尔德·阿蒙森，挪威极地探险家，1910 年至 1912 年期间，带领探险队进行南极探险，于 1911 年 12 月 14 日成功到达南极点。

之后，参加了萨克里顿[1]的探险队。没有任何特别的品格暗示这个人会成为英雄。他那由照片重现的面貌，像成千上万个英国人一样，冷静，果断，面无表情，仿佛被内在的能量冻得僵硬，青灰色的眼睛，固执紧闭的嘴唇。在这张脸上，找不到一丝浪漫的痕迹，找不到一点出于自己意愿和现实感官的欢乐神采。他的笔迹：某一种英式字体，没有阴影，没有过多修饰，流畅而利落。他的风格：清楚，准确，符合事实，却无趣如报告。斯科特所写的英文正如塔西佗[2]所写的拉丁文一样，仿佛如未打磨过的方块石。人们会觉得这是一个完全没有梦想的人，是一个客观性的信仰者，一个真正的英国人，在自我创造力方面，将自己压制到一个要不断完成职责的水晶膜壳里。英国历史上已经有上百个这样的斯科特出现过，有的征服了印度和不知名的群岛，有的在非洲建立了殖民地，打赢了对抗世界的战役，这些人都有着一样钢铁般的意志，一样的集体意识，一样冷静而深藏不露的面孔。

　　但是这意志却如钢铁般坚硬；人们已经在事实面前认识到了这一点。斯科特想要圆满完成由沙克尔顿开始的事业。他组织了一支探险队，但资金却并不充足。这阻止不了他，他奉献了自己的财产，并坚信行动会成功而去借了债。他年轻的妻子为他生了一个儿子——但他却并未犹豫，像另一个赫克托尔[3]一样，离开了

---

1. 萨克里顿：全名欧内斯特·萨克里顿，极地探险家，曾带领三支英国探险队前往南极探险，但最终未能成功到达。
2. 塔西佗：古罗马最伟大的历史学家。
3. 赫克托尔：荷马史诗《伊利亚特》中参加特洛伊战争的一个凡人英雄。

安德洛玛克[1]。最终，他也找到了同行的朋友和同伴，地球上没有什么能够使他的意志屈服。那艘应把他们带到冰川边缘的奇特的船的名字叫"特拉诺瓦号"。之所以说这艘船奇特，是因为其搭载的装备有两种，一半像挪亚方舟[2]那样装满活的动物，另一半又像现代实验室那样，装有成千上万种器械和书籍。因为前往这个空旷无人烟的世界，必须要把一切都带着，人们生理和心理所必需的一切，然而奇特的是，新时代最精良的复杂装备却和原始人最简陋的防御工具、皮毛、活的动物组合在一起。同样，像这艘船一样奇异的还有整个行动的双层面貌：这是一场冒险行动，但也像是一场经过精心计算的商业行动；是一次勇敢的行动，却也要以最谨慎小心的态度进行——需要时时刻刻保持警惕，却仍有可能发生意外。

　　1910年6月1日，探险队离开了英国。这几天，这个盎格鲁-撒克逊岛国阳光灿烂。如茵的草坪翠绿多汁，太阳温暖而灿烂地照耀着这个清爽无雾的世界。他们悲伤地看着海岸线越来越远，所有人都知道，所有人，他们将与温暖和阳光离别数年，对有些人来讲，可能是永别。但船头飘扬着英国的旗帜，他们在心里安慰自己：他们正带着这面象征世界的旗帜驶向这块被征服的地球上唯一一块无主之地。

---

1. 安德洛玛克：赫克托尔之妻。
2. 挪亚方舟：《希伯来圣经·创世纪》中的一个故事提到的一艘大船，载着挪亚和他的家人以及各种陆上生物，躲避了一场上帝制造的大洪水灾难。

南极世界

经过短暂休整，探险队于 1 月份在地处永恒冰川边缘的新西兰埃文斯角登陆，并准备在这里建起一间屋子以过冬。在那里，十二月和一月算是暖季，因为一年中只有在这段时间，太阳才会每天在白茫茫如金属般的天空中升起几个小时。

像以前的探险队搭建的房屋一样，房屋的墙壁由木板制成，但从内部装修中，人们还是能够感受到时代的进步。那时，前人们只能在房子里点燃散发着难闻气味的冒着烟的油灯，面容疲惫地坐在半明半暗的环境里，被这没有阳光的单调日子弄得疲乏不堪。而现在，20 世纪的这些人却将整个世界、整个科学界的缩小版放置了四壁之间。一盏乙炔灯从头顶上方洒下暖白色的灯光，一台摄影机像变魔术一样，将远方的图像和来自温暖地带的热带风光带到他们面前，一台自动发声钢琴传递着美妙的音乐，从留声机中流淌出歌唱声，带来的书籍传递着时代的知识。一间房间里响着打字机的敲打声，另一间房则被用作暗室，用以冲洗影片和彩色胶卷。一名地质学家在检验着岩石的放射性，一名动物学家在刚捕获的企鹅身上发现了新的寄生虫，气象观测和物理实验交替进行；在这几个月黑暗的日子里，每个人都有自己分内的工作，一个分工巧妙的系统将彼此封闭的研究变成了一次共同学习。因为，在这厚重冰层和极地严寒中，这三十个人每晚都在做报告，讲课，每个人都想把自己的专业知识传授给另一个人，在激烈的谈话交流中，他们对世界的认识渐渐完善。在这里，研究的专业化使他们放弃了高傲，转而在共同性中寻找共鸣。在这样一个处于自然状态的史前世界中，在没有时间观念的完全的孤寂中，这三十个人相互交流着 20 世纪的最新成果，在这里，人们不仅感受到时间以小时为单位流逝，甚而以秒为单位。后来人们在他们的记录中感动地读到，这些严肃的人是如何欢乐地围在圣诞树旁庆祝，曾如何出版过一份命名为《南极时报》的风趣小报，一些小事——如一头鲸鱼浮出水面，一匹小马摔了一跤——是如何成为头条新闻；而另一方面，那些非同寻常的事——如闪耀的极光、可怕的严寒、强烈的寂寞感——却成为他们已经习惯的日常小事。

在这期间，他们只敢进行小型的户外活动。他们测验自己的自动雪橇，学习滑雪，训练狗，他们还为这次伟大的旅行建了一座仓库，但是暖季（十二月）到来前，日历本上的纸页被撕下的速度却很慢，到了暖季，那艘载着家书的船穿过巨大的冰层驶到这里。现在，他们也敢于分成小组，在这最严酷的冬日外出徒步，测验帐篷，巩固经验。虽然并不是一切都那么顺利进行，但是，正是困难给了他们新的勇气。每当他们探险归来，寒冷又疲惫，在营地都会有欢呼和温暖的炉火迎接他们，而这座位于南纬 77 度的狭小却温馨的房子，对于这些经过几日艰苦跋涉、饥寒交迫的人们来说，像是世界上最快乐的庇护所。

但有一次，一支探险队从西边回来，他们带回的消息却让整个房间陷入了沉默。他们在徒步过程中发现了阿蒙森探险队的冬营地：就这一次，斯科特突然意识到，除了恶劣的严寒天气和可能发生的危险，还有另一个人威胁着他探险成功的声誉，作为第

　　　　　　　　　　　　　　　　人类群星闪耀时

一个揭开这难以驾驭的地球最后一个秘密的声誉：阿蒙森，这个挪威人。斯科特反复在地图上测量，当他发现阿蒙森的冬营地比他的营地距离南极点近110公里时，他惊呆了，但他并没有因此而气馁。"振作起来，为了祖国的荣誉！"他在日记中自豪地写道。

这是阿蒙森的名字唯一一次出现在他的日记中，之后就再也没有出现过。但是人们能感觉到：自那天开始，一层恐惧的阴影就笼罩在这座被寒冰包围的孤零零的房子周围，使他坐卧不安。

向南极点进发

距离营地一英里的观察高地上，守望人不停轮换。那里架起了一架机器，孤零零地站在斜坡上，像一架瞄准着无形敌人的大炮：这台机器用来测量慢慢移近的太阳所释放的热量。他们整日期待着太阳的出现。清晨的天空，反射的光像变魔术一样闪耀着奇异的光彩，但像圆盘似的太阳却不愿再从地平线向上移动一毫。然而，这充盈着奇光异彩的天空，这反射的先兆，已经大大鼓舞了这些急不可耐的人。终于，电话铃响了，从观察高地顶端向这些快乐的人们传来了消息：太阳升起来了，几个月以来，太阳第一次在这漫长冬夜里露了一个小时的脸。虽然太阳光线还十分微弱惨淡，几乎无法使这冰凉的空气恢复生气，太阳的光波也几乎无法在仪器上引起摇摆的信号，但仅仅看到太阳的这一眼，就足以唤起大家的喜悦之情。探险队热火朝天地做起了准备，以好好利用这有阳光照耀的短暂时间，尽管这段时间按我们对温暖的生活理解来讲还是寒冷的冬季，在那里，却象征着春天、夏天和秋天。自动雪橇在前方疾驰，紧随其后的是西伯利亚矮种马和狗拉的雪橇。在每个时间段，都已经事先划分好了路段，前进过程中，每隔两天都会建立一座仓库，以便为回程准备好新的衣服、食品和最重要的煤油——这无尽寒冷中被液化了的热量。整个探险队一起出动，之后每个小组分批次返回，以便给最后的小组——被挑选去征服南极点的人——留下最充足的装备、最强壮的牵引牲畜和最好的雪橇。

计划制定得十分周密，甚至连可能发生的种种不幸都被考虑到了，但最终还是无法如预想的成功。两天的行程结束后，自动雪橇的发动机就出了问题，不再运转，成了无用的累赘。矮种马的状态也不如人们期待的那样好，但在这里，至少有机物战胜了机械物，路途中不得不被射杀的矮种马为雪橇犬提供了充足而温热的营养补给，大大增强了它们的体力。

1911 年 11 月 1 日，他们开始分组行动。后来从电影中人们可以看到，探险队最先是有三十个人，然后剩了二十个，然后十个，最终只剩五个人，继续在这毫无生机的、原始世界的白色荒漠里艰难跋涉。总是这样一个人行走在队伍前面，裹着严实的毛皮大衣和围巾，像个野人一样，只有胡子和眼睛露在外面。一只戴着毛皮手套的手紧抓着马笼头，矮种马拉着这负载非常重的雪橇向前。他后面是另一个穿着同样衣服、保持同样姿势的人，后面一个接着一个，像一个个黑点，在这一片茫茫的刺眼的白色荒原中绘成一条变化的线。夜晚，他们就钻进帐篷，为了保护矮种马，他们迎着风向筑起雪墙；白天，他们再次上路，在数千年来第一次嗅到人类呼吸的冰冷空气里穿行，日子单调而绝望。

但是担忧却渐渐加深。天气一直十分恶劣，有时，他们只能行进三十公里，而不是计划的四十公里。自从他们得知，在这无边的寂寞里，还有另一支队伍从另一侧向着同样的目标进发，每一天的时间对他们来讲就变得十分珍贵。在这里，任何一件小事都可能酿成大的危险。一只雪橇犬逃走了，一匹矮种马不愿意进食了——所有这些都让人们感到害怕，因为在这片荒芜之地，一切都变得那么珍贵。在这里，所有活物都变得弥足珍贵，因为它们无可取代。不朽的声誉可能就悬挂在一匹矮种马的四只蹄上，而这风暴肆虐的、阴云密布的天空可能成为完成这一不朽事业的阻碍。与此同时，队伍成员的健康状况也出现了问题，有些人患上了雪盲症，另一些人则四肢冻伤，由于人们减少了它们的食物，矮种马们也越来越虚弱，最终，在队伍快到达比尔德莫尔冰川 [1] 前，这些马就全死掉了。在这无边的寂寞中，这些马和他们一起度过了两年的时间，已经成为他们的朋友，每个人都叫得出马的名字，他们曾温柔地抚摸过它们无数次，如今，却要完成这让人悲伤的任务——将它们都杀掉。他们称这个令人悲伤的地方为"屠宰场营地"。在这布满鲜血的地方，探险队的一部分离开队伍，开始往回走，另一部分则做准备进行最后一搏，向翻越冰川的道

---

1. 比尔德莫尔冰川：长约 160 公里，南极最大的冰川之一。

路进发，只有怀着一腔炽热激情的人类意志才能摧毁这堵环绕在极点周围的冰墙。

　　但他们的前进速度越来越慢了，因为冰雪变成了干燥坚硬的冰粒，他们无法再滑着雪橇前进，而是要拖着雪橇。坚硬的冰将滑雪板划破，在这干燥的由冰组成的沙地上徒步，双脚也早已磨伤。但他们却仍然没有放弃。12月30号，他们到达了南纬87度，这是沙克尔顿所到达的最远的地方。最后一部分支持人员必须要在这里返回：只有五个被精心挑选出的人才能最终向南极点进发。斯科特将那些不合适的人挑选了出来。这些队员们不敢有所反抗，但他们内心却十分难过，因为他们距离目标近得触手可及，却不得不返回，只能将到达南极点而获得盛誉的机会留给同伴。最终的决定出来了。他们再一次相互握了握手，以男性的坚忍隐藏了自己内心澎湃的感情，然后，队伍就分成了两个小分队，其中一队继续向南方未知之处进发，另一队则向北，返回营地。他们不时从两个方向转过身来，最后望一望自己还活着的朋友。不久，最后一个人影也消失了。最后挑选出的五个人继续向着未知之地前进：斯科特、鲍尔斯、奥兹、威尔逊和埃文斯[1]。

---

1. 亨利·鲍尔斯，英国海军上尉；劳伦斯·奥兹，探险队船长，回程中因双腿冻伤行走困难，为不连累同伴而自杀；爱德华·威尔逊博士，美国医生和南极探险家，负责斯科特探险队的科学研究；埃德加·埃文斯，美国海军军士，回程中因摔了一跤受伤，痛苦不堪而发疯，最后死于体力不支。

南极点

最后几天的日记显示他们越来越不安，他们内心开始颤抖，就如在极点附近的指南针上的蓝色指针一样。"身影先是从我们的右边开始向前移动，然后从前面开始向左边移动，最后绕我们一圈，可这一圈所需的时间是多么漫长啊！"但与此同时，希望的曙光却越来越明亮，斯科特越来越激动地记录着走过的路程："离极点就只剩150公里了，可如果再这样下去，我们真的坚持不了了"，他如此记录他们的疲惫状态。两天后："离极点只剩137公里了，但这段路程于我们却十分艰难。"但是，之后他突然又用一种全新的、志在必得的口吻写道："离极点只剩94公里了！即便我们最终不能到达那里，但我们也已经走得很近了。"1月14日，希望变成了现实："还有70公里，终点就在眼前了！"接下来几天的日记里，流露的欢喜之情越来越强烈："还有最后50公里，无论如何，我们都快要到达了！"人们可以从字里行间深深地感受到，他们的希望之弦绷得有多么紧，满怀着期待和不安，他们的神经激动得发颤。胜利在望，他们已经向地球的最后一个秘密伸出了双手，只需最后加把劲，目标就实现了。

1月16日

"情绪高昂，"日记如此写道。清晨，他们比平时起得都早，急不可耐的心情将他们从睡袋中唤醒，做好准备整装待发，只为早些见识到那秘密，那十分美丽的秘密。直到下午，这五位坚持不懈的探险者已经走了 14 公里，他们心情愉快地继续穿行在这了无生机的白色荒漠中：现在，目标不会再错过，人类历史上具有重大意义的行动也即将胜利完成。突然，其中一名队员——鲍尔斯——开始变得不安。他的双眼死死盯着这荒凉雪原上的一个小小的黑点。他不敢讲出自己的猜测，但此时，所有人都因心中一个相同的可怕想法而颤抖：人类之手也许已经在这里竖起了一块标记。他们试图让自己平静下来。他们告诉自己——就像鲁滨逊[1]最初将岛上陌生的脚印徒劳地认作自己留下的一样——，那个黑点一定只是冰的裂缝，或者可能是反射形成的。他们紧张地慢慢走近，还一直在试图相互迷惑，然而最终所有人都明白了这一事实：是那些挪威人——阿蒙森的探险队已先他们一步到达。

不久，最后一丝对残酷事实的疑虑也消除了：一面黑色的旗帜被绑在一根滑雪杆上，高高飘起，周围留有营地驻扎过的痕迹——雪橇滑板和许多狗的爪印：阿蒙森在这里驻扎过了。人类历史上非同寻常而又难以置信的事情就这样发生了：几千年来毫无生机，甚至自世界开化以来从未有人见到过的南极点，竟然在一分子量的时间内，在 15 天的时间内被人类两次发现。显然他们是第二批到达的人——只比第一批晚了一个月，虽然过去的光阴有千百万个月，但现在迟到的这一个月，却显得太晚太晚了——第一批到达的人能够拥有一切，而第二批却一无所有。所有的努

---

1. 鲁滨逊·克鲁索：丹尼尔·笛福探险小说《鲁滨逊漂流记》的叙述者和主人公。

力都白费了，所有的艰难困苦都显得那么可笑，数周来，数月来，数年来的希望都落空了。"所有这些劳累，所有这些艰难，所有这些痛苦——究竟是为了什么呢？"斯科特这样在日记里写道。"为了梦想，除此之外一无所求，而这梦想，现在也已经破灭。"泪水从他们的脸上滑落，尽管身体十分劳累，他们却夜不能寐。闷闷不乐，毫无希望，像被定了罪的犯人一样，他们踏上了最后一段通往南极点的行程，而当初，他们本来设想自己会欢呼着向南极点进发。没有人试图去安慰另一个人，他们就这么默默地继续跋涉。1月18日，斯科特上尉和他的四个同伴一起到达了南极点。由于他们已经不是第一批到达的人，这里对他来讲也就没有什么强烈的吸引力，他只是用漠然的目光瞥了一眼这块伤心之地。"这里什么也没有，和前几天那可怕的单调没有任何区别"——这就是罗伯特·福尔肯·斯科特对南极点的全部描述。他们在那里发现的唯一特别的东西，并不是自然物，而是他们的对手留下的：阿蒙森的帐篷，上面悬挂着一面挪威国旗，旗子胜利而肆意地飘扬在这被人类攻克的堡垒上。首批征服者为后来居上的未知的第二人留了一封信，并附上请求——将此封信转寄给挪威的哈康国王[1]。斯科特接受了这一请求，他要忠实地完成这一最残酷的使命：在世界面前为另一个人完成的事业作证，而这一事业却也正是他自己所竭力追求的。

他们十分悲伤地在阿蒙森胜利旗帜的旁边插上了英国国旗，

1.哈康国王：这里指哈康七世，第一任挪威国王，在位时间为1905—1957。

这面太晚到达的"联合王国的国旗",然后就离开了这个"辜负了他们雄心壮志的地方"。伴着阵阵冷风从身后刮来,像是有种不祥的预感,斯科特在日记中写道:"回程让我感到恐惧。"

遇　难

回程之路,危险倍增。前往南极点的路中,他们依靠指南针寻找方向,而现在,他们必须要小心,回程中不能错过来时留下的任何标记,几周时间内,一次都不允许错过,不然就会偏离方向,无法到达之前所建的仓库,因为仓库里有他们的食物补给、衣服,还有液化成数加仑煤油的热量。每迈出一步,飞舞的冰雪都会模糊他们的视线,而不安的感觉也侵袭而来,因为一旦迷路,前方等待他们的,只有死神。而且他们的身体已经缺少来时的充沛精力,那时他们还能从充足食物提供的化学能量和温暖的南极之家营地获得热量。

除此之外,他们心中钢铁般的意志也开始动摇。来的时候,他们胸怀无限希望,这希望是人类好奇和渴求的化身,给予了他们无限动力。而当他们意识到自己是在进行一项伟大的事业时,更是获得了超人的力量。而现在,他们只为自己不再受损伤的皮肤、他们终有一死的肉体和了无声誉的归乡做斗争,而这返乡归程,让他们的内心更加恐惧,而非渴望。

而那几天的日记读起来也是十分可怕。天气条件变得越来越差,冬季也比往常来得早,鞋底下的雪由软变硬,结成厚厚的冰,像陷阱一样，每走一步都会粘住鞋，使人难以动弹。刺骨的冰冷也逐渐拖垮他们疲惫的躯体。每一次，经过数日的迷路和心惊胆战后，每到达一个仓库，他们都会发出短暂的欢呼，而从他们的记载中，人们也可以感受到重新燃起的信心的火苗。在这无边的孤寂中，只有这几个人在行走，而最能证明其英雄气概的，当属负责科学研究的威尔逊，在离死神只有寸步之遥时，他仍坚持着自己的科学研究，除了必需的载重外，他的雪橇还负重了16公斤的岩石。

　　但是，人类的勇气渐渐在大自然的强大威力前拜了下风，冷酷无情的大自然，召唤来那能摧毁一切的寒冷、冰冻、暴雪和狂风，用积蓄了千万年的力量来对抗这五位大胆的冒险者。他们的双脚早已被冻烂，而每天只吃一顿热饭远远无法为身体提供充足的热量，食物渐渐减少，身体开始出现罢工迹象。一天，同伴们惊恐地发现，队伍里面最强壮的埃文斯突然开始做一些奇怪的事情。他一直走在队伍的最后面，开始不停地抱怨一些真实的和想象出来的痛苦；他们从他语无伦次的话中惊恐地推断，这个不幸的人由于跌倒或那些不可承受的痛苦而发了疯。现在应该怎么对待他呢？把他丢弃在这冰雪荒原吗？但另一方面，他们必须要抓紧时间到达下一个仓库地点，不然的话——斯科特还在犹豫着要不要写下后面的话。2月17日，凌晨1点，这个不幸的军官死了，就在距离那个"屠宰场营地"还有一天路程的地方，在这个营地，剩下的几个人第一次靠几个月前屠宰的矮种马再次获得了充足的食物。

现在，只剩下四个人继续跋涉，但毁灭性的灾难最终来了！下一个仓库地点带来的只有新的难以忍受的巨大失望。这里的煤油太少了，这也就意味着：他们必须要在使用这些最必要的燃料时，精打细算，他们必须节省热量，节俭使用这唯一可以对抗严寒的防卫武器。冰天雪地里的冬夜，酷寒难耐，风暴叠卷，他们甚至没有勇气醒来，也再也没有力气将毡鞋套在脚上。但是，他们仍然继续跋涉，其中一个同伴，也就是奥兹，脚趾已经被冻坏。凛冽的寒风吹得比任何时候都凶狠，而当他们于3月2日到达下一个仓库地点时，绝望再次席卷每个人：再一次，燃料还是太少了。

现在，恐惧的情绪开始在字里行间蔓延。人们可以感觉到，为了抑制这种恐惧，斯科特是多么的努力，但是，怀疑的喊叫一次次刺耳地冲破他刻意制造的平静。"不能再这样下去了"，或者"上帝请与我们同在吧！我们再也承受不了这样的苦难了"或者"我们的游戏最终将以悲剧结尾"，最终，他绝望地承认了："命运之神，救救我们吧！我们现在不再对人有所期待了。"但是，尽管如此，他们仍在继续跋涉，继续向前，毫无希望地，咬着牙向前。对奥兹来讲，跟着队伍向前行进越来越艰难，于他的同伴而言，他带来的负担远比所能提供的帮助要多。一天中午，气温达到了零下42度，他们不得不减慢前进的速度，而不幸的奥兹也意识到，他会给他的朋友们带来灾难，于是做好了最后的准备。他们每个人向负责研究的威尔逊要了十片吗啡，以便在必要的情况下加速结束自己的生命。他们带着病恹恹的奥兹又继续向

　　　　　　　　　　　　人类群星闪耀时

前行进了一天，然后，这个不幸的人自己要求他们将他留在睡袋里，要将自己的命运和他们的命运分离开。但他们坚决拒绝了这一提议，尽管他们心里都明白，留下他无疑会减轻大家的负担。这个病人拖着早已冻坏的双腿蹒跚着，跟着队伍再次走了几公里，一直到夜宿的营地，他和他们一起睡到了第二天早晨。清早起来，他们朝外一看，外面正有一场暴雪在怒号。

奥兹突然站了起来："我想出去走走，"他对朋友们说，"我可能要在外面待一会儿。"其他人不禁战栗起来，他们知道，在这种情况下出去走一圈意味着什么。但是没有人敢说一句话来阻止他，没有人有勇气伸出手向他道别，因为他们所有人都怀着敬畏的心感觉到，劳伦斯·奥兹，这个英国皇家禁卫军的骑兵上尉，正像一位英雄一样朝死神走去。

剩下的三个人，劳累，日渐虚弱，仍然继续在这无边际的，像铁一样坚硬冰冷的荒原中跋涉。虽已疲惫绝望至极，但还是靠迷迷糊糊的本能支撑着身体，蹒跚着向前走。天气越来越恶劣，在之后的每一个仓库地点，迎接他们的只有新的绝望，剩下的煤油和热量总是太少。3 月 21 日，他们距离下一个仓库地点只剩 20公里，但带着杀人威力的狂风在外面凶狠肆虐，使他们无法离开帐篷。每一天夜晚，他们都满怀希望期待下一个清晨的到来，以便实现他们的目标，但最终只有当天的粮食和前一天的希望被消耗掉。燃料用尽了，温度计刻度停在零下 40 摄氏度。所有希望都破灭了：他们现在只能选择是被饿死还是被冻死。在这片白茫茫的史前世界里，这三个人挤在狭小的帐篷里抗争了八天，但仍然无法改变最终的结局。3 月 29 日，他们清清楚楚地明白了，再也不会有任何奇迹可以拯救他们。所以他们决定，不再向厄运前进一步，而是骄傲地等待死神的到来。他们爬进各自的睡袋，却始终没有向世界哀叹一声最后遭受的种种痛苦。

临终的信

最后的时刻，当外面的风暴像疯子一样肆虐地冲击着单薄的帐篷帘布时，斯科特上尉孤独地面对着看不见却步步逼近的死神，他想起了与自己有关的一切。只有在这从未被人声冲破过极度寂静之中，他才能悲壮地意识到自己对祖国、对全人类的亲密情谊。在这白色荒漠里，心中的海市蜃楼召唤出所有通过爱、忠诚和友谊与他产生联系的人的形象，他给他们所有人都传递了话语。在他生命的最后一刻，斯科特上尉用冻僵的手指给所有他爱的、活着的人都写了信。

这些书信饱含着他的感情。随着死神步步逼近，所有吹毛求疵的小事都变得微不足道了，而这毫无生机的天空中的清澈空气似乎也渗透在了信里。这些信是写给一些人的，但却是在向所有人类诉说；这些信是在某个时间写的，却永远流传。

他给他的妻子写了信。他叮嘱她，要保护好他最珍贵的遗产，也就是他的儿子。他提醒她，最重要的是不要让他的儿子懒散，他在完成人类历史上最崇高的成就之一的最后时刻，做了如下自白："你知道的，我必须要逼迫我自己积极进取——因为我总是有懒惰的倾向。"距离死亡只有半步之遥时，他没有后悔，反而赞美自己的决定。"关于这趟旅行，我又能向你讲述什么呢。这比舒服地坐在家里不知道要好多少倍！"

他又怀着深切的情谊给同他一起遇难的同伴的妻子和母亲写了信，以证明他们的英雄精神。作为一个濒死之人，他仍旧用他坚强和崇高的情感深情安慰着其他同伴的家属，因为他觉得这一时刻是伟大的，这样的死亡是值得纪念的。

他还给自己的朋友写了信。谈到自己时，他十分谦逊，谈到整个民族时，他却满怀自豪，在这一刻，作为自己民族的儿子，作为一个可以称得上"儿子"称号的人，他感到无比激动："我不知道，我算不算是一个伟大的发现者，"他告白道："但是我们的结局可以证明，我们民族的勇敢精神和忍耐毅力还没有消失。"而在死神的逼迫下，他竟然对朋友道出了友谊的告白，这些由于男人的刚强和精神的贞洁让他一生都无法说出口的话。"在我这一生中，我从来没有遇到过一个人，"他这样对他最好的朋友写道，"能像您一样让我如此敬佩和爱戴，但是我再也没有机会向您证明，您的友谊于我而言是多么重要，因为您给予了我太多，而我却从来没有给过您什么。"

他写了最后一封信，所有信中最精彩的一封，这是写给他的祖国的。他觉得有必要说明一下，在这场为英国争取盛誉的斗争中，他虽然失败了，却无任何个人过错。他一一列举了造成自己失败的偶然事件，然后他用濒死时无比悲怆的声音恳请呼吁所有英国人，不要抛弃他的遗嘱。他最后想到的仍然不是自己的命运，他最后说的话无关于自己的死亡，而是关于活着的他人："上帝，请您庇佑我们的家人！"以下几页纸便是空白了。

斯科特上尉一直坚持记录日记，直至他生命的最后一刻，直至手指冻坏，直至书写的笔从冻僵的手中滑落。他希望有人会在他的尸体旁发现这些日记，这些能够证明他和自己祖国勇气的日记，正是这种希望给了他非凡的力量，坚持记录日记到最后一刻。最后，他用颤抖的手写下如下愿望："请把这本日记寄给我的妻子！"接着，他却悲伤而决绝地将"我的妻子"划掉，在旁边补写了可怕的字眼"我的遗孀"。

回　音

在基地的同伴们等了好几周。刚开始，他们充满信心，继而有点担心，最后心中的不安渐渐增加。想要前去救援的探险队出发了两次，但都被恶劣的天气击退，只能再次返回。这群无主之人在基地漫无目的地逗留了整个冬季，灾难的阴影重重地投在每个人心上。而就在这几个月中，罗伯特·斯科特上尉的命运和事业被永远封锁在了沉默的冰雪之中。冰层将他们封在了玻璃一样的冰棺中，直到极地的春天到来。10月29日，一支探险队才再次出发——至少要找到这些英雄的遗体和他们所带的消息。11月12日，他们到达帐篷所在地，发现英雄们的遗体已经被冻僵在睡袋里，斯科特，他死后还像兄弟一样抱着威尔逊。他们也找到了那些信和文件，他们一起给这些英雄们挖了一个坟墓。现在，一

　　　　　　　　　人类群星闪耀时

个简朴的黑色十字架竖在雪丘上，孤零零地立在这片白色世界里，而在它的底下，永远隐藏着人类历史上最伟大的英雄事迹的见证者。

但是，不！他们的事迹出乎意料地、奇妙地重生了：这是我们新时代的科技世界创造的奇迹！他们的同伴将那些底片和电影胶卷带回了家，在化学溶液的冲洗下，这些图像重见天日，人们再次看到了徒步中的斯科特和他的同伴们，以及除了他之外只有阿蒙森亲眼见到过的极地风光。斯科特的记录和书信迅速通过电线传播到世界各地，人们发出赞叹，而且感到惊异。在英国国家主教堂里，国王跪下，深切悼念这几位英雄。就这样，看似徒劳的事，最终却结出了果实，一件失败的事情会变成对人类的大声疾呼，要求人类将精力集中在还未完成的事业中去；在卓越的对抗中，壮烈的死亡可以生出新的生命，一次毁灭也可以生出攀登高峰的奋起意志。因为在偶然的成就和轻易获得的成功中，只有雄心壮志才能点燃火热的心，一个人虽然在与不可战胜的、占据优势的命运的斗争中毁灭了自己，但他的心灵却变得无比高尚。这些在所有时代都最最伟大的悲剧，作家可能只会偶尔创作，但现实生活却早已将其演绎了千百遍。

封闭的列车

时间：1917 年 4 月 9 日

事件：重返俄国

核心人物：列宁[1]

列宁与十月革命给这个世界带来了巨大的影响。沙皇俄国成了一个共产主义国度，布尔什维克掌握了国家权力，革命者们终于将马克思的阶级理论应用于政治实践，并且为后续一连串波及全球的革命与解放拉开了序幕。而在茨威格看来，决定这一重大历史事件发生的根本前提就是列宁借助德国的帮助，从瑞士利用封闭列车辗转德国、瑞典和芬兰，最终得以重返俄国。所谓封闭列车，乃是欧洲当时国际法通行的惯例，即将一辆列车的某节车

---

1. 列宁：原名弗拉基米尔·伊里奇·乌里扬诺夫，列宁是他的笔名。著名的马克思主义者、无产阶级政治家、理论家、思想家。他是世界上第一个社会主义国家—俄罗斯苏维埃联邦社会主义共和国和苏维埃社会主义共和国联盟的主要缔造者、布尔什维克党的创始人、十月革命主要领导人。他继承了马克思主义，并与俄国革命相结合形成列宁主义，被全世界的共产主义者普遍认同为"国际无产阶级革命的伟大导师和精神领袖"。

厢铅封起来，表示该车厢享有治外法权，不受当地法律的制约。这也是列宁在与德国方面谈判时提出的要求，即不能对车上乘客进行人身、护照以及行李的检查，不得有人在中途进入或离开列车，并且用粉笔标出享有治外法权的车厢部分与德国列车部分的分界线。

2007 年 12 月，德国《明镜周刊》发表文章，指出列宁接受德意志第二帝国外交部的资助长达数年之久，布尔什维克党人得到了大量来自德国的金钱、武器和后勤保障，甚至俄国十月革命的胜利背后也有德国人的支持。其实，这并不是一个特别新的发现。早在列宁返回俄国之后，当时就有资产阶级政府的人指责他是德国间谍。后来时过境迁，很多人对此也就讳莫如深。而如今我们可以相对辩证地看待此事，因为任何历史事件背后都有其复杂的背景。当时德国陷入两线作战，急于给沙皇俄国制造尽可能多的麻烦，而根据现实政治最常用的原则"敌人的敌人就是朋友"，德国方面因此资助了很多流亡海外的俄国革命党人，这其中不仅有信仰共产主义的布尔什维克，同时也包括其他各种政治方向的人士。德国利用封闭列车不仅令列宁重返俄国，而且后来又用封闭列车陆续运送了四百多人回俄国。同时，德国方面的主要目的是最大限度地削弱俄国，所以其指导方针就是在各个阵营之间尽可能制造最大程度的混乱，因此在十月革命期间，德国不仅资助了布尔什维克，同时也资助了他们的敌人，可以说是"两边下注"。而从列宁方面来说，作为政治人物，他深知，政治的首要目的是保全自己，获得权力。所以他力排众议，极力主张接受德国的帮助，并且顺利地达到了自己重返俄国的目的。而他对于德国政府其实并不信任。所以在站稳脚跟之后，他开始帮助来自德国的同志们，资助他们筹备起义，去颠覆德国的君主。这也许就是历史的吊诡之处吧。

——译者

住在鞋匠家里的男人

瑞士，这个小小的和平之岛，当世界大战的战火在其他地方燎原之际，这里却在 1915、1916、1917、1918 接连四年的时间里上演着惊心动魄的侦探小说的情景。在豪华酒店里，敌对国派遣的使节像相互间从未认识过一样，冷漠地从各自身边走过，而一年前，这些人还一起友好地打过桥牌，相互邀请对方到自己家里做客。而他们的房间里不时闪过一群群讳莫如深的人们的身影。议员、秘书、随员、商人、看得清和看不清脸庞的女士们，每个人都身负秘密任务。酒店前面，经常开来插有外国国旗的豪华轿车，从车上走下来的有商人、记者、著名艺术家，以及看起来像是享受度假的游人。但几乎所有人都有着相同的任务：那就是尽力得知些消息，发现些什么，即使是那些引导客人进入房间的门童，还有那些打扫房间的女服务员也不例外，他们也被迫去观察和监视一切。各种各样的组织到处在与其他组织做斗争，在旅馆里，在民宿里，在邮局，在咖啡馆。而那些名义上的宣传活动，实际上有一半是间谍行动；那些宣称出于爱的举动，实则为背叛；

那些匆忙到达的人进行的每一桩公开生意背后，可能都隐藏着第二或第三桩交易。这里的一切都有人在报告，一切都处于被监视中；如果一个拥有不知名头衔的德国人刚踏入苏黎世界内，敌对国驻伯尔尼的大使馆就会马上知道这个消息，一个小时之后，驻巴黎大使馆也会得知。大大小小的机构将满满记录着真实和虚构消息的整份文卷日复一日地寄往随员办公室，接着，随员们会将消息传达给下一个机构。电话被监听，所有墙壁变得像玻璃一样透明；每份从纸篮里找出的信件和吸墨水纸都会被重新拼凑起来以获得信息。最后，这场乌烟瘴气的行动变得十分精彩：许多人都不再知道，自己究竟是什么身份，是追捕人还是被追捕的人，是间谍还是反间谍，是被告密人，还是告密人。

在那些日子里，只有一个人，很少有关于他的消息，或许是因为他太不引人注目了，从来没有在享有特殊待遇的酒店里投宿过，从来没有去过咖啡馆，也从来不出席任何宣传活动，而是和他的妻子完全隐退，居住在修鞋匠家里，就在利马特河[1]后面的那条狭窄、古老、地面磨得光滑如镜的小巷里，他在一座房子的二楼安身，这座房子和老城里的其他房子一样，是座筑造坚固的拱顶屋，房子墙壁被熏黑，一部分原因是年代久远，另一部分原因则是楼下院子里小小的香肠制造厂。他的邻居有一个面包师的妻子，一个意大利人，一个奥地利演员。由于他并不十分健谈，邻居除了知道他是个俄国人和名字不易发音以外，对他就没有更多

1.利马特河，从苏黎世湖北端引出，流经苏黎世市中心，最后注入阿勒河。

了解了。许多年前，他从自己的祖国逃出来，没有什么财产，也从未做过什么大的买卖，对女主人来讲，最容易从他们寒酸的饮食和破旧的衣服看出这一点，两个人所有的家产恐怕都填不满他们当初搬进来时带的那只篮子。

这个矮小的男人看上去如此不起眼，他的生活也尽可能不引人注目。他回避一切社交活动，邻居们很少能和他眯缝的双眼中散发敏锐深沉的目光相遇，也很少有客人来拜访他。但他也有自己规律的活动：每天上午 9 点，他都会离开家去图书馆，在那里坐到图书馆 12 点关门。12 点 10 分整，他会准时回到家，12 点50 分，他又会准时离开家，以便第一个到达图书馆，一直坐在那里，直到图书馆晚上 6 点关门。那时，新闻机构只关注那些经常发表言论的人，而他们不知道，恰恰总是那些读了很多东西，学了很多东西的孤独的人，才是世界革命化进程中最危险的人。因此，那些新闻机构也就没有写过关于这个不起眼的、住在修鞋匠家里的男人的报道。另一方面，社会主义圈子里的人却知道他，他曾经在伦敦做过编辑，供职于一家小规模的关于俄国移民的激进杂志，在彼得堡，他是某个发音别扭的特殊政党的领导人；但由于他曾对最受社会主义政党尊崇的人发表过严厉而鄙视的言论，并将他们的理论斥为虚假，而他的性格又不易让人接近，完全不友好，人们也就没有对他给予过多关注。有时晚上他也会在无产者出没的咖啡馆召开集会，但最多只有 15 到 20 个人参加，其中大部分是年轻人，因此，人们也就把这个怪癖的人认作同所有俄国流亡者一样，喝很多茶，通过无休止的讨论聊天使自己头脑发热。没有人把这个矮小的、面容严肃的男人当回事。在苏黎世，那些认为记住这个住在修鞋匠家里的人的名字——弗拉基米尔·伊里奇·乌里扬诺夫——是重要的事的人，不足三四十个。所以，在那些飞快穿梭于各大使馆间的豪华汽车中，如果有一辆车偶然在大街上撞死了这个人，世界也就不会知道他是谁了，既不会知道他是乌里扬诺夫，也不会知道他是列宁。

实现……

这一天，1917 年 3 月 15 日，苏黎世图书馆的管理员感到十分奇怪。时针已经指向 9 点，而那位最准时的借书者每天固定坐的座位，现在却还空着。快 9 点半了，10 点了，这个不知疲倦的读者还没有来，他不会再来了。因为在他来的路上，一位俄国朋友的谈话把他留住了，或者更准确地说，俄国爆发革命的消息扰乱了他的计划。

列宁刚开始是不愿意相信这个消息的。他被这一消息惊呆了。但随后他便迈着急促而迅速的步伐，走向了湖边的书报亭。在那里，在报馆门前，他一个小时又一个小时，一天又一天地等待着消息。事情是真的，消息是确凿的，而且他欢心地察觉到这消息一天比一天真实。起初，只是传言发生了宫廷革命，似乎还出现了内阁更迭，然后传来了消息：沙皇被废黜，临时政府成立，召开了杜马¹会议，俄国自由了，政治犯得到了赦免——几年来他所梦想的一切，二十年来他在秘密组织里，在监狱里，在西伯利亚²，在逃亡过程中致力的一切，如今都实现了。他顿时觉得，在这次世界大战失去生命的数百万人，并没有白白死去。对他来讲，这些死者并不是无谓的牺牲品，而是为了一个新的自由、公正、永久和平的国度献身的殉道者，这个平时清醒而沉静的梦想家如今却像迷醉了似的。现在，那些坐在日内瓦³、洛桑⁴和伯尔尼⁵小小房间里的其他几百名流亡者也在为这一振奋人心的消息欢呼：终于可以回俄国了！他们不需要假护照，不需要假名字，也不需要冒着生命危险回到沙皇的帝国去，而是以自由公民的身份回到那片自由之地。他们已经准备好了自己少得可怜的行装，因为报上刊登了高尔基⁶简明扼要的电报："所有人都回家吧！"于是，他们向四面八方发出书信和电报：回家了，回家了！集合起来！团结起来！为了他们自觉悟以来就要奋斗毕生的事业——为了俄国革命而再次献身。

---

1. 杜马：俄文音译，意为"议会"，沙皇俄国原来是封建专制国家。1905 年革命运动爆发后，沙皇尼古拉二世为缓和政治危机，于同年 9 月到 10 月宣布召集"国家杜马"，并赋予一定权力。其后又产生了第一至第五届国家杜马，但权力不大，名义上为国家的议会。1917 年十月革命胜利后，苏联建立了"议行合一"的苏维埃制度。
2. 西伯利亚：现为俄罗斯境内北亚地区的一片广阔地带。
3. 日内瓦：瑞士第二大城市，位于日内瓦湖西南角。
4. 洛桑：瑞士西南部城市，是瑞士第二大讲法语的城市。
5. 伯尔尼：瑞士首都，瑞士第三大城市。
6. 马克西姆·高尔基：苏联著名作家、诗人、评论家、政论家、社会主义现实主义文学奠基人、无产阶级最伟大的代表者之一、无产阶级革命文学导师。

……和失望

但是，几天后他们惊愕地认识到：这场使他们内心激动不已的俄国革命，并非如他们所梦想的那样，而且这也谈不上是一场俄国革命。这只是一场由英国和法国外交官策划的反对沙皇的宫廷政变，目的是为了阻止沙皇同德国结盟，这并不是一场由争取和平与权力的人民发动的革命。这不是他们生而为之奋斗，并准备好为之牺牲的革命，而是那些好战的政党、帝国主义分子和将军们为了自己的计划不被打乱而策划的一场阴谋。而且，不久之后，列宁和他的同胞们就认识到，所有人都回家的承诺并不适用于那些想要进行激烈的卡尔·马克思[1]式的真正革命的人。米留可夫[2]和其他自由派人物已经下达指示，要组织他们回去。一方面，他们把那些利于继续战争的温和派社会主义者迎接回国，如普列汉诺夫[3]在护送人员陪同下，乘坐鱼雷艇十分光彩地从英国回到了

---

1. 卡尔·马克思：马克思主义创始人之一，第一国际组织者和领导者，全世界无产阶级和劳动人民的伟大导师，无产阶级精神领袖，当代共产主义运动先驱。伟大思想家、政治家、哲学家、经济学家、革命理论家、社会学家，主要著作有《资本论》《共产主义宣言》。
2. 巴威尔·尼古拉耶维奇·米留可夫：俄罗斯历史学家，西方派的代表人物，信奉君主立宪制，俄国立宪民主党领袖，临时政府外交部长。
3. 格奥尔基·瓦连廷诺维奇·普列汉诺夫：俄国社会民主工党总委员会主席，是最早在俄国和欧洲传播马克思主义的思想家，俄国和国际工人运动著名活动家，十分受列宁尊敬，但1903年后，渐渐与布尔什维克分道扬镳，转向孟什维克主义，一战时支持民族主义，后对十月革命持反对态度。

彼得堡[1]；另一方面，他们却把托洛茨基[2]截留在哈利法克斯[3]，并且把其他激进派分子拒之于国境线以外。所有协约国的边境哨所，都有一份黑名单，上面记载着所有参加第三次齐美尔瓦尔德代表会议[4]的与会者名字。列宁怀着希望，向彼得斯堡[5]发去一封又一封电报，但它们不是被截获就是被放置在那里无人理会；在苏黎世[6]，甚至在欧洲都没有人知道的事情，在俄国的人却知道得清清楚楚：对弗拉基米尔·伊里奇·列宁的对手来说，他是多么的坚强，多么的精力充沛，多么的矢志不移，又有着多么致命的危险。

这些被拒之于边境之外的人，此刻是多么绝望，多么无能为力。多少年来，他们在伦敦，在巴黎，在维也纳的总部组织过无数次会议，制订了自己的俄国革命战略。他们权衡、尝试和彻底讨论过组织工作中的每一个细节。数十年来，他们在自己创办的杂志中讨论俄国革命可能在理论和实践中遇到的困难、危险和可能性。这个人毕生所思考的就是俄国革命的总体构想，并不断修

---

1. 彼得堡：圣彼得堡的俗称，现为俄罗斯著名城市，在俄罗斯历史上，是一座英雄城市。
2. 列夫·达维多维奇·托洛茨基：俄国无产阶级革命家，十月革命直接领导人，列宁最亲密的战友，第三国际和第四国际的主要缔造者，以对古典马克思主义"不断革命"和"世界革命"的独创性发展而闻名。
3. 哈利法克斯：加拿大新斯科舍省省会和最大城市，大西洋沿岸诸省中最大港口城市，世界第二大自然深水港。
4. 齐美尔瓦尔德：瑞士城市。齐美尔瓦尔德代表会议，即国际社会党人第一次代表会议，于1915年9月5日至8日在齐美尔瓦尔德召开，列宁代表布尔什维克出席了会议，会议是在第二国际彻底破产的情况下召开的，承认一战的帝国主义性质，谴责了社会沙文主义及"保卫祖国"的口号。严格来讲，齐美尔瓦尔德派不属于第三国际（共产国际），第三国际始于1919年3月。
5. 彼得斯堡：美国弗吉尼亚州东南部城市。
6. 苏黎世：瑞士联邦第一大城市。

改，最终形成体系。而现在，由于他被困在瑞士，他所构想的革命被其他一些人篡改和搞糟，这些人借着人民解放的神圣构想，为外国人服务，为外国人牟利。这段日子里，兴登堡[1]在他40年的戎马生涯中几乎是调遣和操纵着德国军队的行动，但当一战爆发时，他却不得不穿着平民的衣服坐在家里，在地图上标注现役将军们的进展和失误。在这绝望的日子里，这位平日里十分坚定的现实主义者——列宁——此时却做起了不理智的幻梦：能否在不租用飞机的情况下，穿越德国和奥地利呢？但正是那第一个愿意提供帮助的人，最后却被证明是间谍。于是，他心中想要逃亡的想法越来越强烈：他写信到瑞典，请人设法为他弄到一本瑞典护照，并愿意扮演成哑巴，这样就不需要答话了。虽然夜晚做了许多迷幻的梦，但到了早上，列宁就意识到，所有这些只是痴梦而已，根本不会实现，而到了白天，他也就明白了一点：必须要回到俄国，他必须要进行自己的真实而忠诚的革命，而不是别人所进行的政治革命。他必须要回去，必须马上回俄国，不惜一切代价，一定要回去！

取道德国：可不可以

瑞士地处意大利、法国、德国和奥地利的怀抱之中。作为革

---

1. 保罗·冯·兴登堡：德军总参谋长、陆军元帅、军事家，参加过普奥战争、普法战争，一战爆发后，任德军总参谋长，负责德军东西两线的战略指挥，1925 年当选为德意志共和国总统，1933 年任命希特勒为政府总理，著有《兴登堡回忆录》。

命者的列宁取道协约国是行不通的；作为俄国子民，以敌对国公民的身份穿过德国和奥地利也是不可能的。但荒唐的是：威廉[1]皇帝的德国却比米留可夫的俄国和普安卡雷[2]的法国给予了列宁更多友好。因为德国需要赶在美国宣战前不惜一切代价同俄国结盟。这样，列宁这样一位给英国和法国公使制造困难的革命者自然成了受德国欢迎的帮手。

但走这一步棋却要承担非凡的责任：他曾在自己的著作中多次谴责和抨击国王制的德国，而现在却要和他们进行谈判。因为从至今为止的道德观念上来讲，战争期间在敌国参谋部的允许下踏上敌国土地，并在此取道穿行，无疑是叛国行为。而列宁也明白，这一行动从一开始就会使自己的政党、自己的事业蒙羞；他也会被人怀疑，作为受德国政府雇佣和资助的间谍被派到俄国；而且，一旦与德国达成和平谈判，他就将作为罪人永载史册，他会被视为阻碍俄国取得真正胜利和和平的罪人。当他宣布在紧急情况下，将走这条最危险、最足以毁坏其声誉的道路时，不仅仅是那些温和的革命者，那些与列宁志同道合的大部分同志都惊呆了。他们惊慌地指出，瑞士的社会民主党早已在着手谈判，他们想用交换战俘的方法以合法而不引人怀疑的方式将俄国革命者运送回国。但列宁知道，这将是一条十分漫长的路，俄国政府将故意制造各种人为障碍，使他们的回国计划遥遥无期。同时他也知道，现在每一天、每一小时的时间都十分宝贵。当其他人或挖苦，

---

1. 威廉：指威廉二世，一战时普鲁士王国和德意志帝国皇帝。
2. 雷蒙·普安卡雷：法国政治家，1913 至 1920 年任法国总统。

或冒失，或观望，不敢真正下定决心采取这种按照现有法律和观念被视为背叛的行动之时，列宁只想达成最后的目标。他内心已经决定，并表示将由他个人承担一切责任——同德国政府谈判。

协　定

因为列宁知道自己的行动将会引起轰动和攻击，所以他就尽可能公开行事。在他的委托下，瑞士工会秘书弗里茨·普拉廷[1]前去和德国公使谈判，向其转达列宁提出的条件，这位德国公使之前已经有和其他俄国流亡者谈判的经历。像是能够预知自己日后即将到来的威望，矮小而名不见经传的列宁根本没有向德国政府提出什么请求，而是向他们提出了条件，只有在这样的条件下，这些俄国的旅客才准备接受德国政府提供的便利：即他们所在的车厢要享有治外法权；进出口处不得检查护照和个人；俄国旅客按正常票价承担自己的旅费；不得以任何方式让旅客离开车厢。罗姆贝尔格大臣将这些要求上报，一直传到鲁登道夫[2]那里，他完全同意了这些条件，尽管在他的回忆录中，人们找不到任何关于这个具有世界意义的，可能是他一生中做出的最重要决定的只言片语。在一些小的细节方面，德国公使还想做一些更改，因为列宁故意将协定写得模棱两可，以便俄国人以及一个名叫拉狄克的

---

1. 弗里茨·普拉廷：瑞士共产党人、职业革命家。
2. 埃里希·鲁登道夫：德国陆军将领，一战爆发后，任第八集团军参谋长，是兴登堡将军的得力副手。

奥地利人可以免受检查同行。但德国政府也像列宁一样想要急切地达成协议，因为第二天，也就是在 4 月 5 日，美利坚合众国向德国宣战了，所以德国公使未能如愿进行更改。

于是，弗里茨·普拉廷在 4 月 6 号中午得知了这一具有纪念意义的通知："一切都按所希望的安排好了。"1917 年 4 月 9 日，下午 2 点半，一小队穿着破旧，提着箱子的人从蔡林格霍夫饭店出发，走向苏黎世火车站。队伍一共有 32 个人，包括女人和孩子。在历史上留下名字的只有列宁、季诺维也夫[1]和拉狄克[2]这三个男人。他们一起吃了一顿简单的午餐，并签署了一份文件，他们还得知《巴黎小报》刊登的一则报道：俄国临时政府会将那些经过德国的俄国旅客作为叛国者对待。他们用粗壮的、线条笔直的字体签下名字，以显示自己将承担此次旅行的全部责任并已同意所有条件。现在，他们平静而坚决地开始了这段具有世界历史意义的旅程。

他们到达火车站时，并没有引起任何注意。那里既没有新闻记者也没有摄影记者。因为在瑞士，又有谁认识这位乌里扬诺夫先生呢，他戴着一顶压皱的帽子，穿着一件破旧的上衣和一双可笑而又笨重的登山鞋（这双鞋他一直穿到瑞典），夹杂在一群提挎着箱子、篮子的男男女女中间，默默地、不引人注意地在火车上找了一个座位。这些人看起来和那些来自南斯拉夫、鲁登尼亚

---

1. 格里戈里·季诺维也夫：共产国际执行委员会首任主席，苏联共产党早期领导人。
2. 卡尔·伯恩哈多维奇·拉狄克：苏联政治活动家、共产主义宣传家，1917 年加入俄国社会民主工党。一战期间，持国际主义立场；十月革命后，曾在外交人民委员会工作。

和罗马尼亚的无数流亡者无异，在他们前往法国海岸，接着远渡重洋之前，他们会坐在自己的木质行李箱上，在苏黎世休息几个小时。而瑞士工人党反对此次行动，所以并没有派代表来火车站，只有几个俄国人来送行，为的是给家乡的人捎去一点生活用品和问候，还有一些人是来劝阻列宁不要进行这次"毫无意义的、铤而走险的旅行"。但是，决定已经做出了。3 点 10 分，列车员发出了即将开车的信号。接着，火车慢慢开动，驶向德国边境的哥特马丁根车站。3 点 10 分，从这一刻开始，世界时钟换了另一种走法。

封闭的列车

在这次世界大战中，已经发射了数百万枚具有毁灭力量的炮弹，这些最具威力和摧毁力、射程最长的炮弹由工程师设计发明。但是，在崭新的人类历史进程中，没有哪一枚炮弹会比这列火车射得更远，对人类命运更有决定意义，因为此刻，这列火车载着20 世纪最危险也最坚定的革命者，从瑞士边境出发，疾驰着穿越整个德国，最后到达彼得堡，在那里摧毁这个时代的秩序。

这枚非比寻常的炮弹停在了哥特马丁根的铁轨上，这列火车分二等、三等车厢，妇女和孩子乘坐二等车厢，男人们乘坐三等车厢。车厢地板上的一条粉笔线作为分界线，将俄国人的领土和两名德国军官的包厢隔离开来，这两名军官负责护送这批"活的炸药"。火车平安行驶了一夜。只是到了法兰克福车站，突然涌上来许多德国士兵，他们听说了这些俄国革命者要在德国经过的消息，其中几个德国社会民主党人士还想尝试和这些旅客进行交谈，但都被拒绝了。列宁清楚地知道，如果他在德国领土和德国人哪怕说一句话，都可能将自己置于被怀疑的境地。在瑞典，他们受到了热烈的欢迎。这群人饿坏了，急匆匆地朝瑞典早餐桌涌去，黄油面包就这样不可思议地奇迹般出现在了他们面前。早餐后，列宁还去买了鞋子和衣服，以便换下那双沉重的登山鞋。终于到达俄国边境了。

这枚炮弹击中了

到达俄国领土后，列宁第一个举动非常有自己的特点：他没有朝任何人看一眼，而是最先拿起报纸来看。他已经离开俄国14年了，这14年里，他没有再见过这片土地，这面国旗，还有士兵的制服。但这位意志坚定的思想家并没有像其他人一样泪水涟涟，也不像那些妇女一样冲过去抱住被弄得莫名其妙的士兵。报纸，要先看报纸——《真理报》，他要看看，这份报纸，他的报纸，是否足够坚决地坚持了国际主义立场。不，它并没有足够坚决地坚持立场，他愤怒地将报纸揉成一团。报上讲的总是"祖国""爱国主义"这些字眼，并没有足够深入地介绍他所希望的纯粹的革命。他觉得，自己回来的正是时候，他要扭转方向盘，奋力实现自己的毕生所想，不管是迎向胜利还是毁灭。但是，他最终能做到吗？最后的不安，最后的担心。到了彼得格勒——当时这座城市还叫这个名字，不过时间不长了——米留可夫不会立即逮捕他吗？而对这个问题，去车站接他的两个朋友，加米涅夫[1]和斯大林，并没有做出回答，或者说不愿意回答，他们只是在昏暗的三等车厢里向他神秘地笑了笑，在影影绰绰的光线中看得并不清楚。

但是，事实却无声地做出了回答。当火车驶进彼得格勒的芬兰火车站时，巨大的站前广场已经挤满了成千上万名工人和配备有各种武器的前来保护他的卫队，他们正在翘首期盼着这位流亡归来的人，《国际歌》骤然响起。当弗拉基米尔·伊里奇·乌里扬诺夫走出车站时，这个昨日还住在修鞋匠家里的人，此刻已经被成百上千双手抓住，并被高举至一辆装甲车上。聚光灯从房子和要塞射下来，聚集到他的身上，也就是在这辆装甲车上，他向人民发表了他的第一次演说。所有街道都沸腾了，之后不久，"震惊世界的十日"[2]开始了。炮弹射出，击中和毁灭一个帝国，改变一个世界。

---

1. 列甫·波里索维奇·加米涅夫：苏联共产党和苏维埃国家早期领导人，联共党内"新反对派"主要代表之一。
2. 指十月革命开始的十天。

演讲台上的头颅

时间：公元前 43 年 12 月 7 日
事件：维护共和政体的努力
核心人物：西塞罗

在德语原版的《人类群星闪耀时》里，最初只收录了 12 个传奇故事。关于西塞罗与威尔逊的随笔首先出现在 1940 年的英文版里。这是因为，他由于犹太人的身份而被迫于 1934 年流亡伦敦，而他的书在德国遭到了毁禁，所以他的书籍无法以母语德语出版，只能先发行英文版。作为一个和平主义者，茨威格面对纳粹的肆虐无比愤恨却又无能为力，而且他被迫远离故土、流亡海外，内心无比悲怆，再加上 1940 年，时值法西斯势力猖獗，作家目睹他的"精神故乡欧洲"的沉沦而深感绝望。在这种绝望的心境中，他提笔写下了最后两篇历史随笔。这两篇的主题非常相似，都是政治家的失败，而且两者其实分别代表了茨威格最为欣赏的两种理念的失败：共和民主制与和平主义。

西塞罗堪称整个西方世界最杰出的人物。他是古代罗马著名的政治家、演说家、罗马共和国后期杰出的散文大家。更为重要的是，在西方人的心目中，他是古典共和思想最优秀的代表。他在两千多年前就提出："国家乃是人民的事业。而人民不是偶然汇集一处的人群，而是为数众多的人依据公认的法律和共同的利益聚合起来的共同体。"他认为，君主、贵族和民主三种政体都是单一政体，理想的政体应是"混合政体"，即以当时罗马元老院为首的奴隶主贵族共和国。所以他一生为了共和政体殚精竭虑，还曾因挫败了卡提利纳的阴谋而被元老院授予"祖国之父"的称号。同样是为了维护共和政体，他不得不在共和国面临军人独裁专政威胁之时，与各方面虚与委蛇，游移于不同势力之间，看上去虚荣善变，其本质上都是出于对共和国的制度设计特别是内部的法律和政治运作的忠诚。而这样的一个人，最终却被后三头同盟用剥夺公民权使其不受法律保护的方式而惨遭杀害，头颅和双手还被割下示众，而罗马也最终走向了帝制。茨威格正是通过对西塞罗的描写来表达自己对于欧洲未来的担忧，其中心意令人叹惋。

——译者

一个聪明却并不十分勇敢的人，如果遇到比自己更强的人，最明智的做法就是：回避此人，并且不感到羞愧地静候时来运转，直至前方道路再次通畅。马尔库斯·图利乌斯·西塞罗¹，这位古罗马帝国首屈一指的人文主义者、演说大师和法律捍卫者，为了维护遗留下来的法律和维持共和政体，已竭力奋斗了30年；他的演说已载入史册，他的文学著作已经成为拉丁语的基石。他怒斥过卡提利纳²的变乱暴动，控诉过维尔列斯³的贪污腐败，抵制过获胜将军们的独裁，而他的著作《论共和国》⁴也被他那个时代视为理想国家形式的道德典范。但现在，一个更强大的人出现了——尤利乌斯·恺撒⁵。刚开始，西塞罗曾作为较年长和较有威望的人毫无猜疑地提拔过他，而现在，恺撒凭借自己的高卢军团一夜之间就把自己推上了意大利主人的位置；作为拥有无限军权

---

1. 马尔库斯·图利乌斯·西塞罗：古罗马政治家、演说家、雄辩家、法学家和哲学家。出身于古罗马的奴隶主骑士家庭，以善雄辩成为罗马政治舞台的重要人物。从事过律师工作，后进入政界。开始时倾向平民派，后成为贵族派，公元前63年当选为执政官。他以其演说和文学作品，被广泛地认为是古罗马最好的演说家和最好的散文作家之一，奠定了古典拉丁语的文学风格。在罗马共和国晚期的政治危机中，是共和国所代表的自由主义的忠诚辩护者。在后三头同盟成立后，被三头之一的政敌马库斯·安东尼派人刺杀身亡。

2. 卡提利纳：出身贵族家庭，多次竞选罗马执政官，但由于其挥霍无度，贪赃枉法，屡次落选，后发动"喀提林阴谋"，被西塞罗挫败。事变过程中，西塞罗在元老院和罗马广场四次发表《控告卡提利纳的演说》，成为西塞罗演讲词中的名篇，最后卡提利纳逃出罗马，其他同谋者被处死。

3. 维尔列斯：出身元老院元老家庭，前73至前71年，他担任西西里行省总督，任期内大肆掠夺，随便处决试图反抗他的民众。后遭西塞罗控诉，离开罗马，自行放逐，最后因拒绝交出之前掠夺的艺术珍宝，被安东尼处死。

4. 《论共和国》：西塞罗代表作，著于公元前54年，模仿柏拉图《理想国》的形式，采用对话体，全书共六卷。他在这部著作中对国家学说做了系统阐述。

5. 尤利乌斯·恺撒：即恺撒大帝，罗马共和国末期杰出的军事统帅、政治家。出身贵族，公元前60年，同庞培、克拉苏秘密结成"前三巨头"同盟，随后出任高卢总督，在八年时间内征服了高卢全境，还袭击了日耳曼和不列颠。公元前49年，率军占领罗马，打败庞培，集大权于一身，实行独裁统治。公元前44年，遭到以布鲁图斯领导的元老院成员的暗杀而身亡。

的统治者，他只需伸出双手，就能得到安东尼[1]在聚集的民众前面奉上的王冠。当恺撒渡过卢比孔河时，同时也就逾越了法律，至此，虽然西塞罗曾与恺撒的独裁统治作过斗争，但最终只是徒劳。他也做过尝试，想要呼吁最后一批自由捍卫者反对施暴者，但还是落空了。但事实证明，军队永远比言语更强大。恺撒，一个充满智慧、行动果断的人，彻底取得了胜利。如果他像大部分独裁者那样复仇心强烈的话，那他现在可能已经在胜利高歌之后，将西塞罗这个固执的法律捍卫者处死，或者至少将他判为不受法律保护的人。然而，获得大胜后，比起所有军事胜利，恺撒更看重自己的宽宏大量。恺撒饶了这个被打败的对手——西塞罗一命，不带有任何侮辱的意图。他对西塞罗唯一的要求就是：退出政治舞台。现在，这舞台只属于恺撒一个人，其他任何人只能扮演沉默和顺从的角色。

此刻，对于一个充满智慧的人来讲，没有什么能比远离公众，远离政治生活更幸运的事了；这种远离使这位思想家、艺术家离开那只能通过粗暴和狡猾才能掌控的不够体面的世界，重新回到自己不受打扰、无法破坏的内心世界。对这样一位睿智的人来讲，任何一种形式的流放都是促使他回归内心平静状态的推动力。就是在这最美好、最幸运的时刻，西塞罗遇到了这天赐的灾祸。这位伟大的雄辩家正在渐渐接近生命的晚年，他的一生有太多动荡

---

1. 马尔库斯·安东尼：古罗马政治家、军事家，是恺撒最重要的军队指挥官之一。恺撒遇刺后，与屋大维展开权力之争，不久言和，并同雷必达结成"后三头同盟"，对共和派进行大清洗。前33年，同盟分裂，前30年，同埃及女王克利奥帕特拉七世一同殉情而亡。

和紧张，以至于留给他做出创造性总结的时间太少。在他所处时代的狭小范围内，这位年近六十的老人究竟经历了多少矛盾的人和事啊！凭借顽强、机智和智慧上的优势，这位步步高升的发迹者，逐级获得了所有官职和荣誉，而这一切通常是与来自小地方的人绝缘的，而是令人羡慕地留给那些世袭的贵族宗派。他赢得了公众最高层和最底层的厚爱。自从打败卡提利纳之后，他在元老院[1]中的职位得到提升，民众为其戴上花冠，他被元老院尊予"国父"的荣誉称号。而另一方面，他却不得不在一夜之间逃亡，遭到同一个元老院的判处，遭到同一群民众的背弃。他失去了自己曾履职的官位，失去了自己曾凭借孜孜不倦的努力所获得的荣誉。他曾在元老院议事厅的讲坛上提出过控诉，曾作为军人在战场上指挥过罗马军团，曾作为共和国最高执政长官管理过政务，曾作为卸任的执政官管理过行省，数百万的赛斯特斯[2]曾经由他手，转而作为债务发放出去。他曾拥有帕拉丁山[3]上最漂亮的房子，也亲眼见到这座房子被自己的敌人烧成废墟。他曾写过重要的论说，发表过经典的演讲。他曾有过自己的孩子，也曾失去自己的孩子。他曾勇敢，也曾软弱，曾固执己见，也曾善于奉承；他曾被许多人赞美，也曾被许多人憎恨；他是一个性情反复无常

---

1. 元老院：审议团体，在罗马共和国和罗马帝国政府中扮演着重要角色。西塞罗曾说，元老院是公众事务的引导者、辩护者和捍卫者。罗马的人口分为两个阶级：元老院和罗马人民，罗马人民包含所有罗马公民和非元老院成员的人。元老院不属于立法机构，其决议是对法律诉讼的建议，本质上不是法律。共和国晚期，元老院通过依靠元老院诀议捍卫共和，目的为避免独裁官任命。
2. 赛斯特斯：古罗马钱币单位。
3. 帕拉丁山：罗马城内一座小山，富人区。

人类群星闪耀时

的人，时而黯淡无光，时而光芒四射；总的来讲，他是那个时代最具魅力同时也最令人恼怒的人，因为自马略[1]至恺撒这风云变幻的四十年间，他与发生的一切都有着密不可分的关系。没有谁像西塞罗那样经历并体会他所在的那个时代的历史，同时也是世界史的一部分；只是唯独一件事，这个时代没有给他留下时间去做——也是最重要的一件事：回顾自己的一生。这位不知疲倦地满足自己野心的人从来没有时间，安静地、好好地自我思索，对自己的所知所想做总结。

现在，恺撒发动了政变，他也因此被排除在"国家事务"之外，他终于有机会富有成效地处理自己的"私人事务"——这也是世界上最最重要的事；他无可奈何地将演说论坛、元老院和国家最高权力让给了恺撒的独裁统治。对任何公共事务都感觉索然无味的情绪开始占据这位受排挤者的心。他屈服了：但愿会有他人去捍卫民众的权利，对民众来说，古罗马斗士的比武和竞技游戏比他们的自由还重要。现在，于他而言，最重要的就是找寻自己内心的自由，去发现，去实现。就这样，在年近六十的时候，马尔库斯·图利乌斯·西塞罗第一次平静地审视自己的内心，以向世界证明，他曾经如何活着，如何发挥过自己的作用。

作为天生的艺术家，西塞罗只是无意间很偶然地从书籍的世界跌入陈腐的政治世界中，现在，他要按照自己的年龄，自己内心最深处的诉求，尝试着明智地构建自己接下来的生活。他离开

---

1. 马略：古罗马著名军事统帅和政治家。

了罗马这个喧闹的大都市，退隐到图斯库卢姆，也就是今天的弗拉斯卡蒂[1]，他的房子坐落在意大利最美丽的风景区之一。郁郁葱葱的丘陵像绿色的波浪一样，缓缓漫向坎帕尼亚平原，泉水流动，发出银铃般悦耳的声音，衬托得山野更为幽静。这么多年来，他的生活都是在古罗马的广场上，在演说论坛上，在战地帐篷中，在行军车上度过，此刻，在这里，这位具有创造性的反思者的灵魂终于放松下来。那座充满诱惑力却令人倍感疲惫的城市离他那么远，就像天边的一缕灰烟，但却又离他那么近，因为经常会有朋友来拜访他，和他进行启迪思想的谈话，比如亲密的知己阿提库斯[2]，年轻的布鲁图斯[3]，年轻的卡西乌斯[4]，甚至还有一位危险的客人来访过——就是那个独裁者恺撒。尽管那些罗马的朋友不在身边，却有另外一些从不令人失望的美妙同伴作陪——书籍，他可以完全按照自己的想法行事，既可以保持沉默，也可以进行谈话。西塞罗在自己的房子里建了一间藏书室，如果说智慧是蜂蜜，那这间藏书室就是蜂房，有着取之不尽的甜蜜。这里排列的既有古希腊智者的著作，也有罗马编年史，还有各种法律纲要；同这些来自不同时代，用不同语言写就的书籍朋友在一起，就不会再有

---

1. 弗拉斯卡蒂：意大利罗马中部的一个小城，风景优美，以众多教皇别墅闻名。
2. 阿提库斯：罗马骑士，家境富有，年长西塞罗三岁，与西塞罗曾是同窗，为一生挚友。他一生回避政治，重要工作是整理出版西塞罗写给他的书信，西塞罗曾在自己的对话体著作《论法律》中将其列为谈话者之一。
3. 布鲁图斯：出身名门，政治上反对恺撒独裁，志在恢复共和政体。前44年3月15日，同卡西乌斯等一派共和分子一起，在元老院会堂刺死恺撒，后逃亡希腊，准备抵抗恺撒的继承人。
4. 卡西乌斯：古罗马将领，主张共和制，曾参与刺杀恺撒，事后组建军队，到达希腊，同布鲁图斯会和。

哪个夜晚必须要在寂寞中度过了。早上是工作的时间。那位学识丰富的奴隶总是恭敬地等待着为他记录下口述的内容；心爱的女儿图利娅总是会缩短他的用餐时间，而每日对儿子的教育则会时不时带来些许刺激，为他的生活提供一些消遣。而且，他还做了一件最聪明的事：这位六十岁的老人做了他这个年龄最甜蜜的傻事，那就是娶了一位比自己的女儿还年轻的妻子，以便作为生活的艺术家，要以最性感、最迷人的方式享受美，而不是在大理石雕像和诗句中享受美。

就这样，在他六十年的生命中，西塞罗终于回归了自己的内心，他现在只不过是一名哲学家，而不是煽动者；是作家，而不是雄辩家；是自己意志的主人，而不是为民众争取利益的忙忙碌碌的公仆。他不再在罗马的广场上面对可以被收买的法官慷慨陈词，而是更愿意将演讲智慧融入自己的著作《演说家》[1]里，以为后世所有的模仿者树立榜样，同时在他的著作《论老年》[2]中自我劝导：一个真正的智者应该学会老年人的真正尊严——老年生活的戒欲断念。他最美丽、最和谐的书信也都出自他内心十分平静的那段时间，即使他心爱的女儿图利娅的去世成了他最悲伤的不幸，艺术还是帮助他获得了心灵上的慰藉：他写就了那本《论安慰》[3]，这本书至今还为千千万万经历了同样命运的人带来安慰。而

1.《演说家》，采用给布鲁图斯写信的方式，回答西塞罗在以往著作中已经提出的问题：什么是完美的演说家。《论演说家》《布鲁图斯》和《演说家》三部作品构成了西塞罗修辞学基本理论的框架。
2.《论老年》：全名《老加图论老年》，写于公元前 44 年 5 月。
3.《论安慰》：公元前 45 年 3 月初写成。

这位从前忙忙碌碌的演说家如今成了一位伟大的作家，后世之人将这种转变归功于他那远离家乡的流放。他在这平静的三年时间内所创作的著作和死后所得之名比他之前浪费在国家事务中的三十年时间还要多。

他的生活似乎已经成了一名哲学家的生活。他几乎从不注意每天从罗马发来的消息和书信，他已经是一名永恒的精神共和国的公民，而不是被恺撒的独裁统治篡权的罗马共和国的公民。这位世间法律的导师终于明白了每位在公共事务中发挥作用的人最终必定体会到的一个辛酸秘密：一个人永远无法长期捍卫民众的自由，而总是只能捍卫自己内心的自由。

就这样，西塞罗，这位世界公民、人文主义者和哲学家，在远离——如他自己所说——在永远远离尘世和政治的喧嚣时——平静地度过了一个幸福的夏天，一个创作丰硕的秋天，一个意大利的美丽冬天。他几乎从不重视每天从罗马发来的消息和信件，对于那个不再需要他参与的游戏，他已经变得无所谓了。他似乎已经完全沉浸在一个文学家爱慕虚荣的欲望中了，他现在只是那看不见的精神共和国的公民，而不是那个屈从于暴政的、堕落而专制的共和国的公民。就在3月的一个中午，一名风尘仆仆的送信人气喘吁吁地跑到房子里，呼吸急促地报告了这个消息：独裁者恺撒在罗马元老院的会堂上被杀害了。接着，送信人就屈膝倒在了地上。

西塞罗的脸色顿时变得煞白。就在几周前，他还和这位宽宏大量的获胜者坐在同一张餐桌旁，虽然西塞罗曾十分憎恨地反对

人类群星闪耀时

过这位危险的占有优势者，也曾怀疑过他所取得的军事胜利，但他却总是在内心里不得不默默敬佩这位有着独立智慧头脑、具有组织能力的天才，这位在他的敌人中，是唯一值得尊敬的怀有人性的人。但是，虽然恺撒十分憎恨那些谋杀者卑鄙的论调，他不是也因为自己的优越权力和丰功伟绩而遭受了这最该受诅咒的谋杀——对国家之子的谋杀吗？他的天赋难道不正是给罗马自由带来最大危险的存在吗？虽然从人道上来讲，他对此人之死感到十分悲痛，但这一恶行却恰恰推动了最神圣的事业的胜利，因为，既然现在恺撒已经死了，共和国就能够再度重建：他的死亡成就了最最崇高的理念的胜利——自由理念的胜利。

就这样，西塞罗克服了自己最初的震惊。他从未想要采取这样一项阴险的行动，可能也从未敢在自己的内心最深处的梦里希望这样的事发生。尽管当布鲁图斯将鲜血淋淋的匕首从恺撒的胸膛抽出来时呼喊了西塞罗的名字，以便让西塞罗这位共和政体的思想导师成为自己行动的见证者，布鲁图斯和卡西乌斯却并没有将西塞罗牵扯到这次谋反行动中来。但是，刺杀行动还是不可挽回地发生了，而且必须要将此次行动的评价粉饰为有利于共和政体。西塞罗明白了：通往古老的罗马人的自由之路上，必须要跨过这具暴君的尸体。而向其他人指明这条路，则是他的责任。只此一次的机会绝不能浪费。就在同一天，西塞罗放下他的书、他的著作和被艺术家视为最神圣之物的宁静，急急忙忙赶回罗马，要从那些谋杀者和复仇者手中拯救恺撒留下的真正遗产——共和国。

当西塞罗踏上罗马的土地时，他看到了一座迷惘惊慌而不知所措的城市。在谋杀恺撒行动发生的那一刻，这一行动就证明了自己比那些实施行动的人更加伟大。这个聚在一起的叛变小团体只知道要谋杀，要铲除这个比他们所有人都具优势的人，而现在，到了要充分利用这一谋杀行动的时刻，他们却束手无策，不知道要从哪一步开始。元老院的元老们也在犹豫着，是要赞同这次谋杀，还是要对其审判；早已习惯被粗暴之手束缚的民众也不敢发表任何意见。安东尼和恺撒的其他朋友们也对这些密谋者有所忌惮，怕失去自己的性命而战栗发抖。而那些密谋者却反过来害怕恺撒的朋友们和他们的复仇。

在这样一片惊慌失措中，西塞罗被证明是唯一一个果敢的人。智慧而镇定的西塞罗，虽然平时谨小慎微，此刻却毫不犹豫地站出来支持此次自己并未参与的行动。他身杆笔直地走上元老院会堂，地面上还有被谋杀者未干的血迹，在集聚的元老院元老们面前称赞此次谋杀独裁者的行动为共和理念的一次胜利。"哦，我的民众们，你们再次回归了自由！"他大声宣告。"你们，布鲁图斯和卡西乌斯，你们完成的不仅仅是罗马的伟大行动，而且是世界的伟大行动。"但同时他也要求道，现在要赋予此次谋杀行动比其本身更崇高的意义。密谋者们应该不遗余力地夺取恺撒死后遗留下来的政权，并利用这一权力，尽可能快地拯救共和政体，重建古老的罗马宪法。安东尼应当卸任执政官的职位，行政权应被移交给布鲁图斯和卡西乌斯。为了迫使专制统治永远让位于自由，这位法律的捍卫者第一次在这一短暂的具有世界历史意义的时刻打破了法律的陈规。

但正是此刻，密谋者的弱点也暴露出来了。他们只能策划一次密谋，只能完成一次谋杀行动。他们只有力量将匕首插进一个毫无防备能力的人的尸体内五寸深；然后他们的果敢就用尽了。他们不想夺取政权并加以利用，以重建共和政体，而是费心地想去争取廉价的赦免，并同安东尼谈判；他们给了恺撒的同伙们重新联合的时间，因而也就错过了最佳时机。西塞罗已经预见到了这一危险。他意识到，安东尼在策划反击，目的不仅仅是杀死这些密谋者，而且也要摧毁共和思想。为了迫使那些密谋者，迫使民众采取果敢的行动，他不断提出警告，不断抨击，不断宣传鼓动，不断演讲。元老院已经准备支持他，民众们等待的也只是一个果断而勇敢地拉起恺撒强大双手丢下的缰绳的人。如果西塞罗现在夺取政权，在混乱中重建国家秩序，是没有人会反对的，所有人只会松一口气。

西塞罗自发表卡提利纳演说以来就一直热切期盼的具有世界历史意义的一刻，终于在 3 月 15 日到来了。如果当时他就知道利用这一时刻，我们在学校学的历史可能就是另一个版本了；而西塞罗这个名字，也就不仅仅是作为著名的作家，而且是作为共和政体的拯救者，作为实现罗马自由的真正天才，在李维[1]和普卢塔克[2]的编年史中流传至今。而其永垂不朽的盛名是：从独裁者手中夺取政权，并将其自愿归还给民众。

---

1. 李维：古罗马历史学家，著有《罗马自建城以来的历史》。
2. 普卢塔克：古希腊传记作家，著有《希腊罗马名人比较列传》。

但在历史上，悲剧总是不间断地上演，一个足智多谋的人，由于内心倍感责任重大，往往很难在决定性的时刻成为一个行动果敢的人。在那些充满智慧和创造力的人身上，这种矛盾总是重复出现：因为他能更好地看见这个时代的愚蠢，这也就促使他参与其中，在满怀热情的短暂时间内，充满激情地投入到政治斗争中去。但同时，他却也在犹豫着要不要以暴制暴。他内心的责任使他退缩了，不敢实施暴力，浇筑献血。而在这千载难逢的时刻，正是这种容忍甚至助长轻率的犹豫不决和顾虑重重，使他丧失了行动能力。在最初的一阵激情消失后，西塞罗以危险的洞察力回顾了形势。他回顾那些密谋者，昨天他们还被尊为英雄，现在来看，他们不过是软弱无能的人，只会从自己所实施行动的阴影下逃离。他回顾了那些民众并且看到，他们已经不再是古老的罗马民族的民众了，那个他所梦想的英雄民族，而是只想着吃喝玩乐，只关心利益和玩乐消遣的芸芸众生，今天向布鲁图斯和卡西乌斯这些谋杀者欢呼，第二天向对其复仇的安东尼欢呼，第三天，又向着那个打倒恺撒雕像的多拉贝拉[1]欢呼。他意识到，在这座退化堕落的城市中，没有一个人愿意诚实地为自由理念服务。所有人都想得到权力或者自身的安逸享受：恺撒已经死了，但却无济于事，因为所有人追求的只是他的遗产，他的钱财，他的军团，他的权力，他们为此讨价还价，为此争执不休；他们只想为自己，而不是为这唯一神圣的罗马的事业——自由，而谋利。

---

1. 多拉贝拉：元老院元老，恺撒死后，他被递补为恺撒空缺的执政官位置。

在这一时的兴奋过后的两周时间内，西塞罗越来越疲惫，越来越怀疑。除了他自己之外，没有人关心共和政体的重建，国家情感已然消失，自由的意义也完全被遗忘。最后，这场混沌的暴乱让他感到厌恶。他不能再有幻觉，以为自己的话会起多大作用，他不得不承认自己的失败，他作为调解者的角色已经扮演结束了，不管是自己软弱还是没有勇气，他都不能将自己的国家从一触即发的内战中拯救出来；他只能让国家听天由命。4月初，他离开了罗马——再一次失望而失败地——回归了自己的书籍，回到他那座位于那不勒斯海湾附近的普托里的孤零零的房子。

西塞罗第二次从喧嚣的世界逃离到自己的隐居生活中。现在他终于意识到，作为学者、人文主义者、法律的捍卫者，涉足那个权力即法律、比起才智和温和需要更多肆意妄为的领域，从一开始就是错的。他不得不十分感慨地承认，他为自己的国家所梦想的那个理想的共和政体，和重建古老的罗马道德，在这样一个放纵的时代已经不再有可能实现。然而，既然他自己不能完成拯救现实的物质世界的行动，至少要为更有智慧的后世之人拯救自己的梦想；一个年近花甲之人一生中所付出的努力和获取的知识，是不会完全无意义地消失的。就这样，这位受辱之人开始思考自己原本的力量，在这隐居的日子里，他为后世留下了宝贵遗产，写下了自己最后一部，也是最伟大的一部著作——《论义务》[1]，讲述了一个独立而具有道德的人应该对自己，对国家完成的义务的

1.《论义务》：是一部伦理学著作。西塞罗假借给当时在雅典学哲学的儿子写信的方式，用谈心的口吻，阐释了"义务源于美德"这一主题。

学说。这部著作是他的政治和伦理学遗著，记载了公元前 44 年秋天，同时也是在普托里度过生命之秋的西塞罗。

书中的话语已经证明，这本关于个人与国家之间关系的论著，是一个早已隐退、对公共事务失去一切激情的人所留下的遗作。《论义务》是写给他的儿子的；西塞罗对儿子坦率地承认，他并不是轻率随便地就从公众生活中隐退，而是因为，作为自由的灵魂，作为一名罗马共和派成员，为专制政权服务有损于自己的尊严和名誉。"当国家还需要由那些它自己选择的人管理的时候，我就已经将自己的力量和智慧贡献给了国家。但是，当一切沦为个人独裁统治的时候，公共服务或者权威也早已没有用武之地了。"自元老院被解散和法庭被关闭以来，他又能凭着那仅有的一点自尊在元老院或者在元老院的论坛上谋求些什么呢？到目前为止，公众和政治事务占用了他太多个人的时间。"没有为此位从事写作的人留出闲暇"，他也从来没能以完整的方式记录下自己的世界观。然而，既然现在被迫闲下来，他就想至少好好利用这段时间，正验证了西庇阿[1]那句精彩的话——这也是他在谈到自己时所说的，他"从来没有比在他无所事事时更忙，也从未比他独自一人时，感觉更不寂寞"。

西塞罗向儿子阐述的关于个人与国家之间关系的理念，经常不是新的和原创的，而是将书本上的知识和平时接受的知识结合起来：因为即使是一位雄辩家，在六十岁的时候也不会突然成为

---

1. 西庇阿：古罗马统帅，著名演说家。

一名诗人，正如一名编纂者不会成为一名原创作家一样。但书中随着悲伤和愤怒情绪而转变的语境，赋予了西塞罗的观点一种新的慷慨激昂之感。在血腥的内战中，在古罗马权贵和各派亡命之徒争夺权力之时，一个真正的具有人道精神的智者再次梦想——总是像在这样一个时代里的个人会梦想的一样——通过道德认知和妥协实现世界和平这样一个永恒的梦。单单公正和法律这两样东西就应该组成国家的支柱。内心正直的人必须要夺取政权，而不是成为蛊惑人心的煽动者，这样才能实现国家的公正。没有人应该被允许将自己的个人意志和独裁凌驾于民众之上。拒绝向任何一个从民众手中夺取领导权的野心家屈服，是每个人的责任。作为一个坚强不屈、有独立思想的人，他愤怒地拒绝与独裁者的一切交往，并拒绝为其服务。

西塞罗论证说，暴力统治侵犯每一种权利。只有当每个人将自己的个人利益放置在国家利益之后，而不是从自己的公职中谋取私利，这样一个国家才能实现真正的和谐。只有当国家财富不在奢侈和挥霍中被随意浪费，而是得到妥善管理，并转化为精神艺术文化财富；只有当贵族摒弃自己的高傲自大，民众们不被煽动者收买，不将自己的国家出卖给任何一个党派，要求自己应有的自然权利，国家才能健康发展。就像所有歌颂中立的人文主义者一样，西塞罗要求对立阶层保持力量平衡。罗马不需要苏拉[1]这

1.苏拉：古罗马著名军事统帅，独裁者。

样的人，不需要恺撒这样的人，也不需要格拉古[1]兄弟这样的人；独裁是危险的，改革亦是如此。

西塞罗所说的很多话，都能在先前柏拉图的《理想国》中找到，也能在后来的让·雅克·卢梭[2]和所有理想主义的乌托邦主义者的著作中读到。但是，西塞罗这一遗作之所以如此令人惊讶地超越他所处的那个时代，是因为他在公元前半个世纪就第一次提到了一种新的情感——人道主义的情感。就是在这样一个最残暴的历史时代：仅仅一个恺撒，就在攻占一座城市之后，将两千名战俘的双手砍去；刑讯逼供，角斗，钉在十字架上的死刑，屠杀成了每日司空见惯的事情。在这样一个时代，西塞罗是第一个也是唯一一个人，向滥用暴力提出了抗议。西塞罗谴责战争是一种兽行，谴责自己的民族穷兵黩武和疯狂扩张，谴责行省的残酷剥削，他要求道，只应该通过文化和道德感化，而不是通过刀剑，将其他国家吞并到罗马的版图内。西塞罗强烈反对将城市洗劫一空，还主张——这在当时的罗马绝对是一项荒谬的要求——温和对待那些无权利的人中最没有权利的人，也就是奴隶。西塞罗以预见性的眼光，见证了罗马的灭亡，这种灭亡正是由于其取得的胜利太迅速，太不正当而造成——因为它只通过武力征服世界。

---

1. 格拉古兄弟：哥哥提比略·格拉古，弟弟盖乌斯·格拉古，曾为限制土地过分集中而进行改革，打击了豪门权贵，一定程度上反映了破产农民的要求，在罗马共和国历史上具有重要意义。

2. 让·雅克·卢梭：法国 18 世纪伟大的启蒙思想家、哲学家、教育家、文学家、法国大革命思想先驱、杰出的民主政论家和浪漫主义文学流派开创者、启蒙运动卓越代表人物之一。著有《论人类不平等的起源和基础》《社会契约论》《忏悔录》等。

自从为了赢得战利品而同苏拉开战以来，罗马国内的正义就已经丢失了。而且，当一个民族总是以暴力夺取其他民族的自由的时候，这个民族也就会在神秘的复仇之中被孤立，从而失去自己最神奇的力量。

正当罗马军团在极具野心的统帅们的率领下，为了成就其短暂的帝国幻想，向帕提亚[1]和波斯，向日耳曼地区和大不列颠岛，向西班牙和马其顿进军时，一个孤独的声音向这一危险的胜利提出了抗议：因为西塞罗已经见识过，更加血腥的内战是怎样像果实一样，从侵略战争这一血腥的种子中成长。这位无权无势的人性守护者竭力教导自己的儿子，要将人与人之间的和睦相处尊为最崇高和最重要的理想。终于，这位当了太久演说家、辩护师和政治家的人，这个曾经为了金钱和荣誉，以同样出色的能力为任何好的和坏的事进行过辩护的人，这个催逼自己谋取一切职位的人，这个曾经追求过财富、公众的敬仰和民众欢呼的人，在其生命之秋得到了这一清楚的认识。迄今为止只是一名人文主义者的西塞罗，几乎在其生命行将终结的时刻，成了人道主义的第一个捍卫者。

而就当西塞罗以这种方式在自己的退隐生活中安静而悠闲地思考着国家的道德规范时，罗马局势逐渐动荡不安。不管是元老院还是民众都一直迟迟未做决定，是应该赞扬这些谋杀恺撒的人，还是应该烧死他们。而安东尼正蓄势准备发动针对布鲁图斯和卡

---

1. 帕提亚（前247—224）：帕提亚帝国，是伊朗地区古典时期的奴隶制帝国。

西乌斯的战争时，不出意料地，一个新的政权争夺者出现了——屋大维[1]，他宣称恺撒已钦点自己作为他的继承人，而现在，这个所谓的继承人真的决定要登上领导者的位置。他刚到意大利，就给西塞罗写了信，以赢得他的支持。但与此同时，安东尼请求西塞罗回到罗马，而布鲁图斯和卡西乌斯也从自己的战场上召唤西塞罗。所有人都想将这名辩护者拉拢到自己的阵营，让他为自己的事业进行辩护；所有人都想争取这个著名的法律导师，将自己的不合法变得合法；像所有想要获得权力的政治家一样，只要这些人还没有获得权力，他们便会出于一种真实的本能，努力将这个足智多谋的人（之后却被蔑视地甩在一边的人）变成自己事业的支柱。如果西塞罗还是之前那个自负而野心勃勃的政治家，那么他很可能会被引诱。

　　但是，西塞罗并未上当，一半是由于厌倦，一半是由于明智，这两种感情常常有着危险的相似性。他知道，现在对他来讲，真正紧急的只有一件事：完成自己的著作，整理自己的生活，整理自己的思想。就像奥德修斯[2]不听海妖的歌声一样，他也关闭了自己内心的耳朵，不去听当权者诱人的呼唤，也不响应安东尼的召唤，不响应屋大维的召唤，不响应布鲁图斯和卡西乌斯的召唤，甚至不响应元老院和自己朋友的召唤，而是继续孜孜不倦地写作

---

1. 盖乌斯·屋大维：罗马帝国的开国君主，元首政制的创始人，统治罗马长达40年，是恺撒的甥孙，公元前44年被恺撒指定为第一继承人并收为养子。恺撒死后屋大维登上政治舞台。公元前30年，平息了企图分裂罗马共和国的内战，改组罗马政府，给罗马带来了两个世纪的和平。
2. 奥德修斯：荷马史诗《奥德赛》中的主人公。

自己的书，他觉得，言语上的自己比行动中的自己更强大，独处时的自己比在党派中的自己更聪明，像是有所预感，这将是他留给世界的遗言。

当他完成自己的遗作时，才抬头环视，看到的却是一派糟糕景象。这个国家，他的家乡，如今正面临着内战的威胁。安东尼已将恺撒的钱库和神庙洗劫一空，用这些偷来的钱招兵买马。但是，有三支全副武装的军队正和安东尼对峙：屋大维的军队，雷必达[1]的军队，布鲁图斯和卡西乌斯的军队。和解和调停都为时已晚：现在是决定性的时刻，罗马究竟是要处于安东尼新的恺撒式的独裁统治下，还是要继续共和政体。每个人都必须在这一刻做出决定。即使是那个最谨小慎微的人，那个总是在寻找平衡，在超越党派或在党派之间犹豫不决，来回摇摆的西塞罗，也不得不做出最终抉择。

而现在，奇怪的事发生了。自从西塞罗将自己的遗著《论义务》传给自己儿子以来，他已不再十分重视自己的生命，仿佛已经了一种新的勇气。他知道，他的政治和文学生涯已经结束。他已经说了那些应该说的话，留待他体验的事物，也没有剩下多少。他已经老了，已经完成了自己的著作，在他可怜的余生里，还有什么东西是值得维护的呢？像一只被追赶得精疲力竭的动物一样，当它意识到自己快被狂吠的猎犬赶上时，突然转过身，撞向追赶

---

1. 马尔库斯·埃米利乌斯·雷必达：古罗马贵族政治家，早年追随恺撒。恺撒死后，与安东尼、屋大维结成政治同盟，史称"后三头同盟"，后被屋大维剥夺政治和军事权力，只保留最高祭司的宗教头衔，退隐田园，终老而死。

的猎犬，以快点结束这场生死角逐，西塞罗也怀着一种真实的死亡的勇气，再次投身战斗，将自己置于危险的境地。这个在过去的年月里，更多的只是拿着无声的笔写作的人，再次拿起了演说的石箭，向共和国的敌人投去。

这是一个令人震撼的场景：12月，这个头发花白的老人再次站上了罗马元老院的论坛，再次召唤罗马民众奋起，庄严地表示自己对罗马先知的崇敬。他以振聋发聩的十四篇演说"反腓力辞"反对拒不服从元老院和民众的安东尼，他早已意识到了可能发生的危险，也就是：在手无寸铁的情况下，公开反对这位独裁者，而独裁者那准备好开战和杀戮的军团早已聚集在自己周围。但一个人如果想要召唤起别人的勇气，那么他自己就要先作为模范展现这种勇气，这样才有说服力；西塞罗知道，这次他不能再像以前一样站在同一个论坛上唇枪舌剑，而是必须为了自己的信念，拿生命冒险。他在演讲台上如此坚决地陈述道："当我还年轻的时候，我就已经开始努力维护共和政体。而现在，虽然我老了，但我绝不会抛弃共和政体。我已经做好了准备，如果只有我的死亡才能换来这座城市自由的重建，我甘愿献出我的生命。我唯一的愿望就是，当我死去的时候，但愿罗马人民能享有自由，这是永生的诸神所能给予我的最大恩赐。"他断然要求道："现在不再是和安东尼谈判的时候了，人们必须要支持屋大维，他代表共和国的事业，虽然他是恺撒有血缘关系的亲戚和继承人。现在无关个人，而事关一项事业，一项最神圣的事业——自由，而这一事业最后的、决定性的时刻已经到来。但是，自由这笔最珍贵的财产现在却正受到威胁，任何犹豫都是毁灭性的。"因此，身为和平主义者的西塞罗这次要求共和国的军队去反对独裁者的军队，而他，正如他后来的学生伊拉斯谟[1]一样，憎恨内战，超过一切。他提议，宣布国家进入特殊紧急状态，并宣布篡权者安东尼不再受法律保护。

自从西塞罗不再为充满疑点的诉讼官司辩护，而是成了一项崇高事业的捍卫者，他便在这十四篇演说中真正找到了伟大而鼓舞人心的言辞。"如果别的民族愿意活在奴役中，"他向自己的同胞呼吁道，"我们罗马人却不愿意。如果我们不能赢得自由，那就让我们死去。"如果这个国家真的到了最后毁灭的关头，那么这个国家的民众就应该像已成为奴隶的角斗士在竞技场上表现的那样，采取这样的行动："宁愿因反对敌人而带着光荣死去，而不甘愿任人宰杀。"宁愿在尊严中死去，也不能在耻辱中苟且。

元老院的议员们和聚集的民众们吃惊地倾听着西塞罗的演说。有的人可能已经意识到了，能在广场上发表这些言辞，可能是几个世纪里的最后一次了。之后不久，人们就不得不在那里如奴隶般朝着罗马皇帝们的大理石雕像鞠躬。在恺撒们的国度里，只有阿谀奉承者和告密者才被允许秘密耳语，而从前那自由的讲说却被禁止。听众们惊诧不已：一方面是出于恐惧，另一方面是出于对这个年老之人的敬仰，这个怀着"暴徒式"不顾一切的勇气，怀着内心已然绝望的人的勇气，孤独地捍卫着人们的精神独立和

---

1. 伊拉斯谟：文艺复兴时期尼德兰著名人文主义者。

共和国的法律。他们虽然赞同了他的提议，但还是犹犹豫豫。这言辞的熊熊烈火已经不能点燃这根早已腐朽的枝干了——罗马人的自豪。而就当这个孤独的理性主义者在论坛上劝告大家要为国家奉献的时候，在他的背后，军团肆无忌惮的当权者已经缔结了罗马历史上最可耻的协定。

就是同一个屋大维——西塞罗曾赞其为罗马共和政体的守护者，就是同一个雷必达——因其对罗马民众的奉献，西塞罗曾要求为他铸造一尊大理石雕像。为了消灭安东尼这个篡权者，这两个人曾长年征战在外，而现在，他们却更愿意做一笔私人交易。由于这三个人当中，不管是屋大维，还是安东尼，抑或是雷必达，没有一个人足够强大，能单凭自己的力量侵占罗马，将其搜罗为自己的战利品，于是，这三个死敌达成了一致意见，私下瓜分恺撒的遗产；就这样，罗马在一夜之间，原本一个恺撒的位置上出现了三个小恺撒。

这是具有世界历史意义的时刻，因为这三个将领拒绝听从元老院的意见，完全不顾罗马民众的法律，擅自联合，组建起三巨头政治联盟，将横跨欧亚非三大洲的幅员辽阔的罗马国家作为廉价战利品进行瓜分。在雷诺河和拉维诺河交汇的博洛尼亚[1]附近的一个小岛上，建起了一座营帐，三巨头将在这里会晤。这三个伟大的战争英雄中的任何一位当然都不会完全信任对方。在他们各自的公告中，都曾很多次将别人描述为说谎者、流氓无赖、篡

1.博洛尼亚：意大利城市。

权者、国家公敌、强盗、偷窃者等，以相互揭露各自厚颜无耻的嘴脸。但对那些权力欲极强的人来讲，重要的只有权力，而非思想；重要的只有战利品，而非尊严。做好严密的预防措施，这三巨头一个接一个，慢慢移向约定好的位置；当这三个未来的世界统治者确信，他们中没有一个人携带武器，蓄意谋杀自己新的同盟者时，他们才友好地朝各自笑了笑，一起走进了营帐，在这里，未来的三巨头政治同盟即将建立。

在没有任何其他人在场的情况下，安东尼、屋大维和雷必达在营帐里一起待了三天。他们有三件事要做。关于第一点——应如何瓜分世界——他们很快达成了一致意见。屋大维得到了阿非利加[1]和努米底亚[2]，安东尼得到了高卢[3]，雷必达得到了西班牙。而第二个问题也没有给他们带来多大困扰：怎样才能筹措到钱，将欠了军团和党徒几个月的军饷发下去。按照之前常常效仿的方式，这个问题也快速得到了解决。他们只需要将国内最富有人的财产抢过来，为了让他们没办法大声吵闹投诉，同时把这些富人干掉就行了。于是，这三个人就坐在他们的桌边，悠闲地列了个黑名单（写有违法者名单的公开告示），上面有意大利最富有的两千个人的名字，其中有一百名元老院元老。每个人都把自己认识的人，还有跟自己有私人恩怨的敌人和对手列入了这个名单。在解决完领土问题后，这三巨头又用匆匆几笔完全解决了经济问题。

1.阿非利加：非洲全称，阿非利加洲。
2.努米底亚：古罗马时期柏柏尔人建立的王国，领土在如今北非界内。
3.高卢：古代西欧地区名，现法国、比利时等地。

现在，还剩第三点有待确定。为了维护统治的稳定，三个人中，如果有任何一个人想要建立独裁统治，都必须首先让专制统治永久的敌人——独立的人闭嘴，即那些根深蒂固的乌托邦空想的捍卫者：这种空想也就是精神上的自由。安东尼要求将马尔库斯·图利乌斯·西塞罗列为最终名单上的第一个名字。安东尼认识到了西塞罗的本质，并直接说出了他的名字。西塞罗比任何人都危险，因为他具有精神力量和独立意志。必须要铲除他。

屋大维感到十分吃惊，并加以拒绝。作为一个年轻人，尚未被阴险的政治所茶毒，尚未变得冷酷无情，他怀有顾忌，不敢以杀死这个意大利最有名的作家而开始自己的统治。西塞罗曾是他最忠诚的辩护人，曾在民众和元老院面前赞誉过他；就在几个月前，屋大维还曾谦虚地向西塞罗寻求过帮助和建议，并将这位老人尊为"真正的父亲"。屋大维感到十分羞愧，并坚持自己的反对意见。出于一种维护自己尊严的真正的本能，他不愿意将这位最尊贵的拉丁语言大师交给那些卑鄙的、被金钱收买的刽子手，死在他们的刀剑之下。但是安东尼也在固执地坚持，他知道，精神和暴力永远不相容，对于专制统治而言，没有谁比这名语言大师更危险。关于西塞罗的争论持续了三天。最终，屋大维屈服了，就这样，西塞罗的名字使得这份文件成了也许是罗马历史上最可耻的文件。有了这份黑名单，共和国的死刑判决才真正开始生效。

当西塞罗得知早先为死敌的三个人竟然结成了同盟，他就已明白，自己已经输了。他清楚地知道，他在那个不顾一切谋取私利的人身上——那个后来却被莎士比亚毫无道理地尊崇为具有高贵精神的人，那个怀有贪婪、虚荣、残暴和毫无廉耻之心的卑鄙本能的人，那个他曾用激烈言辞公开谴责的人——在那个残忍的暴君安东尼身上，他是不可能期待会得到恺撒那样的宽宏大量的。目前能够拯救他的唯一合乎逻辑的做法，就是快速逃离。西塞罗必须要逃到希腊去，投奔布鲁图斯、卡西乌斯、小加图[1]，逃向追求自由的共和分子最后的大本营；在那里，他至少可以保证自己的安全，躲避已经被派出来行动的刺杀者。实际上，这个被列为非法者的人似乎已经下了两三次决心要逃离。他也已经准备好了一切，他通知了自己的朋友，登上了船，动身启程。但是，西塞罗总是在最后一刻中断自己的行程；一个人，一旦体会过流亡的凄凉，即使是在危险之中，也能深切感受到家乡故土的温馨，以及处于永远逃离中的生活的羞耻感。这样一种在理性另一面的神秘意志，或者说是一种对理性的反抗，迫使西塞罗直面他所期待的命运。这个已经十分疲惫的人在其生命行将结束之前，只需要再休息几天。只需要再静静思索一下，再写几封信，再读几本书——然后就让那些注定要来的都来吧。在这最后的几个月里，西塞罗一会儿躲藏在这个庄园，一会儿又躲藏在另一个庄园，一旦危险来临，总是要重新启程，但他却从未完全逃离。就像发烧的病人头枕在枕头上不时变换方向一样，西塞罗也不时改变自己的藏身之处，他既没有完全下定决心，是直面自己的命运还是逃避自己的命运，他似乎无意地以这种随时准备死去的状态实现自

---

1. 小加图：罗马共和国末期政治家和演说家。

己的座右铭，也就是他曾在《论老年》中写下的座右铭：一个年老之人，既不应该寻求死亡，也不应该推脱死亡；不管死亡什么时候到来，人们都应该顺其自然地迎接它。对于坚忍不拔的人来说，不存在可耻的死亡。

怀着这种想法，已经在前往西西里岛途中的西塞罗突然命令手下的人调转船头，返回到充满敌对气氛的意大利，他在卡伊埃塔——也就是今天的加埃塔[1]登陆，在这里，他有一个小庄园。他感到非常疲惫，不仅仅是四肢和神经的疲惫，而且是对生活的疲惫，同时又对结束一切怀有一种神秘的向往和对尘世的不舍。他只想再休息一下，再呼吸一下家乡的甜蜜空气，并做最后的告别，告别这个世界，但是现在，还是平静下来，好好休息，可能只剩一天或一个小时的时间了！

刚一登陆，西塞罗就十分尊敬地和庄园神圣的守护神问候。他太疲倦了，这个 64 岁的老人，而海上的航行又让他精疲力竭，他走进卧室躺下，闭上了眼睛，在永眠之前享受睡梦的温馨和愉悦。

可当西塞罗刚伸展四肢，就有一个忠实的奴隶急匆匆走了进来并告诉他：房子附近有带着武器的可疑人员；一个受了西塞罗一生恩惠的管家为了得到报酬，将西塞罗的藏身处泄露给了前来行刺的人。西塞罗还可以逃跑，但必须要快速逃跑，一顶轿子已经准备好，而庄园里的那些奴隶也愿意拿起武器，在短短的通往

1.加埃塔：意大利港口城市。

小船的路上保护他，到了船上，他就安全了。但是，这位精疲力尽的老人却拒绝离开。"这又有什么用呢，"他说，"我已太累了，逃不了，也无法继续生活下去。就让我死在这个我曾拯救过的国家吧。"但是，那名忠诚的老年奴仆最终却说服了他；武装起来的奴隶们抬着轿子，走上弯路，穿过小树林，最后到达前来营救的船旁。

但是西塞罗庄园里的那个告密者不想失去这笔不义之财，于是匆忙召集了一个队长和几个武装人员。他们穿过树林，追赶那些逃跑的人，最后及时找到了自己的战利品。

武装起来的仆人们立刻围在轿子周围，做好了抵抗的准备。但西塞罗却命令他们撤退。他自己的生命已到尽头，为何还要牺牲那些陌生而年轻的生命呢？这个永远在摇摆、犹豫不定、很少有勇气的人，却在这最后一刻，他所有的恐惧都消失了。他觉得，作为一名罗马人民，只有在最后的考验中——当他凛然地直面死亡时，才能真正证明自己。仆人们遵从了他的命令，退了回去。现在，他手无寸铁，毫不反抗，将自己白发苍苍的人头交给了行刺者，并从容地说："我从来就知道，我总有一天会死去。"但行刺者们可不想听哲学道理，只想拿到军饷。他们没有过多犹豫，那个队长用力一砍，就将这位毫无反抗能力的人击倒在地。

马尔库斯·图利乌斯·西塞罗——罗马自由的最后一位捍卫者，就这样死了。在生命的最后一个小时内的他，比起以往生命中度过的万千小时，都更英勇，更具男子气概，更果决。

这一悲剧之后，紧接着上演的是那出血腥的丑剧。从安东尼下达这一谋杀命令的紧急性中，这些行刺者们推断，这颗人头一定有着非同寻常的重要价值——他们当然没有预知到它对于世界和后世精神领域的价值——而是推断它对这一血腥行动的始作俑者一定具有重要价值。为了毫无争议地拿到这笔酬金，这群行刺者决定，将这颗人头作为圆满完成任务的有力证明，送交安东尼本人。于是，这群强盗的首领将尸体的头和双手砍了下来，塞到一个袋子里，匆忙将这个还滴有被杀者鲜血的袋子背在背上，以最快的速度向罗马赶去，他们要用这消息取悦那个独裁者——这位罗马共和政体最出色的守卫者已经以最普通的方式被解决了。

这个小小的强盗，也就是这个强盗首领，估计的是对的。而这个大的强盗，也就是命令实施此次谋杀行动的人，对这已成功实施的罪行感到非常高兴，并将这种愉悦心情转换成了丰厚的报酬。现在，由于安东尼已将意大利最富有的人们抢劫一空并杀死，他也终于变得慷慨大方了。就为了那个装着西塞罗被砍下的双手和被毁容的人头的鲜血淋漓的袋子，他就付给了那个队长一百万光闪闪的赛斯特斯。但是，他的复仇的欲火却一直并未熄灭，于是，这个嗜血之人出于愚蠢的恨意，想出了一个侮辱这名已死之人的方法，却没有想到，正是这个行为使自己遗臭万年。安东尼命令，将西塞罗的头和双手钉在罗马广场的演讲台上，正是在这个演讲台上，西塞罗曾呼吁民众反对安东尼，以捍卫罗马的自由。

第二天，罗马的民众看到了这幕可耻的场景。就在西塞罗曾发表他那不朽演说的讲台上，悬挂着最后一位自由捍卫者被砍下的头颅。一根粗大的生锈的铁钉穿过了他的额头——这额头曾思考过万千思想；苍白的双唇僵硬地紧闭着——从这双唇中讲出的铿锵有力的拉丁语比其他任何一种语言都优美；发青的眼睑紧闭着，盖住了眼睛——这双眼睛曾守望了共和国六十年；无力的双手伸开着——这双手曾书写了这个时代最华丽的书信。

这位伟大的演说家曾在讲台上反对暴力，反对强权，反对无视法律，但当时他所做的任何一项控诉，都没有如今这默默无声、被残杀的头颅更深刻地揭露——暴力永远无理。民众胆怯地挤在这受辱的讲坛周围，心情悲伤沮丧，却又十分羞愧地退到了一旁。没有人敢发表反对意见——这就是独裁统治啊！但是，他们的内心却在进行激烈的思想斗争，在共和国被钉在十字架上的悲伤象征面前，他们震惊地垂下了眼帘。

威尔逊的失败

时间：1919 年 4 月 15 日

事件：一战后的谈判

核心人物：威尔逊[1]

威尔逊是美国第 28 任总统，是一对以虔敬知名的牧师夫妇的儿子，他的一举一动最终都由他的基督教信仰所决定。同时，生长在南方的他经历了内战和萧条的战后时期，曾经亲眼看见战争带来的恐惧和困苦，并且他也是唯一一位拥有哲学博士头衔的美国总统。这一切都决定了他一直都是一个理想主义者和和平主义者。他的基本政治理念就是：人性可以改造，战争可以避免，利益可以调和，建立国际组织并保卫世界和平。所以从 1914 年到 1917 年初，威尔逊一直致力于避免美国卷入战争。他提议充当交战双方的调停者，但协约国和同盟国都不曾严肃考虑他的建议。

---

1. 威尔逊：连任两届的美国第 28 任总统，民主党人士。1917 年带领美国参加一战，一战结束后，1918 年发表了"十四点和平原则"，首次论述了成立国际联盟的想法。此后一直为创建国际联盟进行不懈努力，因此获得 1919 年诺贝尔和平奖。

虽然后来参加了一战，但威尔逊的理念一直没有变过。他极力主张国家之间应该通过交流和对话，和平解决争端。1918 年 1 月 8 日，威尔逊发表演说，阐述了之后被称作"十四点原则"（the Fourteen Points）的关于国际和平的一揽子建议。"十四点原则"高度诠释了威尔逊的理想主义，把他关于民主、自决、公开协议和自由贸易的国内政策投射到了国际领域，并且首次论述了关于成立国际联盟的想法。这个联盟的目标是保证各大小国家的领土完整以及他们的政治独立。而威尔逊打算凭"十四点原则"结束这场战争并实现所有国家共享的、公正的和平。但是最终，虽然他本人获得了 1919 年的诺贝尔和平奖，但他的理想主义却败给了现实政治。他的诸多主张在国内与国际上都遭到了强烈的质疑或反对。他既没有成功地让美国加入国际联盟，也没有阻止战胜国瓜分与限制德国的企图。在茨威格看来，这一失败是灾难性的，因为随后签订的《凡尔赛条约》中的种种苛刻条款招致了德国民众对条约的极大怨恨，最终导致了希特勒的上台和第二次世界大战。

——译者

1918 年 12 月 13 日，巨大的"乔治·华盛顿号"军舰正驶向欧洲海岸，船上载着美国总统伍德罗·威尔逊[1]。自开天辟地以来，

---

1. 一战结束后不久，威尔逊亲自率领美国代表团参加巴黎和会，1918 年 12 月 4 日启程，1918 年 12 月 14 日到达巴黎布雷斯特港。由于威尔逊一贯主张维护和平的中立姿态，意在以调停人的身份调解欧洲矛盾，重建新秩序，尤其他提出了"十四点原则"计划，成为国际联盟的第一位倡导者。欧洲舆论一度将威尔逊视为"救世主"，他抵达巴黎后，受到民众热烈欢迎。

从来没有哪艘船，也从来没有哪个人，被数百万人怀着如此巨大的希望和信任期待着。欧洲各国已经怒气冲冲地打了四年仗[1]，它们用机枪和大炮，喷火器和毒气，屠杀了自己国家数以万计的最优秀、最朝气蓬勃的青年。四年时间里，它们对其他国家用语言和文字表达的，只有仇恨和诽谤。但是，所有这些鼓动起来的激昂情绪，并不能使人们内心神秘的声音沉默不言：这些国家的所说所做是荒谬的，玷污了我们这个世纪。这数百万民众，无论是有意识还是无意识地，都怀有这种隐秘的情感：人类已经退回到未开化和认为早已消失的野蛮世纪中了。

就在这时，从世界的另一端，从美国，传来了一个声音，越过硝烟弥漫的战场，这个声音要求道："永远不要再有战争"，永远不要再有分裂，永远不要再有旧的、罪恶的秘密外交[2]——在民众毫不知情、毫不自愿的情况下，将其驱赶至战场遭屠宰，而要建立一个新的、更好的世界秩序——"在被统治者同意的基础上建立的，受到人类有组织的舆论支持的法治"。不可思议的是：各

---

1. 第一次世界大战：1914 年 7 月 28 日—1918 年 11 月 11 日。同盟国（德国、奥匈帝国、奥斯曼帝国）与协约国（英、法、美、俄）之间的战争，历时四年，三十多个国家，约有 15 亿人口卷入战争，造成 2000 余万人死伤，造成了严重的经济损失，最终以英法为首的协约国获胜。
2. 一战中，无论是同盟国还是协约国，都是通过秘密谈判和缔结秘密协定的方式保证各方得到自己希望得到的利益。1917 年爆发了列宁领导的十月革命，苏维埃政府向全世界宣布了不割地、不赔款的和平纲领，废除秘密外交，并宣布废除俄国临时政府缔结和批准的全部密约，将这些密约公之于众。这一行动在欧美引起剧烈反响，各国民众热烈响应苏维埃政府的号召，积极开展反战运动，要把世界大战转变为国内革命，这给西方社会带来了严重挑战。在这种形势下，威尔逊提出了"十四点原则"，其中一条就是主张公开外交，不得有任何秘密的国际谅解。

个国家讲各种语言的人们马上听明白了这个声音。这场战争——昨日还是一场关于领土、国境线、原材料、矿产和油田的混战，突然具有了一种更加崇高、近乎宗教般的意义：这场战争结束后将是永恒的和平，世界将成为公正和人道的救世主[1]之国。这样一来，千百万人的鲜血似乎没有白流；这一代人如此受苦受难，似乎就是为了这样的痛苦不再降临人间。亿万民众怀着无限欣喜和信任，热烈地响应着威尔逊的呼声；他，威尔逊，将要在战胜者和战败者之间缔结和平，一种公正的和平；他，威尔逊，将像另一个摩西[2]一样，将迷惘的民众带到新的同盟谈判桌旁。几周之后，伍德罗·威尔逊这个名字就将具有一种宗教似的、救世主般的力量。人们以他的名字命名街道、建筑、孩子。每一个处于困境或感觉受到歧视的民族，都委派代表去见他；从世界五大洲寄来的写有建议、诉求、恳请的信件和电报堆积如山，整箱整箱地运往这艘驶向欧洲的船上。整个欧洲、整个世界都一致将这个人视为他们最后一场争战的调停人，以实现他们最终梦寐以求的和解。

威尔逊无法拒绝这样的呼声。他在美国的朋友劝阻他，不要

---

1. 救世主（Messias，音译：弥赛亚）：来自圣经故事。《圣经·旧约》称，公元前12世纪至公元1世纪，犹太国处于危亡时期以来，犹太人中流行一种说法，称上帝终将派遣一位新的"君主"，也就是弥赛亚，来复兴犹太国。《圣经·新约》借此说法，声称耶稣就是弥赛亚，但不是"复国救主"，而是"救世主"，凡信他的人，灵魂可以得到拯救，死后会升入天堂。
2. 摩西：圣经故事中古代犹太人的领袖。

亲自参加巴黎和平会议[1]。因为作为美利坚合众国总统，他有义务不离开自己的国家，而可以远程领导此次谈判。但伍德罗·威尔逊却没有被说服。他认为，即使有着美利坚合众国总统这样一个国家最高职位，比起这个需要他到场的谈判使命，也就显得没有那么重要了。他想要效劳的不是一个国家，一个大洲，而是整个人类；他不想只顾眼前，而要放眼更好的未来。他并不想野心勃勃地只代表美国的利益——因为"利益不会让人们团结，而只会挑拨人们"，而是要代表所有人的利益。他觉得，自己必须要小心地守望着，避免那些军事家和外交官们再次掀起狂热的民族情绪——因为人类的和解意味着为他们险恶的职业敲响了丧钟。他自己必须要亲自保证，"是人民的意志而不是他们的领袖"迫使与会代表说什么样的话，在人类这最后一次和平会议上，每一句话都必须要在全世界面前开诚布公地谈论。

抱有这种想法，威尔逊站在甲板上，望着在雾霭中渐渐显现的欧洲海岸——它模模糊糊，游移不定，就像他自己关于人类未来和平友爱的梦想一样。他就那样笔直地站着，这个身材魁梧的人，面容严肃，眼睛在眼镜后面放射出敏锐而清晰的目光，美国人的、显得精力充沛的下巴向前伸着，但丰满的双唇却紧闭着。作为基督教长老会牧师的儿子和孙子[2]，他有着和自己先辈一样的

---

1. 巴黎和会：一战结束后，1919 年 1 月 18 日至 6 月 28 日于巴黎召开的国际和平会议。有 27 个战胜国参加，战败国均不参加，苏维埃俄国未被邀请参加。和会实际上有美英法三国领导，最后签订了《凡尔赛和约》。
2. 威尔逊的父亲约瑟夫曾是弗吉尼亚州斯汤顿县长老会教堂的牧师，祖父也曾任长老会牧师。

严肃和狭隘：对于长老会牧师而言，世界上只存在一种真理，而且他们十分确信，自己知道这种真理。他的血液中既有自己虔诚的苏格兰和爱尔兰祖先[1]的炽热情怀，也有加尔文[2]式信仰的奋发精神——正是这种信仰赋予了威尔逊这位领袖和导师这一使命：拯救罪恶的人类。基督教异教徒和殉教者的固执一直对他产生影响：宁愿为了自己的信仰而被焚烧，也绝不愿离开《圣经》。而且对他这样一个民主主义者和博学的人来讲，"人性""人类""自由""和平""人权"这些概念并不是冰冷的概念。对他的父辈来讲，这些概念是《福音》[3]书中的训诫，对他来讲，它们并不是含糊的思想概念，而是宗教信条——他决心要像自己的祖先一样，逐一去捍卫这些信条。他已经做过许多斗争，但这一次，他感觉到，就像他在遥望欧洲大陆时，远处的景象越来越清晰明亮一样，这一次的斗争将是具有决定意义的。想到这些，他身上的肌肉不自觉地绷紧："如果我们的想法能够和睦一致，就要为建立世界新秩序而奋斗；如果我们不得不互相争执，也要为建立世界新秩序而奋斗。"

但是，没过多久，这种严肃神情就从他那眺望远方的眼神中消失了。在布雷斯特[4]港口，那些礼炮和旗帜正在迎接他，但这不过是按照外交礼仪向这位盟国的总统致敬而已；但是，按照内心

---

1. 威尔逊的祖父是北爱尔兰移民，外祖父是苏格兰移民。
2. 约翰·加尔文：法国著名宗教改革家、神学家、基督教新教重要派别加尔文教派的创始人。
3. 福音：基督教指耶稣的话及其门徒传布的教义。
4. 布雷斯特：法国西部港口城市，重要的海军基地。

想法，他对岸上所期待的，不是安排好的、有组织的欢迎，也不是预先设计好的欢呼，而是所有民众内心燃烧的激情。威尔逊所乘的火车经过之处，每一个村庄，每一个村落，每一幢房子，都有旗帜飘扬着向他招手——这旗帜正是希望的火焰啊！民众们向他伸出了双手，欢呼声包围了他，当他乘坐的车经过香榭丽舍大街[1]驶进巴黎时，夹道欢迎的人群更是涌动如潮。巴黎民众，法国民众，作为其他身处远方的欧洲民众的代表，向他呼喊，向他欢呼，以将自己的期待传达给他。他的神色越来越放松，一抹坦诚的，幸福的，甚而沉醉的笑意从他的嘴角流露，他向道路两旁的人群挥动着帽子，似乎想向所有人，向世界问候。是的，他亲自前来的决定是对的——只有鲜活的意志才能战胜刻板的法律。人们难道不能，难道不应该为了所有人永远创造一座这样幸福的城市，这样满怀希望的人类世界吗？再休息一个晚上，然后立即开始新的一天：带给世界和平——这世界已梦想了千年的和平，从而完成了这一最伟大的事业——这是世界上每一个人都参与完成的事业。

在法国政府为威尔逊安排下榻的宫殿前，在法国外交部的走廊里，在美国代表团的总部——克里荣大饭店[2]前，挤满了焦急等待的新闻记者，单单这些人就组成了一支浩浩荡荡的队伍。仅仅从北美就来了150名记者，其他每个国家、每座城市也都派了自己的记者过来，所有记者都要求拿到参加所有会议的入场许可

---

1. 香榭丽舍大街：法国巴黎标志性大街，以美丽和时尚闻名。
2. 克里荣大饭店：20世纪初巴黎最豪华的大饭店之一。

证——参加所有会议！因为这次和会早已向全世界承诺要"完全公开"，这也就意味着，此次不应有任何秘密会议或秘密协定。"十四点原则"[1]的第一点就已逐字逐句清楚地说明："公开的和平条约，必须公开缔结，缔结后不允许有任何形式的秘密的国际协定。"因为，秘密协定这一瘟疫比真的瘟疫还要严重，它让更多的人失去生命，这种瘟疫必须要通过威尔逊的"公开外交"这一免疫血清最终清除。

但是，让人失望的是，这些怀着满腔热情的记者遇到的只有尴尬的搪塞。他们被告知：所有记者肯定都会被允许参加所有大的会议，并将这些公开会议的记录——实际上已经将所有紧张交锋处理掉的会议记录内容——完整地向全世界报道。但是，目前还无法向外界告知任何信息，只有先等谈判程序确定下来。失望的记者们不由得感觉到，一定有什么事情还没有取得完全一致。其实，发布消息的人并没有完全说假话。关于谈判程序，威尔逊在"四巨头"[2]的第一次会谈中就已经感觉到了协约国的抵制：他们不愿意把一切谈判都公开，并且有一个好的理由。在所有参战国的公文包和文件柜里都放有秘密协定，这些协定保证了每个国家都能得到自己那部分的利益和战利品；还有那些肮脏的私下交易，他们当然不愿意轻易公开。为了不让巴黎和会从一开始就出尽洋相，有些事情就因此不得不先闭门协商解决。但是，不仅仅

---

1. 十四点原则：1918年美国总统威尔逊提出的世界和平纲领，主要内容是，战后世界应该是一个开放的世界。
2. 四巨头：指美国总统威尔逊、法国总理克里孟梭、英国首相劳合·乔治、意大利首相奥兰多。

是在谈判程序的制定上存在矛盾，在更深层次的层面还存在着分歧。根本上来讲，两方阵营形势十分清楚，以美国为代表的一方清楚左派立场，以欧洲为代表的一方清楚右派立场。在此次和会上，要缔结的不是一种和平，而是两种和平——两种完全不同的和平条约。其中一种和平是一时的，当下所需要的和平，那就是应该结束与已经放下武器的战败国——德国的战争；同时还有另一种和平——未来的和平，应该避免未来一切战争发生的可能性。一方面是根据旧的、强硬的方式建立和平；另一方面是新的、根据威尔逊倡导的通过建立国际联盟达成的和平。这两种和平，究竟应该首先谈判哪一种呢？[1]

就在这一点上，两种看法激烈对决。威尔逊对一时的和平完全没有兴趣：根据他的看法，确定边境，支付战争赔款，应在"十四点原则"中确定的准则基础上，由专家和专家委员会决定。这只是一项小的工作，次要的工作，应该由专家们完成的工作。而与此相反，所有国家领导人的任务应该是，也可能是：创造新的、未来的事物[2]，也就是实现国家的联合，实现永久的和平。可是，每一方都认为自己的意见应该首先被讨论。欧洲协约国理直

---

1. 威尔逊在巴黎和会上主张先建立国际联盟，然后再讨论和约，但英法主张先讨论领土和赔偿问题，最后讨论国际联盟的建立，实际是希望联盟计划搁浅。最后达成妥协，联盟计划与其他问题同时探讨。威尔逊又坚持联盟条约必须成为和约的一部分，英法主张分开两个文件，最后达成一致：联盟盟约包括在 1919 年分别与德、奥、匈、保签订的和约之内。1919 年 6 月 28 日，《凡尔赛和约》签署，于 1920 年 1 月 10 日生效，《国际联盟盟约》作为和约的一部分，同时生效。
2. 即以威尔逊倡导的"以集体安全为基础的新的世界格局"取代"以实力均衡为基础的旧的国际秩序"。

气壮地指责道，在经过四年战争后，人们不应该让这个满目疮痍、百废待兴的世界去等待和平长达数月之久，否则欧洲将一片混乱。只有首先解决那些实际问题：将边境和赔款事宜做好安排，把那些一直持有武器的男人送回到他们的妻子和孩子身边，稳定货币，让贸易和交通重新恢复秩序，然后才能让海市蜃楼般的威尔逊计划在一个业已巩固的大地上散发光辉。然而，就像威尔逊内心对当下的和平不感兴趣一样，克里孟梭[1]，劳合·乔治[2]，索尼诺[3]这些狡猾的策略家和实践家内心对威尔逊的要求也相当不以为然。出于对政治利益的考虑，也有部分出自对威尔逊的真诚的好感，他们对威尔逊的人道要求给予了赞赏，因为他们有意识或无意识地感觉到，对自己的民众来讲，一项无私的原则会有一种强大的吸引力和说服力；因此，他们愿意通过附加条款的限制和删减某些内容的方式来商讨威尔逊的计划——《国际联盟[4]盟约》。但前提是要首先缔结与德国的和约，以宣告战争结束，然后再讨论盟约。

　　但作为一个同样有经验的实战家，威尔逊清楚地知道，对方会怎样通过拖延时间的方式来让一个性命攸关的计划渐渐疲软，最后流产。他也知道，自己应该如何排除种种拖延时间的繁琐诘难：因为仅仅凭借理想主义，是无法成为美国总统的。因此，他

<hr>

1. 克里孟梭：法兰西第三共和国总理，主要成就是领导法国取得一战胜利。
2. 劳合·乔治：1916 年出任英国首相，1919 年出席并操纵巴黎和会，签署了《凡尔赛和约》。
3. 西德尼·索尼诺，巴黎和会时任意大利外相。
4. 国际联盟：简称国联，《凡尔赛条约》签订后形成的国际组织，宗旨是减少武器数量、平息国际纠纷、提高民众的生活水平和促进国际合作和国际贸易。存在了 26 年，二战结束后，被联合国取代。

毫不让步地、执着地坚持自己的立场——必须首先讨论《国际联盟盟约》，他甚至还要求，要将盟约逐字逐句地写进与德国签订的和约之中。围绕他的这一要求，又产生了第二次冲突。因为对于协约国来说，将盟约的各项原则写进对德和约之中，这无疑是将未来的人道主义原则作为不应得的报答预先加给了德国，德国作为一战元凶，入侵比利时，粗暴践踏国际法[1]，而霍夫曼[2]将军在布雷斯特－立托夫斯克[3]用拳头捶打桌子的行为，正是肆无忌惮的暴力独裁最糟糕的范例。他们要求先用旧的硬通货解决战争赔款问题，然后再讨论建立新的世界秩序。他们说，现在田野还是一片荒芜之地，城市也都被战争摧毁得千疮百孔；为了让威尔逊印象更深刻，他们还一再劝请他亲自去田野和城市里看一看。但是，威尔逊，这个不切实际的人，却有意识地不去正视这些废墟，而只看向未来，他不去看那些被毁坏的建筑物，而只关注和平的永久建立。他的使命只有一个，那就是废除旧秩序，建立新秩序。尽管威尔逊自己的顾问兰辛[4]和豪斯[5]提出了反对意见，他还是毫不

---

1. 国际法：指适用主权国家之间以及其他具有国际人格的实体之间的法律规则的总体。近代欧洲的产物，以独立主权国家为基础，1648 年三十年战争结束、《威斯特伐利亚和约》签订后，在欧洲出现了许多独立主权国家，这个和约标志着近代国际法的诞生。
2. 马克斯·霍夫曼：一战时德国陆军中将。
3. 布雷斯特-立托夫斯克：波兰城市。列宁领导的十月革命夺取政权后几个星期，苏俄开始向德国及其盟国提出停战媾和建议，谈判于 1918 年 1 月 4 日在布雷斯特－立托夫斯克举行。德国最高司令部代表马克斯·霍夫曼代表德国参加谈判，他曾以强硬的语言对苏俄谈判代表说，苏俄是战败者，必须接受强制性的和平，据说，他说这话的时候，用拳头猛捶桌子。最后，苏俄于 1918 年 3 月 3 日与德国签订《布雷斯特－立托夫斯克和约》，1918 年 11 月 13 日，苏俄向协约国投降后废除了该和约。
4. 罗伯特·兰辛：威尔逊任总统时的第二位国务卿。
5. 爱德华·豪斯：威尔逊的私人顾问。

退缩地，执着地坚持他的要求：先讨论制定《国际联盟盟约》，优先解决这件涉及全人类利益的事，然后才关注各个国家自己的利益。

斗争非常激烈，而且带来了严重的后果：浪费了许多时间。遗憾的是，伍德罗·威尔逊疏忽了，他事先并没有为自己的梦想制定轮廓清晰的架构。所以，他提出的这项盟约计划，也并没有最终的完整表述，而只是一个初稿，必须要在无数会议上讨论、修改、完善、增删。此外，按照外交礼仪，在此期间，除了巴黎，威尔逊还必须前往其他结盟国家的首都进行访问。威尔逊去了伦敦，在曼彻斯特发表了演讲，再前往罗马。由于他不在场，其他的国家首脑也就没有真正的兴趣和热爱想要继续推进他的计划。就这样，在举办巴黎和会全体会议之前，一个多月的时间就已经过去了，而在此期间，在匈牙利，在罗马尼亚，在波兰，在巴尔干半岛，在达尔马提亚的边境上，都接二连三地发生了占领地盘的斗争，其中既有正规军，也有志愿军；在维也纳，饥荒日渐严重；在俄国，形势也越来越严峻，令人忧心忡忡。

1919 年 1 月 18 日，在巴黎和会第一次全体会议上，虽然已经确定《国际联盟盟约》是总的和平条约的重要组成部分，但这却只停留在理论层面。盟约文件一直没有最终确定下来，一直处于无尽的讨论中，从一个人手里转到另一个人手里，一次审阅过后还有另一次审阅。又一个月时间过去了，对欧洲而言，这是动荡不安的一个月：欧洲越来越急切地想要得到和平，真实的、实际上的和平；直到 1919 年 2 月 14 日，在停战三个月后，威尔逊才交出了盟约的最后版本，这也是大会一致通过的版本。

世界再次欢呼起来。威尔逊的计划成功了：将来，和平不再是通过武器暴力和恐怖统治，而是通过和解以及对更高层次的公正的信仰来得到保障。当威尔逊离开下榻的宫殿时，他得到了如潮般的掌声和喝彩。再一次，也是最后一次，威尔逊带着一种自豪的、感激的幸福微笑着望了一眼围在他周围的人群，他感受到，在这个国家的民众背后是其他国家的民众，在这代饱受苦难的人之后是未来世世代代的人，因为和平得到了最终保障，他们也就不会再体会到战争的苦难、强权和专制统治的屈辱。这是他最伟大的一天，同时也是他最后幸福的一天，因为在第二天，也就是2月15日，他就要启程返回美国了，以便他在重返巴黎签署最后一份和平条约之前，先在美国向自己的选民和同胞说明这份永久和平的"大宪章"[1]。但正因为威尔逊过早地以胜利者的姿态离开了战场，才最终断送了自己的胜利。

当"乔治·华盛顿号"军舰驶离布雷斯特港口时，礼炮再次轰鸣，但是，送别的人群稀疏了很多，而且他们的神情也显得更加无所谓。当威尔逊离开欧洲时，民众们怀有的巨大热情和救世主般的希望渐渐平息。在纽约，等待威尔逊的也不过是冷冷清清的迎接。没有飞机在这艘回归祖国的军舰上方盘绕飞行，没有喧闹如潮的欢呼，而在威尔逊自己的办公室里，在参议院，在国会，在自己党派之中，在自己祖国的民众之中，他所得到的也只是一

---

1. 大宪章：此处是指《国际联盟盟约》。这个词本是英国历史术语，源自1215年英国大封建领主迫使英王约翰签署的一份文件，该文件保障了臣民的部分公民权和政治权，后来被引申为基本章程、基本纲领等意。

种深怀疑虑的问询。欧洲并不满意，因为威尔逊走得不够远；美国也不满意，因为威尔逊走得太远了。欧洲认为，威尔逊似乎还远远没有将相互抵抗的利益结合成更伟大、更普遍的人类共同利益；在美国，新一届总统大选在即，他的政治对手进行宣传鼓动说，威尔逊毫无道理地在政治上将美国这个新大陆同反复无常、动荡不安的欧洲大陆太过紧密地联系在了一起，因而，这就违背了美国国家政策的基本准则——违背了门罗主义[1]。人们十分迫切地警告伍德罗·威尔逊，他不应该想着成为一个未来的梦想王国的建立者，也不应该为其他不相干的国家考虑，而应该首先考虑美国民众的利益，因为是他们，将威尔逊选为总统，选为他们自己意志的代言人。就这样，被欧洲谈判折磨得精疲力尽的威尔逊，不得不开始和自己的党团以及自己的政治对手进行新的谈判。他本以为自己已经无懈可击地建成了《国际联盟盟约》这幢坚不可摧的大厦，而现在，他却不得不在这幢他引以为豪的大厦后门补砌一道墙——这是一道危险的门，因为美国随时都可能通过这道门退出盟约大厦，因此，"要防止美国从联盟中退出"。而美国一旦退出就意味着威尔逊计划的永久大厦——国际联盟的第一块基石就会被挖走，大厦墙基的第一个裂缝就会被打开，而这也将会带来毁灭性的灾难——导致盟约大厦最终的坍塌。

但是，即使有种种限制和修改，威尔逊还是像在欧洲一样，在美国实现了自己的新的"人类大宪章"计划，但这仅仅胜利了

1.门罗主义：美国第五届总统詹姆斯·门罗提出的美国外交政策原则，目的是反对当时欧洲的一些封建专制帝国援助西班牙重新获得其在美洲殖民地的企图。

一半。现在，威尔逊已不再像最初离开美国时那般自由和自信，他踏上了重返欧洲的旅途[1]，以便完成自己的后续使命。军舰再次驶向布雷斯特港；但现在，望向海岸，他的眼中再也没有当初那种愉快而满怀希望的目光。由于更加失望，他变得更老了，也更疲惫了，就在这几周的时间里，他的脸色变得更加严肃，五官紧绷在一起，嘴边呈现出一种更加冷峻坚韧的神态，左侧脸颊不时抽搐一下——这正是在他的身体里酝酿着的疾病的警告信号。他的陪同医生不敢耽误一点时间，警告他要保重身体。然而现在，他面临着一个新的可能更加严峻的斗争。他知道，实施原则比表述原则要难得多。但是，他已经下定了决心，不会放弃自己计划中的任何一个部分。要么全部实现，要么空手而归。要么实现永久和平，要么一无所有。

当他再次登陆的时候，不再有任何欢呼声，在巴黎的街道上，也不再有任何欢呼声，报社冷漠地等着新消息，民众们小心翼翼，满怀疑虑。歌德的话再次应验："热情不是人们可以掩藏多年的东西。"威尔逊没有利用对他有利的时刻，也没有按照自己的意志趁热打铁，而是让自己的关于战后欧洲秩序的理想方案僵在那里。他不在欧洲的这一个月，一切都改变了。那段时间，劳合·乔治也向大会告了假，克里孟梭由于被行刺者用手枪射伤，两个星期无法工作。而那些只在乎私人利益的代表集团则巧妙地利用了这一不受监管的时机，纷纷挤进巴黎和会委员会会议大厅。这些高

1.1919 年 3 月 4 日，威尔逊再次启程赴法国，3 月 14 日抵达。

级军官曾以最充沛的精力做过最危险的工作；所有这些元帅和将军，在四年时间里，站在利益的光芒下，竭力为个人谋利，他们的话，他们的决定，他们的专横，曾让万千人百依百顺，现在，他们绝不愿意谦虚退场。而威尔逊提出的盟约，却意在夺走他们的统治工具——军队。威尔逊在盟约中要求："废除强制征兵以及其他各种形式的普遍强制征兵。"而这点要求，正威胁了他们的生存。永久和平将使他们的职业失去意义，因此，他们一定要消除和扼杀这关于永久和平的废话——《国际联盟盟约》。他们威胁着要求增加军备，而不是威尔逊提出的裁减军备；他们要求制定新的边界和得到国家保证，而不是威尔逊提出的以集体安全为基础的解决办法；他们坚持，这"十四点原则"的空想并不能保证一个国家的富强，而只能通过武装自己国家的军队和削减对手的军备来实现国家昌盛。在这些黩武主义者背后拥挤着那些想要保留自己战时产业的工业代表团，还有那些想要拿到战争赔款的中间商，外交官们越来越摇摆不定，受背后的反对党胁迫，全都想为自己的国家多增加一大片土地。他们巧妙地利用公众舆论做了一些试探，所有欧洲报纸连同美国报纸，都在用各种不同的语言重复着同样的话题：威尔逊荒唐的妄想拖延了和平的实现。威尔逊那充满了理想主义精神的乌托邦幻想本身虽然值得称赞，但却阻碍了欧洲秩序的整顿。现在没有时间可以再浪费在那些道德顾虑和超道德思考上了！如果不立即缔结和约，欧洲将大乱。

遗憾的是，这些诽谤并非完全没有道理。威尔逊是用不同于欧洲民众的尺度衡量时间的，他的计划关于未来的千秋万代。对于威尔逊来说，要完成这个使命——实现那做了千年的古老的梦，四个月、五个月的时间实在是太短。但是，就在此时，由各种不知名力量组成的自由军团却在欧洲东部到处征战，他们占据领土，整片整片的狭长领土还不知道属于谁，或应该属于谁。德国和奥匈帝国代表团在停战四个月之后还未被接待；而那些还未被划定的边界后面，民众们则变得十分不安，政治形势骤变的迹象清楚预示着：出于绝望，匈牙利会在明天，德国会在后天将自己交付于布尔什维克[1]。于是，外交官们迫切要求迅速有个结果，签订和约，不管是公正还是不公正，都必须首先要清除和约签订道路上的一切障碍：首先就是清除那份只会带来不幸的《国际联盟盟约》。

在巴黎仅仅一个小时的时间，就足以向威尔逊证明，在他离开的这一个月里，他奋斗了三个月才达成的一切成果都已经被破坏了，并且临近崩溃。福煦[2]元帅几乎已经实现了自己的想法：将《国际联盟盟约》从和平约中剔除。前三个月的努力似乎都白费了。但正是在这一决定性的时刻，威尔逊下定了决心，绝不退让一步。第二天，也就是3月15日，他通过媒体公开宣布，1月25日达成的决议继续有效——"《国际联盟盟约》将是和平条约的重要组成部分。"这一声明是对不良企图的第一次反击——企图在协约国之间以缔结古老的秘密协约的方式，而不是在新的《国际联盟盟约》的基础上同德国签订和约。现在，威尔逊总统清楚地

---

1. 布尔什维克：列宁创建的俄国无产阶级政党。
2. 斐迪南·福煦：法国元帅，一战最后几个月任协约国军队总司令，公认是协约国获胜的最主要领导人。

明白了，那些曾经严肃地发誓要尊重民众自决权的大国，现在蓄谋着想要得到的是什么：法国要求得到德国的莱茵地区和萨尔地区；意大利要求得到阜姆港[1] 和达尔马提亚[2] 地区；罗马尼亚、波兰和捷克斯洛伐克想要得到自己的那份战利品。如果威尔逊不反抗，那么，和平将以他曾严厉谴责过的方式缔结——即，像拿破仑、塔列朗[3]、梅特涅[4] 一样，通过签订掠夺性条约缔结，而不是按照他提出的、并被巴黎和会郑重通过的原则缔结。

就在激烈的斗争中，14 天过去了。威尔逊本人并不同意将萨尔地区划分给法国，因为他认为，这对自决权的第一次突破将会对其他所有条款的制定产生消极的示范作用，实际上，意大利将自己所有的要求都与这次突破联系在了一起，已经做出威胁，准备离开大会。法国媒体助长了这一气焰，说布尔什维克主义已经从匈牙利开始蔓延，而协约国则还争辩道，不久之后，布尔什维克主义将侵占全世界。即使是在威尔逊自己最亲近的顾问——豪斯上校和罗伯特·兰辛——那里，他也能感受到他们渐渐增加的反抗情绪。甚至以前的朋友都来劝他，现在世界局势如此混乱，必须要赶紧缔结和约，即使要牺牲一些理想主义的要求。威尔逊面前横着一条统一阵线，而从美国传来的，由他的政敌和竞争对手煽动的公众舆论也越来越猛烈地敲击着他的后背；在某些时候，威尔逊感觉自己的力量已经用尽了。他向一位朋友承认道，单凭

---

1. 阜姆港：克罗地亚第三大城市和主要海港城市里耶卡的旧称。
2. 达尔马提亚：克罗地亚的一个地区。
3. 夏尔·莫里斯·塔列朗：法国大革命时期的政治人物。
4. 克莱门斯·文策尔·梅特涅：19 世纪奥地利著名外交家。

他一个人的力量抵抗一切反对的声音，他坚持不了多久了，他还下定决心，如果不能实现自己的意志，就会离开巴黎和会。

而就在这场抵抗所有反对声音的激烈斗争中，最后的敌人也加入进来，而且是来自他的身体。4月3日，正当这场残酷现实和未成形的理想之间的交锋到了决定性的时刻时，威尔逊再也无法站直了：一次严重的流感向他袭来，使这位63岁的老人不得不躺倒在床上。然而，比起他滚烫的血液，时间的紧张更加让人感到迫在眉睫，让这位病人无法休息。灾难性的消息像一道道闪电从阴暗的天空打下来：4月5日，共产主义在巴伐利亚取得了政权，巴伐利亚苏维埃共和国[1]在慕尼黑宣布成立，处于半饥饿状态、被夹在布尔什维克的巴伐利亚和布尔什维克的匈牙利之间的奥地利，随时可能同苏维埃共和国结盟。随着反抗的声音越来越大，独自一人要为一切承担的责任也越来越重。人们把这位精疲力竭的人一直纠缠和催逼到了床边。在隔壁房间里，克里蒙梭、劳合·乔治、豪斯上校正在进行商谈，所有人都下定了决心，必须要不惜一切代价让巴黎和会有个结果。而这一代价则应由威尔逊用自己的要求、自己的理想偿还；现在所有人一致要求，必须搁置威尔逊的"永久和平"计划，因为这一计划阻碍了现实的和平、军事上的和平以及能获得物质利益的和平。

威尔逊早已精疲力竭，虽然他被疾病折磨得痛苦不已，被媒体攻击为阻碍和平的罪人；虽然他对被自己的顾问离弃感到十分

1.巴伐利亚苏维埃共和国：成立于1919年4月13日，德国十一月革命期间巴伐利亚无产阶级在慕尼黑建立的革命政权。

　　　　　　　　　　　　　　　　　　　　　　人类群星闪耀时

恼怒；虽然其他国家的政府代表们对他纠缠不休，但是，他却一直没有屈服。他觉得，他不能违背自己的话语，只有当他将自己所期待的和平同非军事的、长久的、未来的和平联系在一起，只有他为唯一能够拯救欧洲的"国际联盟"竭尽全力，他才是真的在为和平而战。于是，当他刚刚能从床上起来时，就采取了一个决定性的举动。4月7日，他向位于华盛顿的美国海军部发送了一封电报："'乔治·华盛顿号'最早能在哪天启航驶向法国的布雷斯特港？军舰最早可能在哪天到达布雷斯特港？总统先生希望这艘军舰能尽快启航。"就在同一天，全世界得知：威尔逊总统已经命令他的军舰启航驶向欧洲。

这一消息犹如晴天霹雳，迅速传播开来。全世界的人们都知道了：威尔逊总统反对一切哪怕是损害《国际联盟盟约》中的任意一条原则的和平，他已经做出决定，宁可最后离开巴黎和会，也不愿屈服。就这样，历史性的一刻到了——这一刻将决定欧洲乃至世界未来几十年几百年的命运。如果威尔逊此刻从会议谈判桌旁站起来离去，那么，原有的世界旧秩序就会崩溃，混乱局势就会开始出现，但是，在这片混乱中也有可能会有一颗新星升起。欧洲焦急地颤抖着：其他与会国家会不会承担这种责任呢？威尔逊本人会承担这种责任吗？ ——这是决定性的时刻。

这是决定性的时刻。在这关键时刻，伍德罗·威尔逊仍然抱着坚定的决心：绝不妥协，绝不屈服，不要"压迫性的"和平，而是要"公正的"和平。不让法国人兼并萨尔地区，不让意大利兼并阜姆港，不让肢解土耳其，不拿民众利益作交换。公正应该战胜强权，理想应该战胜现实，未来应该战胜现在！公正必须勇往直前，即使世界因此而毁灭。这一短暂时间将成为威尔逊伟大的、最伟大的时刻，他最具人性的时刻，他最英勇的时刻：如果他有力量经受住这一时刻的考验的话，他的名字将会永远刻在那一小群真正的人类之友的名单上，他也就完成了独一无二的壮举。但是，紧跟着这一关键时刻的一周时间内，他却受到了来自各方的攻击：法国、英国、意大利媒体对他提出了控诉，指责这个创造和平的人正是由于他在理论和神学上的顽固思想摧毁了和平；为了自己私人的乌托邦幻想而牺牲了真实的世界。甚至曾经希望从威尔逊那里得到一切的德国，现在也转而开始攻击他——德国由于布尔什维克主义在巴伐利亚的爆发而陷入一片惊慌。而他的同胞，豪斯上校和兰辛也深切恳求威尔逊放弃他的决定；就在几天前，国务秘书图马尔蒂还从华盛顿发来鼓舞人心的电报："只有总统先生采取勇敢的举动，欧洲才能得救，世界才有可能得救。"而现在，当威尔逊已经采取了这一"勇敢的举动"后，马尔蒂却惊慌地从同一座城市发来海底电报："退出巴黎和会是非常不明智的举动，不管是在国内还是在国外，都充满了各种危险的可能性……总统先生应该……让那些应该担责的人去承担终止巴黎和会的责任……在这种时刻退出巴黎和会可能是一种叛逃。"

威尔逊环顾四周，惊慌失措，迷惘绝望，一齐涌来的反对的声音让他的自信受挫。没有一个人同他站在一边，在会议大厅里，所有人都反对他，他的参谋部的每个人也都反对他，而远处那些看不见的、恳请他坚持到底、保持忠诚的数百万声音，他却无法听到。威尔逊不知道，如果他真将自己的威胁话语付诸行动，从会议桌旁站起来，他的名字是否将永垂不朽呢？威尔逊不知道，如果他能保持忠诚，坚持到底，是否就能毫无瑕疵地将自己对未来的理念作为一种一再被更新的基本理念留给后世呢？威尔逊不知道，从他对那些贪婪无尽、满怀恩怨仇恨和毫无理智的大国所说的"不"字中，究竟会产生哪些创造性的新力量呢？他只感受到，他只有一个人在战斗，却又太虚弱，无力承担巴黎和会失败的最后责任。于是，极具灾难性的是，威尔逊开始渐渐妥协。他的立场开始渐渐松懈；豪斯上校搭建了沟通的桥梁；双方都做出了让步，关于边界的协商前后进行了八天。最终，历史上黑暗的一天到来了，4 月 15 日，怀着沉重的心情，威尔逊勉强同意了克里蒙梭提出的已经显然压低了的具有军事意义的要求：德国萨尔地区交付给法国，但并非永远，时限为 15 年。这个迄今不愿妥协的人做出了第一次妥协，就好像用魔棒轻轻一点，第二天早上，巴黎的报纸就改变了口径。而那些昨天还指责他为和平破坏者和世界摧毁者的报纸，现在却称赞他是世界上最有智慧的政治家。但是，在他的灵魂深处，这种赞美却是一种责备，使他的良心备受折磨。威尔逊知道，事实上，他也许拯救了和平，当下的和平，但唯一能够拯救世界的和平——以和解精神缔结的永久的和平，却被错过了。荒谬战胜了理智，热情战胜了理性。世界退回到了反对不以时间为转移的理想的浪潮中，而威尔逊，身为领袖和旗手，却在这场决定性的战役中失败了——同自己进行的战役。

在这命运攸关的时刻，威尔逊的所作所为究竟是对还是错呢？谁又能对此进行评判呢？无论如何，就在这具有历史意义的、不可逆转的一天，一个重要决定诞生了，这个决定的影响延伸至未来数十年，数百年，而我们将再次用我们的鲜血、我们的绝望、我们无能为力的迷惘来为这一决定付出代价。从这一天开始，威尔逊的影响力渐渐消失——这一力量曾是他所处时代里独一无二的道德力量，接着，他的威望、他的力量也逐渐减弱。一个人，一旦做出一次妥协，他就不会再停止了。妥协必会导致新的妥协。

欺骗创造欺骗，暴力制造暴力。在凡尔赛达成的和平——曾被威尔逊梦想为完整的、永久的和平，实际上却是不完整的和平，是一种不完全的产物，因为这种和平并未包含未来的意义，也不是出于人道主义精神以及纯粹出于对物质的理性考虑而缔结的：唯一的一次机会，可能是历史上最性命攸关的一次机会，就这么悲哀地错过了；沮丧的世界，不再有救世主的世界，重又感到郁闷和迷惘。威尔逊，这个曾经被当作救世主而受到欢迎的人，如今回国了，却没有人再把他当作救世主，他只是一个疲惫的、拖着病躯的、行将死亡的人。再也没有欢呼声追随他了，再也没有旗帜挥舞着朝他致意了。当军舰驶离欧洲海岸时，这个失败者转过了身，他不愿意再去回望我们那命运不济的欧洲大陆，这片千百年来渴望着和平和统一，却从未实现过的大陆。而一个人性化的世界所做的永恒的梦境再次在远方的雾霭中渐渐消失。